立憲主義の法思想

──ホッブズへの応答──

山本陽一著

香川大学法学会叢書 7

成文堂

はしがき

本書は、立憲主義の思想史的点描である。主な内容は、イギリスにおける一七世紀の憲法闘争および一九世紀の法典化にかかわり、これらふたつの運動をつなぐ出来事としてホッブズの再生をあつかう。なお、比較のため、末尾で日本の立憲主義にふれた。

一七世紀イギリスにおいて国家を自動の時計にみたて、独自の運動体として考察したのはホッブズである。[1] ホッブズは、政府に権力を集中させ、その命令である「法」にしたがって作動する国家を機械のように描いた。第一章では、ホッブズにおける「法の支配」を論じる。

この巨大な機械は、いったん起動させると、神の知恵からも人間の知恵からも独立し、固有の時間を刻みはじめる。立憲主義は、さしずめ、この機械の運動を制御するひとつの工夫であるといってよかろう。

ホッブズの力学的国家を制御する手段としては、さしあたり、〈慣習〉と〈理性〉をあげることができる。これらは、ひろい意味では人間の知恵である。さらに、西欧において重要なのが〈摂理〉である。これは、善事を遠謀する神の知恵であり、そこからみれば、国家は摂理によって回転するひとつの歯車のようなものである。[2]

これら三つの要素は、原理的な差異にもかかわらず、必ずしも対立するものではなく、第二章で論じたロウスンの立憲主義では、相互にからみあって国家を制御する。

また、国家を制御する工夫には、時代によって変化が生じる。慣習は、ピュリタン革命以前には、立憲主義の有力な根拠であった。革命以後は、理性と深く結びついた社会契約や摂理の思想が優勢になる。理性は、スコットランド啓蒙哲学において〈道徳感覚〉に取ってかわられる。道徳感覚は、文明の進歩とともに変化し、社会契約に代わる秩序原理の根底にあると考えられた。摂理は、実証不可能なものとして社会科学のなかではしだいに後景に退く。一九世紀のイギリス法学では、ひとり神だけではなく、より多くの人間が賞罰を予見しうる工夫として法典化が論じられた。

ところで、一九世紀半ば、バジョットもイギリス国家を時計にみたて、統治構造を論じている。[3]それは、「中世の時計」であり、人の目を楽しませる装飾のために、時刻に狂いを生じた。そこに、ホッブズの「時計」とのちがいがある。

ホッブズの時計は、いわば、科学者のつくった「近代の時計」であり、狂いを生じない。[4]この時計に擬せられる国家は、みずからの公的な時間を基準時間にするから、定義上、国家の時間が「狂う」という認識は成り立たない。それは、メートル原器の長さを疑ったとたん、メートル法システムの外側に立ってしまうのと似た理屈である。[5]

これに対し、バジョットの「時計」は、誤差を正す人智の介入を予定している。バジョットは、効率だけでなく、劇場的要素も国家には必要であると考え、また、大陸の官僚主義を警戒しつつ、国家の運営には人間の知恵（議会と内閣を構成する政治家の見識）が必要であると考えて、中世の時計を比喩にもちいた。[6]

このような歴史・伝統への関心は、バジョットと同時代のダイシーにも共有されている。ダイシーは、「法の支配」の意味に関連し、個々の裁判をつうじて長年にわたり形成される自生的な法秩序に言及した。この秩序は、中世の館にたとえられる。

イングランド［法］は、領主の古い館に似ている。つまり、行き届いた計画に添い、現在有効な建築工法にしたがって一挙に建てられたものではない。それは、異なる時代の建築様式で築かれ、そのつど変更され、長きにわたり、代々の所有者の好み・資産・便宜に合わせて増築されたり改修されたりしてきた。そうした建築物に対して、わたしたちが現代の建物に期待するような均整のとれた華麗な美しさや細部の規則正しい配列・対応を求めても無駄なことである。所詮、そうした外見の対称性は、見物人の目を楽しませるであろうが、そこに棲んでいる人の居心地とは関係がない。(7)

第四章のスティーヴンによる法典化の試みは、こうした法の自生的イメージを一新するものであった。それは、法を一般的命題にして整然と配列するばかりでなく、「コモン・ローの柔軟性」(司法裁量)を極小化する試みであった。法典化は、公権力が発動される道筋を確定することにより、法の予測可能性を高める。そこには一種の「法の支配」が実現されるが、こうした試みの背後には、第三章で論じるホッブズの思想の再生があった。

ところで、日本の立憲主義は、西欧とはちがった歴史的状況のなかで展開した。国際環境の外圧のもと、日本において近代化は西欧化と同義であり、立憲主義も近代国家の要件として西欧から継受された。明治政府の使命は、天皇の権威によって、旧来の慣習を再編しつつ、西欧の合理主義を輸入することであった。明治憲法その他の各種法典は、その例である。

第二次世界大戦後の占領下で、日本の民主化を推進したのは、ＧＨＱ主導の父権主義《パターナリズム》であった。そこには、干渉される側の利益について、本人よりも干渉する「父親」のほうがよく知っているという前提がある。この前提とは相容れない法概念が、日本国憲法の前文と終章にあらわれる「信託」である。その含意について本書末尾に試論を付した。

(1) T. Hobbes (1998) *On the Citizen*, R. Tuck & M. Silverthorne (eds.), Cambridge U. P., p. 10.

(2) ブラックストンは、神を時計職人になぞらえ、すべての被造物は神の任意の法に従って運動し、それによって個々の目的を達成すると論じる。W. Blackstone (1966) *Commentaries on the Laws of England. Book the First*, London, Dawsons of Pall Mall,

pp. 38–39.

（3）W・バジョット『イギリス憲政論』（小松春雄訳）『世界の名著　六〇』（一九七〇年）二三四頁。

（4）一七世紀半ばにおいて職人の作った時計は、一日最大七分の狂いを日時計によって修正しなければならなかったといわれる。G. Freudenthal（1986）*Atom and Individual in the Age of Newton : On the Genesis of the Mechanic World View*, D. Reidel Publishing Company, pp. 59–62.

（5）H. L. A. Hart（1961）*The Concept of Law*, Clarendon Law Series, p. 106.

（6）ベンサムも国家を機械仕掛けの時計にたとえているが、そこで誤差をただすのは、選挙や世論を通じて力を行使する人民である。M. Lobban（2007）*A History of the Philosophy of Law in the Common Law World, 1600–1900*, Springer, p. 160.

（7）A. V. Dicey（1952）*Lectures on the Relation between Law and Public Opinion in England during the Nineteenth Century*, Macmillan, London, p. 135. 引用はウィリアム・ペイリーからである。William Paley（1806）*The Principles of Moral and Political Philosophy*, 16th ed., vol. 2, London, pp. 208–209. ダイシー自身も断っているとおり、ペイリーの原文はイングランドの「法」ではなく、「憲法」についての記述である。ペイリーは「憲法」の中身を国会制定法、裁判所の判決、記憶を越えた慣習と理解している。

目　次

第一章　ホッブズの所有権概念と法の支配
——『市民論』を中心に——

一　はじめに

トマス・ホッブズ（一五八八―一六七九）は、内戦の一因になった所有権を、国家法により定義されるものと理解した。本章の目的は、ホッブズの所有権概念を分析し、そこからホッブズの「法の支配」論をとらえることである。所有権をふくむ財産権の保障の程度は弱まってきたというのが歴史の流れである。日本国憲法第二九条は、一方で財産権の不可侵をいいながら、他方で、権利の内容は公権力が法律によって決めるとし、また、対価を払えば公権力は財産を収用できると規定する。この憲法条規に関するかぎり、公権力を制約するという「法の支配」の意義は、弱まっている。(1)

しかし、財産権の歴史は古く、その保障のありかたが、「法の支配」論に寄与した時代があった。本章があつかうのはそうした時代である。

財産権が人権のひとつとして政府を制約する根拠であるためには、権利それじたいが政府から独立した基礎をもち、それによって正当化されなければならない。そのような正当化の試みは、西欧では中世以来、自然法の伝統のなかでおこなわれてきた。ティアニーによれば、こうした中世の自然法理論は、基本的な形態を維持しながら、近代社会を動態化してきた⑵。

このような自然法論の潮流にあって、ホッブズは例外的存在であった。ホッブズは、人間というものを自己中心的な存在として理解し、ものを分かち合えない身のうえとして描き、個人の周辺にあるものを自己保存の手段として権利化する議論を展開した。こうした議論は、個人と社会の関係を断ち切るものであり、それまでの所有権理論から逸脱していた⑶。

ホッブズの所有権概念は、ロックのかげに隠れ、また、ホッブズ自身の自然権概念にうずもれて、これまで充分な検討が加えられていないように思われる⑷。

周知のように、ロックは、人間が労働をつうじて自然にはたらきかけるところに所有権が成立すると論じた。それは、自然を相手にした営みであるが、国家以前の自然状態に所有権が成立するところから、市民社会の自立の基礎として注目される。

これに対し、ホッブズの所有権概念は、自然状態には存在せず、右に述べたような市民社会の自立の基礎としては弱い⑸。ホッブズの自然状態にあるのは、労働の所産としての所有権ではなく、「万人の万人に対する戦い」の原因となるような原生的な自然権である。ホッブズにおいて所有権を創出するのは国家の命令（実定法）であり、所有権は、いわば牙を抜かれた自然権として存続するにすぎない。このような実定的権利である所有権は、現代のそれに類似し、公権力による制限を比較的簡単に許容する。

それにもかかわらず、ホッブズにおける所有権は、「市民の自由」のひとつとして重要な位置をもっている。スキナーによると、ホッブズは『市民論』ではじめて「自由」の概念を定義し、公権力によっても破壊されない「市民の自由」を強調することができた。この「市民の自由」は、自己の健全な生活に必要不可欠なことがらをおこなう自由であり、また、政府やほかの構成員に対して無害な自由であると述べられている⑹。

スキナーは、実定法による自由の制限よりも、市民の自由それじたいの不可侵性を強調する。こうした見解は、ホッブズの実定法に関するつぎのような見かたと一対である。スキナーによれば、ホッブズの実定法は、強制ではなく説得によって人間の自由を方向づける修辞的手段である[7]。

しかし、このような修辞的手段として法律を制定する公権力に対し、所有権をふくむ市民の自由は制約を課すことができるのだろうか。ホッブズの絶対主義的な国家論を想起すると、こうした疑問がわく。これは、ホッブズにおける「法の支配」の性格にかかわる問題である。

各節の要点は、以下のとおりである。

第二節では、ホッブズの所有権概念を分析する。ホッブズの法実証主義的な所有権概念は、〈絶対的自由の自然状態〉から〈絶対的権力による所有権の創設〉に至る、理論的緊張を刻印されている。あらかじめそれを記せば、①所有権は、自然が与える〈素材〉と、国家が与える〈形式〉から成立する。②国家の立法権力といえども、私的所有権を確立しないという選択はできない。③財を再分配する行政は、絶対的自由と絶対的規制の中間領域で作用する。

第三節では、ロックに影響を与えたともいわれるロウスンの所有権概念とホッブズのそれを比較する。市民が所有権を政府に対して主張できないというホッブズの考えかたは、当時の目からみて特異であった[8]。ロウスンは、このようなホッブズの所有権概念を批判し、所有権が国家に先立つ「共同体」において自然法上の権利として存在すると説いた。両者の比較をふまえていえば、ホッブズの議論には、立憲主義――とくに個人の権利によって公権力を制約する原理――を骨ぬきにする戦略がふくまれているといわざるをえない。

第四節では、ホッブズの「法の支配」論に関する従来の諸説を検討する。実体的権利のひとつである所有権が政府との関係では必ずしも保障されないという点からみるかぎり、ホッブズの「法の支配」論は、いわゆる実体的な意味での「法の支配」論ではないといえよう。(9) ところが、従来のホッブズ解釈においては、実体的権利の保障という要素がなんらかのかたちで考慮されている。本稿では、リバタリアニズム、裁判官の法創造、合理的選択、以上三つの観点に立ったホッブズの「法の支配」論をあつかう。

二　ホッブズの所有権概念――〈私権〉〈憲法〉〈行政〉

1　共同体の不在

ホッブズの政治理論の特色は、「共同体」の自立性を否定する点にみられる。ここでいう共同体は、強制権力をもった国家とは区別されるものである。ホッブズは、このような共同体が国家権力なしには成立しないという。

この「共同体」は、国家権力が不在の状態であるが、それは西欧に特有のものである。丸山眞男は、日本社会は多神教に支えられた小さな共同体の重なり合いであると指摘し、一神教の西欧社会と比較した。(10) この一神教の共同体では、各個人が絶対的な神と対峙しつつ、他の同類と社会を形成する。歴史的には、ヨーロッパもかつては多神教の世界であったが、キリスト教の普及とともに、異教の民間信仰は排撃され、一二世紀ごろから一神教の世界観が確立したといわれる。(11)

このように、宗教的雑居性を払拭したところに成り立っている西欧の共同体は普遍的である。ホッブズは、こうした普遍的な共同体がそれ自体では成立しないという。

この「共同体」の非自立性は、所有権との関連でいえば、他者との協調性に欠け、自律的にみずからの財産を管理できないということである。つまり、自分と他人の財産を区別し、その境界を守ることが、強制権力なしにはできないのである。

　人間がもっとも頻繁に他人を傷つけたいと願うのは、多くの人が同一物を同時に欲しがるばあいで、しかも、その対象物を共有あるいは分割して享受できないばあいである。この対象物は、最終的に、より強い者の手にわたるにちがいない。だが、だれがより強い者なのであろうか。それを決めるのは戦いしかない（DC, Ch. 1, §6）[12]。

2　所有権の諸相

ホッブズの自然状態には、共同体もなく、所有権もない。自然状態において各人がもっている権利が国家によって制限され、そこに、「私のものと汝のもの」の区別が立てられるとき、はじめて所有権は成立する。「人が物件に所有権をもつために不可欠なことは、その人が物件を使用することができるということではなく、その人だけが物件を使用することができるということなのであり、このことは、他人による妨害を禁じることによって実現される。」（DC, Ch. 14, §7）。この「他人による妨害を禁じる」のが、国家である。

　ホッブズの所有権概念は、三つの観点から分析することができる。それは、(i)私権(ii)憲法(iii)行政である。前述のように、ホッブズは共同体の自立性を否定し、伝統的な立憲主義——理性ないし慣習による国家の制御——に対抗して、公的世界（国家）と私的世界（共同体）との関係を組み換える。これにともない、所有権を正当化する根拠が、私的世界から公的世界へとシフトする。このとき、所有権の私的性格は見えにくくなり、憲法による保障は弱まり、行政権は強化される。

(i) 私権の実体と形式

ホッブズの定義する所有権は、国家の所産であるが、それは、無からの創造ではない。そこには、〈素材〉として自然権があり、それが国家権力によって限定される。「権利は自然権であるが、それは法が創造したものではなく、法が残しておいたものである。法を取り除けば、残るのは完全な自由である。」(DC. Ch. 14, §3)。

このような素性の所有権には、自然権の性格が刻印されている。自然権は元来、国家以前の私人間にあったものであり、〈私権〉である。自然権が私権であることは、それが国家の創設時に契約をつうじて移転されるところにも現れている。

さて、〈私権〉としての自然権は、ホッブズの自然状態にあっては「すべてのものに対する権利」である。この「すべてのもの」には他者の生命もふくまれる。また、自然状態において人間は平等であるから、「すべてのものに対する権利」を有するのはすべての人間である。自然状態では、自然権の対象および自然権の主体はいずれも無限定である。

> 自然は、個々人にすべてのものに対する権利を与えた。すなわち、純粋な自然状態、つまり、人々が相互に交わす合意によって拘束される以前は、だれに対して何をしてもよく、また、欲するもの・入手可能なものすべてを占有・使用・享受してよかった (DC. Ch. 1, §10)。

ところで、私権といっても、ホッブズのばあい、これを承認する〈私法〉、とくに、不法行為法は自然状態に存在しない。自然状態は、「すべてのもの」、つまり、全世界という「同一の対象」が、「すべての人」によって重畳的に独占されている状態である。そして、ホッブズの人間観にしたがえば、同一物を分かち合うことは人間に期待できない。純粋な私人関係である自然状態は、戦争状態であって、不法行為が常態化している。「自然状態では権利の尺度は利益である」(DC. Ch. 1, §10) とは、権利の所在を確定する規範の不在を意味し、『リヴァイアサン』では、現実の支配力が強調され、「獲得することのできる (can get) もののみが、それを手元においておくことができる (can keep) 期間にかぎって、各人のものとなる」といわれている[13]。

このように、ホッブズが説く私権としての自然権は、公権力の成立に先行するものではあるけれども、後発の公権力を制約する原理とはなりえない。むしろ逆に、純粋な私権は、紛争の原因であり、それゆえに公権力の存在を要請する。無制限に「この権利をもっているということは、権利など何ももっていないというのに等しいであろう。」(DC. Ch. 1, §11)。この素材に〈形式〉――他の同格市民による侵害を禁止する枠組み――を与えるのが、国家である。

(ii) 国家の基本構造としての憲法

所有権の素材は自然権であるが、最終的に所有権を創設・完成するのは国家である。では、かならず国家は私有財産制を導入しなければならないのだろうか。

ホッブズの説く国家において、私有財産制を導入しないという選択肢は現実的ではない。これを導入しないという決定は、自然状態にとどまるという選択に等しく、生命の保存という最低条件すら実現しない。それゆえ、私有財産制の導入については、政府に裁量の余地はなく、その意味で私有財産制は、国家の基本構造をなすということができる。

このように、所有権の確立は、国家の基本構造の設計図に不可欠な要素であり、そこに必然的に書き込まれなければならない。その意味で、所有権は、〈憲法〉上の権利であるということができる。

ただし、ここでいう憲法とは、統治の基本構造という意味であって、公権力を制約する根本的規範、あるいは、政府と市民の合意という意味ではない。かりに、公権力を制約する規範あるいは政府と市民の合意という要素を組み込んで社会契約論を構成すれば、所有権の保護を政府の義務にすることはできるであろう。

しかし、ホッブズの社会契約論は、法人設立の契約であったため、法人として国家がみずからのアイデンティティをどこまでも貫徹する議論になっている。法人はその構成員から独立の人格をもつものとされ、それ自体が権利の主体である。国家は、その意思により、自由にその財産――国家構成員の労働力と資産――を使用・処分してよいのである（DC, Ch. 5, §9 & §10）。

この人格のアイデンティティが維持されるためには、人格自身の意思が他律的にほかの規範の拘束を受けてはならないし、また、その構成員との合意によって拘束されてもならない。国家が法人として独立の人格をもつという論理を純粋に推し進めると、立憲主義的な憲法概念は否定される。

このような法人論において、国家は市民の所有物件を自由に剝奪・利用することができ、かつ、それは不法行為を構成しない。その理由は、ホッブズによって二様に示されている。ひとつは、記述的な説明、もうひとつは、規範的な説明である。

まず、ホッブズは、国家と自然人との類比によって国家の自己不拘束を説明する。たとえば、「なんびとも自分自身を受取手として物件を譲渡することはできない。……この論理を援用すれば、なんびとも自分自身を相手方として義務を果たすよう拘束することはできない。……ここから帰結するのは、国家それ自体は実定法によって義務を課されないということである。」（DC, Ch. 6, §14）とホッブズは述べる。これは類比による記述的説明であるが、そこに一九世紀における国家法人論の自己拘束説が見られないのは興味深い。

また、規範的な説明としていわゆる社会契約論が示され、国家の意思が構成員の意思を包摂する権限、および、この権限を尊重する構成員の義務について論じられる。「市民はその一存で、国家が自分に対して果たそうとする義務を免除することができるが、それを免除するという市民の意向は、国家がそのような意向をもちさえすればいつでも存在すると推定される（というのは、すべての案件に関し、各市民の意思は国家の意思に包含されるからである）。したがって、国家は市民に対して負う義務から免れたいと思えば、いつでも自由になれるのであり、事実上自由なのである。」（DC, Ch. 6, §14）。

以上のように、ホッブズの所有権概念は、〈憲法〉上の権利としてみても、公権力の行使を制約する基礎たりえない。

(iii)　行政による正財と負財の再分配

私有財産制の確立は、国家法人化後のプログラムであるといっても、それは必須のものであり、政府に不採択の自由はない。その意味で、私有財産制は、国家の基本構造であった。

しかし、この必須プログラムの実行後に、財の再分配をおこなうことについては、政府にはさまざまな選択肢がありうる。このレベルでの政府機能が〈行政〉である。

ホッブズは、国家の機能として、①外敵からの防衛、②国内平和の維持、③公共の安全保障と両立する限りにおける富の獲得、④害のない自由の完全な享受、以上をあげている（DC, Ch. 13, §6）。①と②は、国家の独占的な刑罰権を背景にした、中間団体を介さない直接的な権力作用であり、国家の存在そのものにかかわる権能である。たとえば、①について、つぎのようにいわれている。

　個人の生命を守るのに不可欠なことは、特定の一つの議事機関ないし一人の人間があって、危機あるいは好機が訪れたときにはいつでも、敵の数と戦力がはっきりしないことも考慮のうえ、共同防衛に必要な数の市民を武装させ、召集し、一つにまとめる権限をもつということ、同時にまた、有利な状況において敵と講和する権限をもつということである。以上から当然理解されるべきことは、市民各人は、この戦争と平和の権限をことごとく、一人の人間ないし議事機関に移転したということである。（戦争の剣と呼ばれてよい）この権限は、正義の剣を握っているのと同一の人間ないし議事機関に属する。なぜなら、市民を強制して武装させ戦費を供出させる権限をもつ者は、命令に従わない者をだれかれ区別なく処罰する権限をもつ者をおいてほかにいないからである。したがって、戦争の剣と正義の剣という両剣は、まさに国家の本質上、必然的に、最高権力の内部に組み込まれている（DC, Ch. 6, §7）。

これに対して、③と④は、国民の福祉にかかわり、「人間の境遇が許すかぎり喜びに満ちた生活」を実現する手段を決定・実行する権能である。それは、「いかなる状況においても生き延びる」といった〈たんなる生存〉を目的としていない。私有財産制の導入自体は、たんなる生存のレベルの決定であるが、これを前提として、政府は、たんなる生存以上の「人間の境遇が許すかぎり喜びに満ちた生活」を実現するために、政策の立案・実行を委任されている。

人間は設計によって国家を打ち立て、そこに進んで入っていった。その目的は、人間の境遇が許すかぎり喜びに満ちた生活をすることであった。この類型に属する国家にあって、権限を行使する立場にいるものは、立法をつうじて、たんに市民の生存に不可欠な良き物を豊富に供給するだけではなく、市民が生活を楽しむために必要な良き物についても豊富に供給しなければならない。この義務を果たさないばあい、（最高権力を委ねた人たちの信頼を踏みにじることになるので）、自然法に違反して行動していることになる（DC, Ch. 13, §4）。

ホッブズは、所有権を「行政」の対象としてとらえている。このことは、経済政策と税制に関するホッブズの考えに現れている。一般に、「行政」の語意は、立法と司法を除いた政府機能をさすが、ここでは、国家の目的という観点から、たんなる生存・延命にとどまらない、良き生活にかかわる右③と④の権能と理解する。

たしかに、ホッブズの法人理論のもとでは、政府は市民の所有権を無限に剝奪できるが、そのような政策は「行政」の観点からみると、良き生・福祉を実現する手段として合理的ではない。「法律が規制しないことがらが多く残されていると、そのぶん、市民は多くの自由を享受するのであるが、完全な規制、あるいは、完全な自由は誤った極論である。」(DC, Ch. 13, §15)。こうした極論の中間に行政のはたらく領域がある。

以下では、所有権が行政の対象となるふたつの局面をみる。そのひとつ、経済政策は、特定の産業を支援するという意味で、正《プラス》の財の再分配を目的とする。他のひとつ、税制は、税の負担という負《マイナス》の財を再分配する。

正財の再分配　政府は、法律によって市民の自然権を限定し、所有権のありかたを決定するが、その際の方針のひとつは、国家の経済的繁栄である。では、法律によってどのようなかたちに「自然権」を造形すれば、国家全体の富を増やすことができるだろうか。

ホッブズは、経済的繁栄をもたらす法の目的を三つあげている。天然資源の開発、商工業の発展、倹約、以上である (DC, Ch. 13, §14)。産業のなかでもホッブズが重視するのは、商工業である。「海洋上の島に建てられた国家で、居住に必要なだけの土地しかなくても、そのような国家が富裕になるには、農業や漁業に頼らなくとも、交易と手工業さえあればよい。」(Ibid)。ここでは、資源それじたいに依存しない純粋な人間の「労働」が評価されている。交易は物資の移動や取引、手工業は資源の加工であるが、そこでの価値は、物それじたいではなく、物に加えられた労働である。

ただし、破壊的労働である軍事活動については、「人の財産を減少させ、成功をもたらすことはほとんどない」(DC, Ch. 13, §14) といわれ、国富増進の手段としては否定されている。

産業の発展を政府の積極的介入によって促進するという考えかた、また、倹約による財貨の備蓄量を国富と同一視する経済観念は、のちに古典経済学によって否定される。政府が経済発展のために積極的な役割をしなければならないという理解は、共同体の自立性に対するホッブズの否定的なスタンスに符合する。

負財の再分配　国富の増大にとって必要なのは、生産活動の促進のように、積極的な方法だけではない。消極的な方法として、浪費する人間からたくさん税金を取るという制度がある。税制は、ホッブズにとって、倹約奨励によって国富増大をはかると同時に、平和の維持費を分担させる方法であった。

市民が社会に供与する資産は、市民が平和の購入にあてる対価にほかならない。ここから導かれるのは、平等に平和を享受する市民は、国家に対して平等な負担を、金銭あるいは労役というかたちで払うべきだという論理である（DC, Ch. 13, §10）。

では、「負担の平等」をはかる方法はなにか。所得増大の機会として平和を多用した人は、たしかに自分のために働いたが、国家にしてみれば、それは国富の増大である。したがって、このばあい、国家が提供する平和に対して、国富の増大というかたちで対価が支払われている。また、所得の低い人は、国富の増大に相対的に貢献していないが、そもそもそれだけ平和を利用していないと考えられるので、多くの支払いを要求されない。

他方、消費拡大の機会として平和を多用した人はどうだろうか。ホッブズによれば、倹約は国富の維持につながるが、消費は国富の減少を意味する。そこで、ホッブズは、消費拡大の機会として平和を多用した人は、享受した平和に見合うだけの対価を払うべきだというのである(14)。

ところで、財の再分配がおこなわれたことにより、本来期待してよい収益を上げることができない人、既存の所有権を制限され、その価値を減らせてしまう人がでてくるであろう。では、こうした人たちは、政府を訴えることができるだろうか。

ホッブズによれば、政府を訴えることはできても、訴訟の争点は、「権利問題」、つまり、国民の所有権が侵害されたかどうかではなく、「自然的衡平」の問題であるとされる（DC, Ch. 6, §15）。

この回答の含意は、行政上生じた不利益をあつかうのは、コモン・ロー裁判所ではなく、衡平法裁判所の大法官裁判所なのだということであろう。当時、大法官裁判所の管轄は、王権に支配され、また、コモン・ロー裁判所からの上訴審になりうるという理解もあった(15)。

さらに、「自然的衡平」は「自然法」の一部であるが、ホッブズにとって自然法は、「君主にその利益を促進する方法を教示する」ものでもあった（DC, Ch. 13, §2）。自然法は、個人の権利を確定する原理（ホッブズにとってそれは実定法）ではなく、むしろ政策のガイドラインである。そこには、自然法と実定法を区別するつぎのような法哲学があった。ホッブズは、「ルール」の本質を指導性のみとし、そこから拘束性をはずすことによって、ルール（自然法）と法（実定法）を概念的に区別する。「ルールは、人を導き、その行動に方向を与える指針（precept）である。このような指針は、たとえば、教師から弟子へ、あるいは助言者からその友人へ与えられるが、相手を従わせる強制力はない(16)。」

けっきょく、行政権の不適切な行使を理由として起こされる訴訟がなしうるのは、政府の自由裁量から生じた不合理・不均衡の調整にとどまり、そこに自然のルール（自然法）違反があったとしても、そのばあいの不利益は、個人に対する権利侵害ではないと理解されるのである(17)。

以上、ホッブズの所有権概念を私権・憲法・行政の観点から分析したが、いずれにしても、所有権概念そのものは、公権力を制約する基礎たりえない。

三　ロウスンによるホッブズ批判──「共同体」の倫理と論理

以上のようなホッブズの所有権理論に対して批判を展開したひとりがジョージ・ロウスンであった。「自然状態において各人はすべてのものに対して権利をもつという命題は絶対に誤りであり、忌むべきものである。[18]」（Exam：116）。本節では、ロウスンの所有権概念とホッブズのそれを比較し、ホッブズの所有権理論の特質を浮き彫りにする。

ホッブズに対する批判のなかでも、神学者からのそれはとくに容赦のないものだったとアダム・スミスは述べているが、そのような神学者のひとりがロウスンである。スミスによると、ホッブズの見解の特色は、国家以前に人間社会が成立する可能性を認めないこと、国家がつくる実定法を正邪の究極的基準とし、道徳的規範、すなわち、自然法の独自な効力を認めないことであった。ロウスンによる批判も、おおむねこれらの点に向けられている。[19]

最初に、本節における議論の枠組みを明らかにしておきたい。すでにみたように、ホッブズの所有権概念の素材は自然権であったが、問題は、この自然権が〈私法〉、とくに、不法行為法によって規制されていないことであった。そのために、所有権の素材である自然権は、それ自体として公権力を制約せず、逆に、公権力から制約されることを要請した。

さて、これに対してロウスンは、この〈私法〉にあたるものとして「自然法」を論じている。そして、私法＝自然法は、ロウスンのばあい、キリスト教倫理とつながっている。

つぎに、国家法以外の規範に正当性の根拠を得た所有権は、後発の国家によって侵害されないように、〈憲法〉によって保障される必要がある。この意味での憲法は、法人国家の基本構造ではなく、政府を拘束する根本的規範でなければならない。ロウスンには立憲主義的な意味での憲法概念がみられる。

さらに、根本的規範としての憲法によって保障される所有権は、〈行政〉の道具になるべきではなく、政府によって所有権が制限されたばあいには、たんに政策の不合理性を争うだけではなく、個人に対する権利侵害であるとして補償を要求することができなくてはならない。この問題に対するロウスンの応答は法技術的であり、共同体の論理とならんで、共同体の論理を示している。

1　私法としての自然法

ロウスンもホッブズと同じように、国家以前の状態を想定するが、それは、自然状態ではなく、「共同体」である。そして、そこには自然法が有効にはたらいている。ロウスンの共同体とは、さまざまな中小の団体を包含する大きな社会をさす。これは、政府をつうじて統一される以前の州の連合体とも理解されている[20]。

この共同体において個人は、世俗生活のうえでは中小の団体に所属し、いわゆる中間団体に組み込まれている。しかし、宗教的には、同じ家族でも異なる宗派に属しうると考えられ、共同体はそのもっとも深いところで自律した個人に支えられている。このような共同体の構成員は、所属団体の慣行に拘束されるという一面をもちつつも、より普遍的な共同体のルールである自然法に拘束されている。

さて、所有権を正当化しているのは、このような共同体の自然法である。「所有権は、実定法の上位にある自然法に属する」（Exam : 73）。そして、「適切な意味での所有権とは、上位者その他の者の許可なしに、完全に譲渡することのできる独立の権利である」（Exam : 131）。ロウスンは、このような排他性を有する所有権を自然法によって正当化し、その絶対性をつぎのように説く。

最高権力者の設立、とりわけ、権力の執行・運用を託される者の選定において、臣民はみずからの所有物を手元においておくことができ、これは合法的な最高権力の支配権と両立しうる。そうであるから、最高権力者が臣民の物を剝奪し、それを返さないときには彼を訴えることができる。そのとき、所有という観点からみれば、臣民は臣民ではなく、最高権力者は、最高権力者ではない。両者ともこの特定の観点からみれば、私人である（Exam : 73）。

所有権を正当化する自然法は、公法上の地位を捨象し、最高権力者すらも国民と対等な私人としてあつかう。このような働きをする自然法が、〈私法〉上の権利として所有権を承認しているのである。国家法から独立した自然法＝私法に根拠をもつ所有権は、公権力の干渉を拒否することができる。

私法としての自然法は、ロウスンにあっては宗教倫理に根ざしている。(21) この点は重要である。ロウスンは、自然法として黄金律と隣人愛をあげ、これによって所有権の使途に枠をはめている。「人間は神から所有権を与えられているが、そこにはかならず、貧しい者に施し、困っている人の心を軽くしてやり、正当な統治をおこなう最高権力者を養う義務がともなっている。」（Exam : 131）。このように、ロウスンは、キリスト教倫理によって自然法＝私法を基礎づけている。所有権は、他人と財産を分かち合うことを条件として自然法により許可されているのである。

2　国家の基本法としての憲法

私法上、個人と政府は、対等な私人関係を構成するが、さらに、ロウスンは、公法上の関係を私法上の関係から区別し、政府には、私人としての義務のみならず、公的存在として所有権を保護する義務があるという（Exam : 84）。このことは、国民の側からみれば、意に反して政府から所有権を制限されない権利があるということである。「人びとはコモンウェルスを打ち立てることに合意するとき、憲法制定の以前から自分の品々に対してもっていた固有の権利を手元にとどめるのであって、所有権は、それが周囲とうまく調和しているならば、憲法制定によって破壊されず、保存される。」(Exam : 131)。国家創設という文脈において、所有権は、市民間の私権にとどまらず、対政府的な人権の性格を与えられている。

　このように、所有権が政府との関係で、不可譲・不可侵であるということは、それが〈憲法〉上の権利として政府の恣意から保護されることを意味する。

　ロウスンは、憲法と通常の立法を区別し、議会は「憲法」を変更することはできないという。憲法を変更することができるのは「共同体」だけである(Exam : 38)。このような性格の憲法は、根本的規範である。じっさい、ロウスンは、主権者を「憲法制定にたずさわる主権者」(the Sovereign for the Constitution)と「政府作用にたずさわる主権者」(the Sovereign for Administration)に分類し(Exam : 58)、さらに、国家権力の構造にかかわる法を「基本法」・「国家の基礎」と呼び、政府権力の運用にかかわる法を「表層構造」と呼んで、両者を区別している(Exam : 108)。

　以上、所有権は、自然法＝私法上のものであるが、これをさらに「基本法」によって保障するという構成がとられている。

　ところで、憲法のような根本法規が、私法上の権利である所有権を保障するということは、既存の所有権を保護するという一面をもつ。いいかえれば、それは既得権の固定化である。

　このような憲法による既得権の固定化に対しては、原生の自然権に基づく批判があった。フィルマーは、「世界のなかのだれかひとりが、翻意して〔私有財産と政府を捨て去り〕、共有への自然権を取りもどし、自然的自由を回復し、要するに、随意に剝奪し、勝手気ままにふるまいたいというならば、たとえその人物がどれほど貧しく野卑であろうとも、この人物の挙動は権利によって許される一線をこえていると一体だれがいうことができようか。[22]」(〔 〕内は引用者)と述べている。

共有への自然権は、憲法による既得権の固定化を拒否し、既成の財の配分を白紙にもどして、富者から貧者へと財を強制的に移転する手段にもなる。じっさい、このような計画の芽を摘むために、パトニー論争でアイアトンは、「神の法も自然法もわたしに所有権を与えない。所有権は人間の国制（human constitution）の所産である。」とレヴェラーズに対して述べ、無産者を国政選挙から排除して彼らによる憲法改正の機会を奪った。[23]

ロウスンは、おおむねアイアトンが述べたような「古来の国制」論にそって、既得権の保護を支持するいっぽう、権利の平等化に反対する議論を展開している。しかし、ロウスン自身は、所有権の根拠を自然法に求めている。だから、ロウスンは、自然法上の所有権が、「憲法」により保障され、まさにそのことによって、平等化の要請を免れるという論理を必要とした。ロウスンは、そのような「憲法」としてイングランドのコモン・ローをとらえ、それを神の実定法（万人の心に書かれた「自然法」ではない）になぞらえる。コモン・ローは、「書かれた神の法とはるかに折り合いがよい。なぜなら、神の法はイスラエルの人民を彼らの裁判官に託し、そのもとにおいて世界でいちばん自由な人民にしながらも、彼らをけっしてレヴェラーズにしなかったからである。」（Exam：69-70）。[24]

3　所有権を制限する〈方法〉と〈目的〉

ロウスンは、共同体が生活必需品や便宜品をみずから調達できるとしてその自律性を認めているが、それでも〈行政〉を政府に委ねて国家にならなければ「堅固で長続きする」ことができないという。[25] この行政権を行使する政府が、さきにふれた「政府作用にたずさわる主権者」である。

しかし、問題は、行政権の行使が共同体の自立性を妨げるのではないかという点である。課税や収用によって所有権が制限ないし剝奪されるばあいに、行政権の行使に限界はあるのだろうか。

ロウスンは、「指導性および拘束性を備えた一定のルールなしには、いかなる国家もけっして長続きすることはできないであろうし、じっさい、神自身（その権力は絶対的に最高である）、一定の法によってみずからを制限した」（傍点は引用者）と述べ、行政権に制限を設ける「法の支配」論を展開している。[26] とくに注目されるのは、「所有・支配」（propriety and dominion）と「使用・占有」（use and possession）の区別、および、信託理論である。

> 正当に権力を占有している（possessed）当事者は、それへの所有権（propriety）をもっていると考えられるかもしれない。けれども、けっしてそんなことはない。選挙、そして、選出された者への服従表明という手続を経、権力をこのうえもなく不動のものとして移転しようとしたところで、選出された者はその権力を信託されている（trusted）にすぎないのである。[27]

政府は受託者として理解され、「共同体」から信託された権力と資産を、共同体の利益のために使用する義務を負う。この議論が政府の課税権と収用権に対する制約になることはいうまでもない。前述のように、ホッブズが説いた法人国家は、財産——構成員の資産・労働力——を〈所有〉しており、国家自身の利益を目的として、それを自由に使用・処分できる。これに対して、行政権を信託された政府は、共同体の財産を〈占有〉するが、〈所有〉しているのではない。この信託の法理は、チャールズ一世の裁判で重要な役割を果たしただけではなく、続く共和政下では公認された正論であったと評されている。[28]

このような立論のもとでは、政府が〈占有〉する行政権と、私人が〈所有〉する物件の、権原上の相違が浮き彫りにされる。そして、占有される行政権が、私人の所有権を制限するためにクリアすべき条件として以下のようなものがある。

まず、所有権の絶対性から導かれる条件である。所有権を制限する〈方法〉は、所有者の同意、実際問題としては、議会の承認を得なければならない。要するに、政府の命令や勅令ではなく、正当な手続を経た法律によらなければ、所有権は制限されない（形式的条件）。「人民はつねに財布をもち、人民の代表が議会において同意しないかぎり、一銭たりとも国王から負担を強いられることはありえない。このことが、王権を抑制・制限し、宮廷のはなはだしい放蕩・不節制を妨げ、君主を質素にし、無用の戦争を防止したのである。」（Exam : 132）。

つぎに、信託理論から導かれる条件である。所有権を制限する〈目的〉は、受益者である共同体の利益でなければならない（実質的条件）。この要件は、論理的には行政部のみならず、立法部と司法部にもあてはまる。ただし、なにが共同体の利益であるかということについて、神学者ロウスンは、「平和と物質的豊かさ」に加え、これよりも高次の目的として、「神に対する義務の遂行」と「人間が相互に聡明かつ正義にかなった暮らしをすること」をあげており（Exam : 11-12）、行政の守備範囲は広い。

以上のように、ロウスンの所有権概念は、共同体の倫理（キリスト教的自然法）と論理（信託の法理）のうえに成り立ち、政府の権力を制約する原理である。

この原理は、貧者の権利と政府の権限を排除しない。前述のとおり、ロウスンの所有権は、一面で絶対的なものとされながら、道徳的にその使途が制約されており、慈善目的あるいは国家の必要のために喜捨されるものであった。こうして集められた資産は、受託者である政府によって使用される。すなわち、私有財産は、行政をつうじて、市場取引とは別の回路に流入し、共同体の利益のために分配される。

四　ホッブズの法理論――「法の支配」の三類型

以上のように、ロウスンにおける所有権概念は、「共同体」の倫理である自然法＝私法により正当化され、さらに、これが信託の法理にふくまれる権力重層化の論理によって憲法の保障を受けていた。これは、実体的権利の保障を要件としてふくむ、権利基底的な法の支配原理であるといってよいであろう。

いっぽう、ホッブズの所有権は、その素材が自然権であるにもかかわらず、自然権は、所有権そのものではない。所有権は、公権力の意思、つまり、実定法の形式をまってはじめて完成し、それゆえ、政府に対抗しうる独自の基礎にはならない。

しかし、ホッブズには、いわゆる形式的な意味での「法の支配」論がある。このタイプの「法の支配」論は、実体的権利の保障を要求せず、法の内容の善し悪しを問わない。

ホッブズにおいて、国家の意思は、そのすべてが法であるわけではない。構成員から見て、法は一定の条件を備えていなければならない。こうした条件としてホッブズはいくつか挙示している。まず、立法権者がだれであるかが認識されていること、つぎに、法の内容が公布と解釈をつうじて認識されていることである（DC, Ch. 14, §11-13）。これらは、法の形式的要件であるが、法の実質的内容に関する条件として、法の目的が富の増進であること、構成員の自由を一定程度、保障することなどが挙げられている。しかし、すでにみたように、法の実質的内容の決定については、実際の政権担当者が大きな裁量をもち、国家の意思がその条件に反したからといって法としての正当性を必然的に失うわけではない。

また、ホッブズは、人間の身体・財産に加えられる害悪が、とくに刑罰と呼ばれて合法化される条件として、処罰は公権力によっておこなわれること、処罰の原因となる行為は事前に法定されること、処罰は正当な裁判によること、処罰には抑止効果が期待されること、以上をあげている。[29] これらは、刑事法が満たすべき形式的要件であり、禁止される行為がどのような種類のものでなければならないかという点には言及しない。

以上のように、ホッブズの「法の支配」論は、さしあたり、形式的な意味に理解される。ところが、従来のホッブズ解釈をみると、上のような形式的要件に加えて、実体的権利の保障という要素を考慮したいくつかの類型がみられる。

このような解釈が可能である理由は、後述する三つの見解の考察から明らかになるが、あらかじめ、ふたつの基本的な理由にふれておきたい。

第一に、ホッブズの法理論は社会哲学の一部をなしており、自由、平等などの検討をふくんだ全体構想のうえに築かれている点があげられる。このため、ホッブズの「法の支配」論は、形式的意味での法の支配にとどまらない正義論の様相を呈する。

第二に、ホッブズの「法の支配」論が実体的権利の保障をふくむと解釈される理由は、権利概念そのものにある。前節までの議論で明らかになったように、ホッブズの定義する所有権は、それ自体としてみれば、公権力を制約する充分な根拠ではない。しかし、ホッブズの所有権概念には自然権が素材として組み込まれていた。この素材である自然権の要素は、過大視されてはならないが、無視されてもならない。

この自然権は、所有権の〈素材〉という狭い意味にとどまらず、「自己決定権」という実体的性格を元来もっている（DC. Ch. 1. §9）。この性格は、所有権にも刻印されている。このように理解すると、所有権をふくむ実体的権利の保障という問題は避けて通れない。ここに、ホッブズの「法の支配」論が、形式的な意味にとどまらず、実体的な意味を与えられるもうひとつの理由がある。

さて、ホッブズの〈法の支配〉について本稿があつかう解釈は、つぎの三つの観点から論じられたものである。第一は、個人の自律を最大限に尊重するリバタリアニズム、第二は、自然法に従う裁判官の法創造、第三は、社会契約論を下敷きにした合理的選択論である。

1　リバタリアニズム

多様な個人が各自の自由を自律的に実現することに至上の価値を見いだす立場をリバタリアニズムというならば、オークショットは、この立場からホッブズにおける法の支配を論じたということができよう(30)。オークショットによれば、ホッブズの説く社会契約で移転されるのは、幸福追求権といった実体的権利ではなく、この実体的権利を実現するための一般的条件を設定する権利である(31)。オークショットは、ホッブズにおける実定法の妥当根拠を国家の権威に求めながらも、最高権力者のすべての命令が法なのではなく、各自の幸福追求を可能にする条件として発令されたルールだけが法であるという(32)。

このような性格の法は、いっさいの個別事例を顧慮することなく制定される一般法でなければならず、したがって、いかなる個別利益の促進も妨害もしない価値中立的なものでなければならない。じっさい、ホッブズによれば、「教理あるいは政策をめぐる衝突」は、「もっとも激烈な戦争」の原因なのであるから（DC. Ch. 1. §5）、「教理と政策」といった実質的価値に基づく党派とはちがった人間関係を築かなければ、幸福追求は不可能であろう(33)。また、オークショットによれば、各個人の自由を実現する法は、特定個人の利益にコミットせず、その意味で各人を平等に規制する。このような法の性格は、「非道具的」（non-instrumental）と表現される。

これとは対照的に、政府の命令が、国策という集合的目的を実現する手段になるばあいがある。戦争と政策は、そうした集合的目的の典型であり、これを実現する手段は、オークショットによれば、法の定義からはずれる。

政策と戦争は、法の支配の観点から形成される社会がもっともアイデンティティを喪失する契機である。むろん、こうした状況においてさえ、法の支配は（ホッブズが考えたように）形式的には救済されることがある。たとえば、政府の公用収用権は正当な事由から行使されねばならないといったような法理論をもちだすことはその一例である。しかしこれは、必要性は法を知らない、ということを別の言いかたで語っているにすぎない。(34)

現実の国家は戦争をし、特定グループを優遇する政策を実施するけれども、オークショットが問題にするのは、社会形成の原理としてみれば、戦争や政策は法の支配と対立するということである。彼の理解によると、ホッブズの描く国家の基本像は、不法行為を禁止する国家法にしたがい、各人が自然権を自律的に行使する消極国家である。このような国家も、必要・便宜を公益の名のもとに追求するが、しかし、そこには社会形成原理の転換・変更がある。ホッブズも含め、この点に目をつぶるべきではないというのである。公用収用に正当な補償がされても、行政によって特定個人の権利が剥奪されることに変わりはない。それは、個人を国策の犠牲にしないで平等にあつかう中立的な一般法という理念に反する。

なお、オークショットは、法の支配概念にとって権利章典は必要でないと述べている。(35)これは、実体的な意味での法の支配を否定しているようにみえるが、すでにみたように、幸福追求の実体的権利は、実定法以前に人間性の一部として存在し、法は定義上、この基本的権利の性格を変更することができないと理解されている。

2　裁判官の法創造

オークショットは、個人の実体的権利の実現という観点から、行為規範としての実定法の性格を論じた。これに対して、ダイゼンハウスは、裁判規範としての実定法に注目し、法の解釈・適用において裁判官がおこなう法創造という局面にホッブズの「法の支配」を見いだす。[36]

ホッブズにおける裁判官の位置づけは、一見すると消極的であり、ばあいによっては敵対的である。たとえば、「裁判官が被告人に対しておこなう侮辱は、問われている罪とは何の関係もなく、裁判官としての義務を逸脱している。」(DC, Ch. 3, §12) といわれている。また、裁判官の勝手な法創造は、「自然状態」につながるとされ、裁判官を弾劾する特別裁判所の必要性が指摘される (DC, Ch. 13, §17)。

しかし、法の意味に疑義が生じたとき、それを明らかにするのは裁判官であり、法システムの維持に裁判官が不可欠の存在であることもたしかである (DC, Ch. 14, §13)。

このように、ホッブズは、裁判官の役割を厳格な法解釈に限定するが、ダイゼンハウスによれば、むしろホッブズは裁判官に能動的な役割を与えているとされる。すなわち、裁判官は、立法者の意思が明確でないばあいに自然法にそって実定法を編成する義務を負い、また、自然法に反する実定法については、それが秩序の崩壊につながるという警告を発する義務を負う。[37]

ところで、上の議論では、裁判官という職位がすでに確立していることが前提である。そこで問題にされるのは、国家設立以後の自然法の役割であって、自然状態における自然法の妥当性ではない。ダイゼンハウスは、ホッブズの列挙する自然法群を、自然状態から脱却する方法、国家構成員としての美徳、法制度に内在する道徳的制約の三つのグループに分類し、第三の自然法群が、裁判官に対してさきのような義務を課しているという。

また、ダイゼンハウスによれば、国家設立ののち、国家構成員になった人間の利己心は、抑制されたものに変化するという。「適切に機能している法秩序とは、個人が不規則な欲望と情念に屈しないで、法の支配に服する心構えをもつ秩序のことである。」[38] ここには、裁判所の法創造に対する期待、また、人間の自然本性に対する楽観がみられる。

法制度に内在する道徳的制約（第三の自然法群）に基づく「法の支配」論にしたがえば、正義の基本的諸原理は現行の法システム内部に拠点をもち、裁判官はその原理に照らして、法の是非を判定することができる。もし、裁判官がこのような視点に立って、ある種の立法を無効あるいは不適切だと宣言するならば、それは社会経済システムへの介入である。裁判官の法解釈技術は、社会経済活動をコントロールする一因になる。そして、この介入を正当化するのは、法システムに内在する道徳的制約であって、世論でも成文憲法でもない。

こうした帰結を生じるホッブズ解釈は、当時まだ司法の独立が制度的に確立していなかったことを考慮すれば、現代の立憲主義を読み込んだものという印象を与える。(39)

3　合理的選択

非道具的で価値中立的な実定法、国家成立後に裁判官職を拘束する自然法、このいずれのタイプの法にも先行する原理があるとし、そこにホッブズの〈法の支配〉を見いだすのが、ゴティエの「社会契約論的法理論」である。(40)そこで論じられる先行的な原理とは、人間の実践的知性・賢慮であり、この能力が、国家設立に同意することを合理的な選択であると判断する。この合理的な判断能力は、「死の恐怖、豊かな暮らしに不可欠な物資に対する欲望、そうした物資をみずからの勤労によって手に入れることができるであろうという希望」から成り立っている。(41)

こうした実践的知性は、たんに生き延びることではなく、豊かに暮らすために、「お互いの現状を改善できる公正な条件」（fair mutual advantage）に同意する。この条件が、「自然法」であり、それは、「立法の適切なガイドラインであるのみならず、裁判所の法解釈のために適切な原理」であるといわれる。(42)それは、あたかも実定法の上位にある憲法的原理であるかのような位置づけを与えられている。ところで、このような法の支配の類型を顕著に示す社会契約論的法理論のひとつは、ロールズのそれであろう。ロールズの正義の原理は、原初状態において各人が選択する「相互に現状を改善できる公正な条件」であり、成文憲法の上位にある理念的規範である。

ゴティエの契約論的法理論は、特別な訓練を受けていない（その意味で自然状態ないし原初状態の人間の）実践的知性を、秩序形成の原動力と位置づける。この知性は、「すべての人にすべてのものが許されている状態にとどまるべきだと思うなら、その人は自己矛盾を犯している。」(DC, Ch. 1, §13) という判断を皮切りに、矛盾を自発的に解決する能力である。(43) そして、国家設立が合理的選択でありつづけるには、実践的知性が不断にはたらき、これによって同意される自然法が常に有効でありつづけて、実定法の枠組みを恒常的に規定していかなければならない。

ゴティエの理解するこうした実践的知性は、自然状態でも国家でも沈黙することのない秩序の源泉であり、その秩序は自生的である。それは、ヒュームのコンヴェンションを連想させる。(44)

しかし、ヒュームとホッブズの議論は、市民社会の自律性を認めるかどうかという点で相当の距離があり、両者における実践的知性の役割にも違いがあるように思われる。ホッブズの構想では、最悪の事態を回避するために各人がおこなうのは、正義の原理（自然法）を解釈する権限の創出であって、正義の原理そのものの選択ではない。ホッブズにおける個人が法秩序の形成に積極的に関与するのは最初だけ、いわば、機械の起動スイッチに触れるだけであり、それはいったん起動すると、神の知恵（providence）からも、人間の知恵（prudence）からも独立した運動をする。

さて、以上、三つの「法の支配」の類型をみたが、いずれも法それ自体をなんらかの意味で目的として理解し、法以外のものに奉仕するたんなる手段とはみていない。オークショットは、「法の支配」を契機とする社会形成が、「取引交渉」を契機とする社会形成とは異質であることを説いている。後者の社会において、法は利益獲得の手段にすぎない。

この点でマクファースンの関心は、法の支配とは別のところにあるといえよう。彼は、法を市場運営の手段としてとらえ、法の存在を経済的に割が合うという観点から評価しているように思われる。[45] 合理的人間は、「ルールをすべての人に強制するために最高権力者をもつことが、自分自身にとって損失を上回る利益になると判断することができる」[46]。そこでの純益とは、もしもルールを強制する最高権力者がいれば、「みずからのルール違反が他人の遵法態度に与えると予想される影響をいちいち計算しなくてよいし、さらにやっかいなことだが、他人のことはおかまいなしにルールを破り、予見不可能なしかたで行動する人たちの存在をそのつど計算しなくてもよい」ということである[47]。ところで、こうした合理的人間の計算は、一見するとゴティエの論じた実践的知性に似ている。しかし、実践的知性が同意ないし選択するのは、たんに現状を改善する条件ではなく、相互的で公正なものである。そのような条件として「自然法」があり、ホッブズの描く人間もこの条件に同意しうると解されていた。

五　おわりに

「法の支配」における法の性格は、国家が発令する非道具的な条件、あるいは、特別な訓練を受けた人間である裁判官の法解釈技術、さらには、特別な訓練を受けていない人間が選択する公正で相互的な条件として理解された。このような三つのタイプの「法の支配」論のうちどれかひとつをホッブズに当てはめることはむずかしいが、こうした解釈の分岐は、法の支配の実現には総合的・多角的な視点が必要であることを示唆している。

本論での考察をふまえれば、ホッブズの「法の支配」論は、形式的な意味での法の支配と実体的な意味での法の支配の中間に位置するといえようが、前者への傾斜は否めない。ホッブズは、共同体の不成立（私的自治の否定）、国家法人論の貫徹、行政による公益増進を説いて、①個人の自律性に限界があることを呈示し、②権利者である個人の義務と責任を強調し、③政府の自由裁量を広く認めた。以上の諸点について、ホッブズにあいまいさはない。

ホッブズの法理論には、「理性」「自然権」「自然法」「契約」といった伝統的な概念がふくまれる。これらの概念は、その後の法実証主義によって批判された。現代では、法の支配概念に多くの要素を盛り込むことは、「法の支配」論を正義論にしてしまい、「法の支配」がもつ固有の意味をあいまいにするという批判がある。(48)

ホッブズは、みずからの法理論にふくまれるこのような伝統的概念から倫理的要素を払拭した。「契約」ですら、『リヴァイアサン』では、「剣（sword）なくして契約はたんなる言葉（words）にすぎない」(49)といわれる。しかし、いわゆる社会契約は、国家法を有効な規範として通用させている制度的根拠である。だからこそ、『市民論』では、社会契約には「すべての法が一体のものとしてふくまれる」（DC. Ch. 14. §20）といわれている。したがって、社会契約の有効性までも疑えば、国家法システムの外側（たとえば神の法や自然法）に足場を置くことになる。だが、それはホッブズの立場ではない。ホッブズは、剣の裏づけをもった特別な言葉＝実定法が、紛争解決や国家運営に必要であることを説いた。

（1）バーネット事件法廷意見では、権利章典を生みだした啓蒙哲学の個人主義的性格が指摘されたのち、「これを翻訳して具体的規制に仕上げ、二〇世紀の諸問題に対処する公務員を制約するのは困難な仕事」であると述べられ、その理由がつぎのように語られている。「わたしたちがこのような背景をもつ諸権利を移植しようとしている土地では、レッセフェールの概念、つまり不干渉の原理が、すくなくとも経済活動に関しては枯れ果て、また、社会的発展を図る手段としては、社会を一段と固いきずなで統合し、政府による管理を拡大・強化するという方向がますますはっきりと打ちだされている。」West Virginia State Board of Education et al. v. Barnette et al., 319 U. S. 624, at 639-640.

（2）拙稿「自然法論における伝統と近代」『リバタリアニズムと法理論（法哲学年報　二〇〇四）』（二〇〇五年、有斐閣）一八一－一八八頁参照。

（3）B. Tierney（2001）*The Idea of Natural Rights : Studies on Natural Rights, Natural Law, and Church Law 1150–1620*, William B. Eerdmans Publishing Co., p. 51.

（4）ホッブズの所有権概念の社会経済史的意義については、資本制の手段、抽象的な私法関係のイデオロギーとして、すでにマルクスによって論じ尽くされているという評価がある。小池正行「ホッブズの国家と所有権思想について（Ⅱ）」『岐阜大学教育学部研究報告　人文科学』（一九八七年）第三五巻一六頁。

（5）ホッブズの所有権概念は、「社会的」な制約を受けるという点でロックのそれと実際的差異はないとする政治学上の議論もある。D. Van Mill（2002）"Civil Liberty in Hobbes's Commonwealth", 37 *Australian Journal of Political Science*, pp. 27, 30–31. しかし、そこにおける制約の「社会性」は、法学的観点からすると、「実定法」に由来するものか、それとも、「道徳」（自然法）に由来するものかという問題が検討されるべきであろう。

（6）Q. Skinner（2008）*Hobbes and Republican Liberty*, Cambridge U. P., pp. 116–123.

（7）Q. Skinner（1997）"Thomas Hobbes on the Proper Signification of Liberty", in John Dunn & Ian Harris（eds.）, *Hobbes*, Vol. Ⅲ, pp. 373-4.

（8）J. Sommerville "Lofty science and local politics", in *The Cambridge Companion to Hobbes*, pp. 256–258.

（9）「法の支配」には、実体的権利の保障を要求するタイプとそうでないタイプがある。P. Craig（1997）"Formal and Substantive Conceptions of the Rule of Law : An Analytical Framework", *Public Law*, pp. 467-487. 日本における「法の支配」の用法について、渡辺康行「『法の支配』の立憲主義的保障は『裁判官の支配』を超えうるか」『岩波講座　憲法　1』（二〇〇七年）五三–八八頁参照。

（10）『丸山眞男集　第九巻』（一九九七年、岩波書店）三七一–三七二頁。

（11）阿部謹也『ヨーロッパを見る視角』（二〇〇六年、岩波書店）。

（12）本稿で用いた『市民論』のテキストは、Thomas Hobbes（1998）*On the Citizen*, R. Tuck and M. Silverthorne（ed. and trans.）, Cambridge U. P. 以下ではＤＣと略記して本文中に表記する。なお、ホッブズ『市民論』本田裕志訳（二〇〇八年、京都大学学術出版会）も参照。

（13）T. Hobbes（2000）*Leviathan*, R. Tuck（ed.）, Cambridge U. P. p. 90.

（14）ホッブズにおける「国家の収入」は「全般的利益」ではなく、「個別的利益」によるという観点からホッブズの国家論を記述したものとして、山崎怜『経済学体系と国家認識——アダム・スミスの一研究』（二〇〇〇年、岡山商科大学学術叢書2）一二二–一二三頁。

（15） “General Introduction”, in Thomas Hobbes（2005）*Writings on Common Law and Hereditary Right*, A. Cromartie and Q. Skinner（eds.）, Clarendon Press, pp. xxxii–xxxv.

（16） Hobbes, *supra* note 13, p. 356.

（17） これは、船舶税 ship-money 問題における裁判官の多数意見がとる立場でもあった。しかし少数ながら、国王の裁量から私有財産を保護するのが法の役目であり、危険が差し迫ったものでないばあいには、議会に対応を委任するべきであるという意見もあった。J. S. Hart jr.（2003）*The Rule of Law 1603–1660*, Pearson Education, pp. 148–157.

（18） G. Lawson（1996）*An Examination of the Political Part of Mr. Hobbs His Leviathan*, Routledge/Thoemmes Press, p. 116. 原典は一六五七年刊。以下、Exam の略記で本文中に表記する。

（19） A. Smith（1984）*The Theory of Moral Sentiments*, Liberty Fund, p. 318.

（20） 本書第二章第五節3参照。

（21） バーマンは、一七世紀イングランドにおける財産権の発展の基盤に、カルヴァン主義に根ざす共同体の存在があったと指摘し、魂の救済を確信するために奮闘する孤独な個人と資本主義の発展を結びつけたマックス・ヴェーバーを批判している。H. J. Berman（2003）*Law and Revolution* Ⅱ, The Belknap Press, pp. 330–348.

（22） R. Filmer（1996）*Observations Concerning the Originall of Government, upon Mr. Hobs Leviathan, Mr. Milton against Salmasius, H. Grotius De Jure Belli*, Routledge/Thoemmes Press, p. 50. 原典は一六五二年刊。

（23） A. Sharp（ed.）（1998）*The English Levellers*, Cambridge U. P., p. 119.

（24） しかし、他方で、ロウスンは、コモン・ローを紐帯とする「古来の国制」に対して全面的な期待をかけてはおらず、また、神の書かれた法が支配的な「厳格な正義の王国」から「キリストにおける慈悲の王国」への移行という神学的歴史観をもっている。本書第二章第三節および第六節参照。

（25） G. Lawson（1992）*Politica Sacra et Civilis*, C. Condren（ed.）, Cambridge U. P., p. 25.

（26） *Ibid.*, p. 80.

（27） *Ibid.*, p. 58.

(28) J. W. Gough (1947) *John Locke's Political Philosophy* 2nd ed., Clarendon Press, p. 171. また、チャールズ一世との和議を画策する議会に対して軍から提出された諌議書（一六四八年十一月）にもみられる「法に従って統治するという制限付きの権力を信託されている人物は、明文の契約および宣誓を確証とする信託に基づき、人民の権利と自由を維持し保護する義務を負う。この人物は、人民を受益者かつ設定者とする信託を受託している」。J. P. Kenyon (1993) *The Stuart Constitution 1603-1688 Documents and commentary*, Second Edition, Cambridge U. P., p. 284.

(29) A. Cromartie and Q. Skinner (eds.), *supra* note 15, p. xliii.

(30) オークショットは、近代国家がパターナリズムによって個人を馴致していく歴史的現実を「市民的結社」からの離反とみている。中金聡『オークショットの政治哲学』（一九九五年、早稲田大学出版部）二五九-二六六頁。

(31) Michael Oakeshott, *Hobbes on Civil Association*, Liberty Fund, pp. 44, 70.

(32) *Ibid.*, p. 45.

(33) ホッブズは、こうした実質的価値との一体化を「堕落」と呼ぶ。R. P. Kraynak (1990) *History and Modernity in the Thought of Thomas Hobbes*, Cornell U. P., p. 37.

(34) M. Oakeshott (1983) "The Rule of Law", in his *On History and other Essays*, Basil Blackwell, p. 164.

(35) *Ibid.*, pp. 159-160.

(36) D. Dyzenhaus "Hobbes and the Legitimacy of Law", in *Hobbes on Law*, C. Finkelstein (ed.), Ashgate, pp. 93-130.

(37) *Ibid.*, pp. 129-130.

(38) *Ibid.*, p. 129.

(39) コモン・ローの権威は一六四〇年代に著しく低下した。Kenyon, *supra* note 28, p. 91.

(40) D. Gauthier "Thomas Hobbes and the Contractarian Theory of Law", in *Hobbes on Law*, C. Finkelstein (ed.), Ashgate, pp. 63-92.

(41) *Ibid.*, p. 92.

(42) *Ibid.*, p. 83.

(43) 山崎怜『アダム・スミス』（二〇〇五年、研究社）八六-八七頁。

(44) ヒュームは、「利益を追求する情動を制御できる情念は、その方向性を変更されたこの情動それ自体の他にない。」という。

こうした情念の自己修正は、実践的知性の働きである。D. Hume（2000）*The Treatise on Human Nature*, D. F. Norton & M. J. Norton（eds.）, Oxford U. P., pp. 314-315.

（45）同様な評価について、A. Ryan（1988）"Hobbes and Individualism", in G. A. J. Rogers and A. Ryan（eds.）, *Perspectives on Thomas Hobbes*, Clarendon Press, pp. 42-48；I. Berlin（1993）"Hobbes, Locke and Professor Macpherson", in *Thomas Hobbes, Critical Assessments*, vol. I., Preston King（ed.）, pp. 55-76.

（46）C. B. Macpherson（1985）*The Political Theory of Possessive Individualism：Hobbes to Locke*, Oxford U. P., p. 97.

（47）*Ibid.*

（48）このような立場からの議論としては、長谷部恭男「法の支配が意味しないこと」樋口・野中編集代表『憲法学の展望　小林直樹先生古稀祝賀』（一九九一年、有斐閣）一〇九-一二五頁を参照。

（49）Hobbes, *supra* note 13, p. 117.

第二章　ロウスンによる「古来の国制」論批判
――神学者の立憲主義――

一　はじめに

1　課題の提示

ジョージ・ロウスン（一五九八―一六七八）は、「古来の国制」が内戦で破綻したあと、これに代わる立憲主義を探求した。本章は、「古来の国制」論批判という切り口からロウスンの立憲主義を明らかにする。「古来の国制」論とは、伝統の不変性に訴えながら自国の現在を描出する政治的言論である。[1] そこで描かれる国家像は、自国中心的である。これに対して、ロウスンは、普遍的な性格をもった立憲主義に立つ。

イギリスの「古来の国制」論は、一七世紀における憲法闘争のプロセスで重要な役割をはたし、『権利章典』の成立につながった。しかし、『権利章典』中の「古来の権利」の主体は、自然本性上平等なすべての人間ではなかった。古来の国制の外側におかれた人びとの幸福は、「古来の国制」論によってかならずしも配慮されず、このことは、パトニー論争において、無産の従軍兵士の排除というかたちであらわれた。[2]

ロウスンの「古来の国制」論批判は、自然法と権力混合（ロウスンにおける権力の「混合」は、わたしたちの理解する「分立」よりも広義）の視点に立つ。それが、ロウスンの立憲主義のふたつの支柱である。後述のように、この批判の枠組みは、中世アリストテレス政治学である。ロウスン解釈の視角としては、これまで三つのものが出されているが、中世アリストテレス政治学からの解釈は、十分に展開されていない。

ロウスンの「古来の国制」論批判は、このような立憲主義だけでなく、神の摂理という考えかたを枠組みにしている。摂理は、一般的にいうと、〈善事を遠謀する力〉であり、キリスト教では、魂の救済という最高善を案じて人間の歴史を支配する神の力である。

摂理は、宗教的な価値観であるために、立憲主義との関係が問題になる。ティアニーは、「各人の魂が、神の裁判官の面前に独り立ち、裸で震える最後の審判」という観念は、自然法の概念に個人主義的性格を刻印したと述べている[3]。これは、立憲主義と摂理の関係についてのひとつの見解である。この見かたは、宗教的価値観が立憲主義に与えたリベラルな面を指摘しているが、別の側面にも注意が必要である。神の権力は善事を遠謀するとはいえ、絶対的であり、権力混合の原理とは相容れず、また、人間の優柔・卑小を浮き彫りにしてその自律性を不確かにする。摂理の思想は、特定の教義であるから、その内容の面からも、立憲主義との関係が考察されなければならない。

ところで、ロウスンが「古来の国制」論に批判的だったという点は、かならずしも明確ではない[4]。じっさい、ロウスンは、「古来の国制」論に一定の評価を与えており、同調的にみえるばあいがある。しかし、ロウスンの立憲主義は、「古来の国制」論とは異なる原理に立つ[5]。本稿は、ロウスンが「古来の国制」論を乗り越えていく方法・論理・思想を明らかにする。

ロウスンの「古来の国制」論批判の存在が見えにくいのは、「古来の国制」論そのものの性格がとらえにくいからである。「古来の国制」論の性格をめぐっては、現代でもさまざまな見解がある。また、ロウスン自身が「古来の国制」論の内容をどのようにとらえているのかも、一見して明らかとはいえない。

以上のように、ロウスンの「古来の国制」論批判を考察するには、まず、これまでのロウスン研究の視角、そして、「古来の国制」論についての諸研究を検討しなければならないが、さしあたり、以下では、ロウスンがどのような歴史的状況のなかで、どのような考えかたを打ちだしたのかを概観しておきたい。

2　ロウスンの法思想――コンテクストとヴィジョン

本章であつかうロウスンの著作は、護国卿体制から王政復古にかけて書かれた。ロウスンは、当時の政治的言論の状況をつぎのように記している。

> われわれの統治形態は、コモン・ロー法律家、ローマ法実務家、神学者のさまざまな意見によって混乱をきたしている。これら三者は相互に意見が合わないだけでなく、その仲間うちでも意見が対立している（Exam : 133）[6]。

まず、コモン・ロー法律家、ローマ法実務家、神学者という三つの専門家集団が言及されている。彼らは、初期スチュアート時代から引きつづき、主たる知識人であったのだろう。しかし、統治形態をめぐる彼らの意見は対立し、そこにコンセンサスはない。上の三つの知識人の言論は、それぞれ、国内政治、国際政治、教会事項という文脈のなかで展開され、相互に調和的世界を維持していたが、チャールズ一世の即位後、こうした言論の棲み分けがくずれる兆しが顕著になってきた[7]。

また、同じ頃、これらの職業集団の外側からは、哲学者ホッブズが、もはや調和を説くだけでは平和を維持することはできないと、主権国家の絶対性を論じた。こうしたホッブズに対して、ロウスンは、比較的早くに批判をおこなった。

以上のように、当時は、内戦が国王の処刑というかたちで一応決着したものの、新たな国家像を呈示しうる支配的な法哲学はなかった。

バーマンは、一七世紀におけるイングランドの法哲学には、自然法学、実証主義、歴史法学があったと指摘している。[8] 自然法学は、理性と良心から導かれた根本原理の体系を法として理解する。実証主義は、主権をもった立法者が制定・強制する意思の体系を法として理解する。歴史法学は、本章でいう「古来の国制」論にあたる。

バーマンは、この歴史法学を自然法学と実証主義の「中道」として位置づけている。それは、慣習法の思考であり、そこにおいて法とは、「有機的変化のためのメカニズムが組みこまれた」法体系であり、発展・成長といった変化にもかかわらずアイデンティティを失わないものとされる。[9] バーマンは、この歴史法学が、イングランドの市民革命の過程で生みだされた新しい法学であると理解している。しかし、その点については検討が必要であり、後述のように、チューダー時代の伝統とも無縁ではない。歴史法学の進化論的な性格づけについては、本章でみるところと基本的に同じである。

この分類にしたがえば、ロウスンは、自然法学の立場から、実証主義と歴史法学を批判したと一応はいえる。しかし、すでに示唆したように、ロウスンの自然法学は、神の摂理とも深い関係がある。また、従来のロウスン研究には、自然法学以外の観点からロウスンを読解するものがある。さらに、ロウスンが批判の対象にする歴史法学――「古来の国制」論――にしても、そのタイプは多様であり、研究者のあいだで意見がわかれている。

では、ロウスンの「自然法学」とはどのようなものだろうか。さしあたり、ロウスンが政治社会のヴィジョンを語っている部分を引用し、彼の基本的な考えかたをイメージとして示しておきたい。

人間は、ひとりぼっちでは不完全であり、必要不可欠な器官を欠いた身体にも似ている。神は、このことをよくご存知であり、そこで神は、血縁・地縁の集団に、まさにその本性からして憲法を定立して社会生活をおくる傾向をもたせ、このしかたで、群居する諸集団に秩序を与えた。

思えば、各種集団が、いっそう剛健になり、自衛能力を増し、治安をはかるのは、社会生活をつうじてであり、また、これに加えて、生活必需品や便利な品、他人にはあるが自分にないもの、他人にはできるが自分にできないこと、わずかな人数では成果をえられないが多くの人数でやれば成しとげられることなど、まだまだ多くのものが、いっそう豊富に供給されるのは、社会生活をつうじてである。

こうしたことは、神がそこにおられる証であるけれども、しかし、社会を生みだす直接的な原因は、人びとの自発的な合意である。神は、人びとがみずから進んで合意する気もちになるようにしむけて、かつては、人びとの数をたくさん増やし、みなを結合させたのである。

この合意は、黙示のばあいも明示のばあいもあるが、いずれにしても愛情と親愛の情に基づいており、また同時に、その合意には、人びとの心に書かれた永遠の法の義務にしたがってお互いのために善いことと正しいことをおこなう意図がともなっている（Politica：28）[10]。（改行と傍点は引用者）

右の引用で、傍点部分の「永遠の法」とは、いわゆる「自然法」のことであるが、それは、ロウスンの思想のひとつの要素にすぎない。

まず、「人間は社会的動物である」というアリストテレスの前提があり、ここから、憲法をもった国家が構想され、その役割には、豊かな経済生活の実現がふくまれている。

このような国家は、神の摂理――善事を遠謀する力――にしたがう。文中、「かつては、人びとをたくさん増やし、みなを結合させた」というのは、ノアの大洪水や、バベルの塔の破壊といった事跡に先立つ人類の繁栄をさしている。そこにみられるのは、神の絶対的主権を強調する摂理の思想である。

また同時に、人間の自発的合意（もっとも、これにさえ、神の摂理が働いている）も重視されている。そこには、摂理という目的論ではなく、原因・結果の観点から国家をとらえる「科学的」な観点をみることができる。

ところで、以上のようなロウスンの考えかたと、「古来の国制」論との関係は、右引用からは明らかでない。以下では、つぎのような手順で、この問題を明らかにしていく。

第二節では、ロウスン研究の視角を検討する。ここでは、これまでのロウスン研究について三つの方向性を検討し、さらに、もうひとつの有効な視角を検討する。

第三節および第四節では、バーマンが歴史法学として呈示した「古来の国制」論について検討する。「古来の国制」論の内実についてはさまざまな見解がある。本節では、それらを紹介しつつ、バージェスの所説によりながら、その性格と機能を論じる。

第五節では、前節までの考察をふまえ、「古来の国制」論のキー概念である慣習とその歴史的継続性に対するロウスンの評価、また、「混合国制」論のひとつのタイプとしての「古来の国制」論に対するロウスンの評価と対案を分析する。

第六節では、ロウスンが神学者としてもつ摂理の思想を考察し、「古来の国制」論批判の基底にある立憲主義とのちがいを明らかにする。それは、「古来の国制」が破綻したあとの展望を、立憲主義とは別の観点から呈示するものである。

二　ロウスン研究の視角

1　従来の三つの視角

ロウスンについての従来の見かたは、大きく三つに分けられる。第一に、近代的憲法論の先行者としてみる立場、第二に、中世的法学・政治哲学の後継者としてみる立場、第三に、シヴィック・ヒューマニズムの観点から解釈する立場である。第一の立場は、ジョン・ロックの先行者としてみる見解であり、ジュリアン・フランクリン、今中比呂志をあげることができよう。[11] 第二の立場は、中世の教会法学および教会論からの読解であり、ブライアン・ティアニーをあげることができる。[12] 第三の立場は、コナル・コンドレン『ジョージ・ロウスンの「聖俗統治論」とイギリス革命』のそれであるが、同書ではロウスンに対するパドゥアのマルシリウスの影響が指摘されており、その点では部分的に第二の立場とも重なる。[13]

まず、従来のロウスン理解に共通していえることは、『聖俗統治論』（一六六〇年）が重視されてきたということである。これに対して本稿は、『ホッブズ著「リヴァイアサン」政治篇の検討』（一六五七年）（以下、『検討』ないしExamと略記）も視野に入れる。たしかに、ロウスンの政治理論に関するこれら二つの著作のうち、体系性を比較的そなえた『聖俗統治論』のほうがアプローチしやすく、有用である。これに比べて、『検討』は、『リヴァイアサン』の章立てにそって、批判的コメントを逐次加えるという体裁をとっている。そのため、ロウスンの理論的な枠組を理解するという目的には適していない。

しかし、『検討』での議論を視野に入れると、『聖俗統治論』を中心におく従来の研究の問題点がみえてくる。以下では、さきにふれた三つの視角についてその問題点を指摘する。

(i) 近代性の重視

ロウスンの立憲主義は、「近代性」を強調する立場によると、以下のとおりである。「人民の同意による政府の観念によって国民主権を主張し、さらに近代的な性格をもつ三権分立論、立法権優位論などを説くことによって、近代立憲国家の政治原理を明らかにしていった」[14]。この点は、本稿の関心からいうと、ロウスンが「古来の国制」論批判をつうじて論証していることであり、内容じたいは間違っていないと思われる。

このような評価は、ジョン・ロックの先行者としてのロウスンの重要性を指摘したものでもある。しかし、これに対しては、両者の思想的な関連性を正面から否定する批判がある。この批判によると、ロウスンにおける「共同体」が集合的であるのに対し、ロックにおける「共同体」は個人主義的であり、両者の思想のあいだには本質的なちがいがあるとされる[15]。じっさい、さきにみたロウスンのヴィジョンでも、個人ではなく、血縁・地縁によって結ばれる中小の団体が政治社会の基本単位であった。この点は、ホッブズの個人主義を批判した『検討』において顕著である。

しかし、ロウスンの立憲主義における「近代性」をうたがわせるのは、個人の位置づけであるよりも、むしろ、摂理の思想である[16]。それは、善事を遠謀する神の絶対的権力を肯定する。この点もまた、先述のロウスンのヴィジョンに示されていた。

摂理の思想には、神の支配の形態は「絶対君主制」であるという前提がある。そして、人間の君主には、これをまねしようとする傾向がある。ロウスンは、「君主が神でありたい、絶対的で、他に依存せず、すべての法の上にいたい、また、自分の好むところをおこなう特権、悪事をはたらく権利をもちたい、と思いこがれるのは、事実である。」(Exam：58) と述べている。

しかし、この天上の制度を模倣することは、「破滅につながる道」(ibid.) なのである。地上では、別の統治形態が考えられなければならず、それが、「近代立憲主義」である。

天上と地上の統治形態にみられるこうした非対称性をどのように理解すべきか。本稿はこの問題に対して十分な答えをだすところまでいっていないが、摂理の思想には、人間の弱さに根ざす「近代性」の限界を示唆する考えかたがふくまれているように思われる。

(ii)　コンドレンの解釈

コンドレンは、ロウスンの上記二著の違いにも注意を払っているが、基本的には『聖俗統治論』に基づいて『検討』を理解し、ロウスンとホッブズの類似性を強調する。[17] とくに、コンドレンは、ロウスンが「混合国制」を批判したという事実にホッブズとの共闘関係をみている。[18] しかし、この点には、疑問がある。たしかに、ロウスンは、ある種の「混合国制」論を批判するが、基本的には混合国制を支持する（第五節3参照）。

また、ロウスンは、「主権者は、法律によって支配することがふさわしいのであって、法律に服従することはふさわしくない」（傍点は引用者）というホッブズの考えに同調するが（Exam : 130）、それは条件をつけたうえでのことである。ここで、ロウスンは、「主権者」の意味を「政府作用にたずさわる主権者」――これは「憲法制定にたずさわる主権者」とは区別される――として理解し、そのような意味での主権者は、「単独の立法者」ではないこと、つまり、立法権は複数の当事者のあいだで共有されるということ、また、そのような主権者は、すべての面にわたって法律に優越するわけではないことを示唆する。さらに、絶対的主権者であっても法律に違反することによって絶対的ではなくなるともいう（ibid.）。

このように、ホッブズへの同調に付けられた条件は、権力混合と自然法に立脚する立憲主義であり、ホッブズの考えかたとは相容れない。[19] とくに、ロウスンは、「憲法制定にたずさわる主権者」と「政府作用にたずさわる主権者」を概念上区別している。この点で、主権者の絶対性と単一性を説くホッブズとは対照的である。

ところで、本稿のロウスン理解とコンドレンのそれとの違いは、たんにあつかうテキストの違いによるのではないように思われる。コンドレンのロウスン理解は、一五世紀の北イタリア自治都市で発展したシヴィック・ヒューマニズムの視角からなされている。これは、次項2で論じるように、中世アリストテレス政治学とは対照的な言論である。

(iii)　ティアニーの解釈

ティアニーは、中世の法学および政治学の視点からロウスンをとらえ、『聖俗統治論』を評して、中世の法学、政治学、教会論にふくまれている思想の「新たな集成」であると述べている。[20]

とくに、ティアニーは、ふたつの思想的系譜に注目する。ひとつは、教会法学に基づく教会構造論、もうひとつは、アクィナスによって積極的に進められたアリストテレス政治学の再解釈、つまり、中世アリストテレス政治学である。このふたつの思想の流れが一三世紀末に合流し、ジェルソンなどを経て、ロウスンにいたる。ロウスンは、ピュリタン革命という内戦の危機にあって、クリストファー・ビソルド（一五七七―一六三八）の主権概念を発展的に援用し、上記の中世的なふたつの思想を再編したといわれる。[21]

このようなティアニーの見かたは基本的に適切だと思われるが、ここでは『聖俗統治論』を素材としたことから生じるひとつの疑問を提起してみたい。

ティアニーによれば、合流した教会構造論と中世アリストテレス政治学は、以下のようなものであった。まず、教会構造論では、組織の首長に、全体を単一の人格にまとめる役割が与えられる。そして、首長の権威は、組織に内在する要素として有機的に組みこまれる。いっぽう、中世アリストテレス政治学は、王制、貴族制、民主制からなる「混合国制」の理論であった。この「混合国制」論では、これら三つの政体のあいだにはたらく「チェック＆バランス」の有用性が説かれる。それは、組織の統合をはかる教会構造論とは対照的である。

ロウスンが援用したビソルドの主権概念も、これらふたつの思想の流れをくむものだった。ビソルドは、主権を「物権的主権」(real majesty) と「債権的主権」(personal majesty) に分類する。前者は、所有権のように物に対して排他的支配をなしうる本権としての統治権であり、首長と人民からなる団体組織の全体に帰属する。後者は、契約のように特定の人的関係に基づいて、ある人員が他の人員に対して請求をなしうる権限としての統治権であり、首長に帰属する。国家権力のこのような構成は、ティアニーの観点からみれば、教会構造論として理解されるが、ビソルド自身によると、「混合国制」論であった。[22] いずれにしても、ビソルドの主権概念は、国家全体の存続にとって基幹となる権力の存在を認識させるとともに、国王ないし政府の権力を相対化するものであった。

しかし、ビソルドの主権概念が、ロウスンにとって重要な意味をもっていたということは、『検討』に関するかぎり、断定することはむずかしいように思われる。この概念の用例は、『検討』では少ないけれども、もっとも参考になるのは以下の記述であろう。

> この最高権力は、やむをえない使用や、時宜にかなった使用のために、共同体全体に留保されているものであって、「物権的主権」と呼べなくはないかもしれない。しかし、すべての共同体が、そうした留保をするほど賢明であったり気が効いていたりするとはかぎらない。思えば、わたしたちがたいていの国家に見いだすのは、債権的な主権ないし最高権力だけであり、この主権は、横暴で、あまりにも絶対的であるばあいも散見される。しかし、他のコモンウェルスのなかには、最高の支配者が制約されているところもあり、そこにおいて支配者は、一定の準則および基本的な法にしたがって権力を行使することだけを信託されている (Exam：10)。(傍点は引用者)

ここには、「物権的主権」と「債権的主権」の概念区分はみられるが、それは、積極的な利用というほどのものではない。ビソルドのいう「物権的主権」は、団体組織の構成者である首長と人民が調和して一体になっているばあいにのみ有効である。[23]この調和が破綻したピュリタン革命の内戦においては、ビソルドの主権概念はそのままでは使えない。ロウスンのいう「共同体」は、そもそも統治関係が成立する以前、したがって、首長をふくめ、いかなる統治機関も存在していない状態である。それゆえ、ロウスンは、「共同体」との関係で「物権的主権」という名称を用いることに消極的なのだと考えられる。[24]また、「債権的主権」は、「横暴で、あまりにも絶対的」になりうるものとして、やはり、否定的に用いられている。

このように、『検討』でもビソルドの主権概念は言及されているが、立憲主義の理論的要素として積極的に利用されているわけではない。[25]むしろ、ビソルドは、イングランドの王権を絶対的なものとして理解しているという理由で批判されているのである（Exam：43）。

『検討』の指導的な概念区分は、「物権的主権」と「債権的主権」ではなく、「憲法制定」（constitution）と「政府作用」（administration）である。ロウスンは、「すべての国家において、わたしたちは、憲法制定と政府作用を区別しなければならない。」（Exam：24）[26]、「わたしたちは、憲法制定にたずさわる主権者と、政府作用にたずさわる主権者を区別しなければならない。」（Exam：58）[27]と繰り返し、この概念区分の重要性を説く。

わたしたちは、国制が有する権力をみるとき、憲法制定の局面と、政府作用の局面を区別しなければならない。さらにまた、同意がなければいかなる権力も統治することはできないということ、そして、その同意は、人間から与えられる同意だけでなく、とりわけ神から与えられる同意であるということに、わたしたちは、格別の注意を払わなければならない。なぜなら、神は、正義を厳格につらぬき、あるいはまた、慈悲をそそいで、地上の王国を思いのままに変えたり改めたりするからである（Exam：49）。[28]

このように、「憲法制定」と「政府作用」の区別は、重要な立憲主義の「方法」として自覚されていることがわかる。[29]このような区分は、次節で述べる中世アリストテレス政治学とかかわりが深い。なお、右の引用には、神の摂理の思想がみられるが、この問題については後述する（第六節）。

2　もうひとつの方向性——中世アリストテレス政治学

じつはティアニー自身、中世の教会で発展してきた「混合国制」論の研究が手薄であり、それが一七世紀の理論を理解するうえで必要であると指摘している。[30]こうした指摘をふまえて、中世アリストテレス政治学における「混合国制」論を研究したのがジェイムズ・M・ブライズ『中世における理想的統治と混合国制』である。[31]この書物は、ロウスン解釈については具体的に何も示していないが、ロウスンを理解するうえで有効な枠組みを呈示しているように思われる。

アリストテレスの『政治学』は、一三世紀にラテン語に翻訳され、神学者のあいだで研究されてきた。その過程でキリスト教的な変容をとげ、中世アリストテレス政治学が形成される。[32]そこには、ふたつの異なる統治観が競合している。ひとつは、共通の福利を追求するための統治という古代ギリシャの思想であり、もうひとつは、神が罪人に科した処罰としての統治というキリスト教の悲観的な思想である。[33]なお、『政治学』は、一五九八年に英語に翻訳され、これをひとつのきっかけに、国政を論ずる学問分野の存在がイングランドでひろく知られるようになった。[34]

ところで、このような視角は、前出コンドレンが立脚するシヴィック・ヒューマニズムとは対照的である。以下では、コンドレンの見かたと比較しながら、中世アリストテレス政治学の特色を概観する。[35]

シヴィック・ヒューマニズムとは、平等な市民からなる共和国の政治言論である。[36]この共和国の構成員は、現世の有限な人間の営みである政治に直接参加し、それをつうじて自己実現をはかる。これがシヴィック・ヒューマニズムのいう「市民」（あるいは「公民」）である。そして、このような共和国は、普遍的な理想というよりも、具体的な地域性を備えた政治共同体であり、その市民は、自己の利益を共和国全体の利益に結びつける能力をもつべきだとされた(37)。こうした政治的自律性の喪失は、「堕落」と考えられた。

以上のようなシヴィック・ヒューマニズムは、ピュリタン革命後のイングランドに導入され、空位期の体制を、自由土地保有権者の共和国として説明した。そこでは、土地所有が市民の政治的独立性を裏づけるものとされ、財産と政治的権威は不可分なものと理解された(38)。

このように、シヴィック・ヒューマニズムは、政治共同体の世俗性、地域性を強調し、市民の平等性、能動性、自律性を強調するものであったが、こうした特性は、中世アリストテレス政治学とは対照的である。前記ブライズの所見を参考にして、暫定的に中世アリストテレス政治学の特色をまとめれば、以下の三つになる(39)。

第一に、中世アリストテレス政治学は、「法」を重視する。この点は、シヴィック・ヒューマニズムが政治的決定プロセスを重視するのと対照的である。また、重視されるべき法に自然法を加えるなら、地域性を超えた普遍性、世俗を規律する宗教的なものへの配慮という点でも、両者は対照的であるといえよう。

第二に、中世アリストテレス政治学は、政治共同体の担い手と構成員を広くとらえる。シヴィック・ヒューマニズムでは、政治の担い手は、平等な市民であり、有産者に限定される。しかし、中世アリストテレス政治学のばあい、平等な市民以外の多様な「人間」の政治参加が構想される。

第三に、中世アリストテレス政治学は、「政治共同体」と「政府」を、概念上、区別し、政治共同体は堕落した政府を解任できるとする。シヴィック・ヒューマニズムにおいては、政治共同体は市民の堕落とともに滅亡する。

(i)　「市民」と「人民」

それでは、コンドレンがロウスンをシヴィック・ヒューマニズムの観点からとらえる論拠はどこにあるのだろうか。それは、ロウスンにおける「市民」概念である。

コンドレンによれば、イングランドの都市は伝統的に、国王によって法人化されることで、特権として自由を享受した。そのような自由は、平等で自立した「市民」に支えられていたイタリア自治都市の自由とは異質であった。イングランドでは、「市民」はたんに都市の住民を意味したにすぎず、国王の「臣民」と同義であった。

これに対して、ロウスンは、イングランドの伝統とは異なり、「市民」と「臣民」を概念的に峻別し、前者を自律的な政治参加者として理解したとコンドレンはいう。[40]

たしかに、「市民」と「臣民」の峻別は『聖俗統治論』にみられる。[41] そして、コンドレンは、この区別を『検討』の理解にも応用して、イタリア自治都市の「市民」をそこにみる。しかし、『検討』の中で「市民」という語は、都市の住民という意味で一度だけ使われるにすぎない。しかも、そこでは、ロンドン市民の利害は多様であるために、彼らは結束することはできないだろうといわれており（Exam : 143）、都市と一体化することをつうじて自己実現をはかる市民像はみられないのである。

むしろ、『検討』で「臣民」という語と対立的に用いられるのは、「市民」ではなく、「人民」である。『検討』において「人民」は、「普遍的なもの」（the universality of the people）として理解されている（Exam : 24）。この「普遍性」には、「協同して一体をなす」という含意があり、「個人としてふるまう」ということから区別される（ibid.）。その意味で、「人民」は、「共同体」とも呼ばれる。また、「普遍的」ということには、変化しないという意味があり、ここから、「共同体は同じままでありつづける」（the Community abides the same）（Exam : 6）といわれる。これは、つぎのようなフッカーの議論を想起させる。「団体（corporations）は、衰え死ぬということがない。すなわち、わたしたちは、当時、先祖のなかに生きていたのであり、また、先祖は、後継者のなかに相変わらず生きている。[42]」

このような共同体の普遍性は、個々の市民の堕落による政治共同体の滅亡を説くシヴィック・ヒューマニズムの考えかたとはちがうように思われる。

もっとも、ロウスンも、堕落による国家の滅亡という事態を否定してはいない。しかし、そうした事態をまねく直接的原因は、裁判官たる神であり、また、その間接的原因としての人間の堕落も、「法」に対する違反に根ざすものと理解されている。「堕落の原因は、人間であり、転覆の原因は、最高にして普遍的な裁判官たる神である。堕落がまず進行し、そのあとに転覆がつづく。そして、この堕落は、支配者、被治者、あるいはその双方の罪と犯罪から生じる。」（Exam : 119-120）。そして、罪は、「法に対する不服従である」と一般的に定義され、「不服従が脱法行為（an anomy）である以上、この事態に論理的に先行するのは、法の存在である」といわれる（Exam : 110）。（傍点は引用者）

(ii)　善き法の支配・人民の自由・基本法

以上のように、ロウスンの立憲主義は、むしろ、中世アリストテレス政治学の観点から適切に理解されるように思われる。

さきに掲げた中世アリストテレス政治学の三つの特色のうち、法の重要性という第一の点については、ロウスンが、アリストテレスによる法の定義をたいへんすぐれたものとしてあつかっていることがあげられよう。その定義からロウスンは、実定法の要素を析出する（Exam : 93-94）[43]。そのなかには、法はその内容じたいが正しくなければならない、つまり、「公共の善」を目的とする善き法でなければならないという要件もふくまれる。また、ロウスンは、自然法ないし神の法を「より高次の法」（higher Law）として位置づけている（Exam : 127）。

第二の点、平等な有産者以外の政治参加ということについては、上記のとおり、ロウスンにおける「人民」が、平等な有産市民に限定されない点を指摘することができる。これに関連して興味深いのは、ロウスンが、「平等」よりも「自由」を優先するという立場から、アリストテレスを批判していることである。そこからは、政治参加への消極的評価がうかがわれる。アリストテレスはいくつかの形態の民主制を論じるが、ロウスンの理解によれば、その根底にある基本構造は、「平等化」(levelling) であり、それが自由の条件になっている。

一方、ロウスンによると、自由の条件は平等化ではない、つまり、政治参加の促進でも拡大でもない。ロウスンの考えでは、むしろ、政治に参加できない大多数の人びとこそ、自由の享受者である。人民は、みずから行動するのではなく、つねに代理されるものとして位置づけられる (Exam : 39)。「人民」は、シヴィック・ヒューマニズムの「市民」ほど、能動的ではない。

では、このように代理されるものとしての人民が「自由」であるとはどういう意味であろうか。それに対するロウスンの答えは、さきの第一の特色である法の重要性にかかわっている。「自由は平等化なしに享受されるだろう……というのは、いかなる国制 (constitution) も、人が支配するのではなく、智恵と正義が支配するという条件なくしては、善きものとはいえないからである。」(Exam : 69)。自由の条件は、「平等化」ではなく、「智恵と正義の支配」であり、いいかれば、善き法の支配である。[44]

中世アリストテレス政治学の第三の特色、政治共同体と政府の概念的区別は、ロウスンの立憲主義の核心であり、すでにみた「憲法制定」と「政府作用」の区分として語られている。

> 政治学は、ふたつの分野から成り立つべきものである。まず、憲法制定である。これは、最高権力を、単数ないし複数の人員からなる一定の基体 (subject) に、配置することである。つぎに、政府作用である。これは、さきの最高権力を行使することである。この政府作用のうち、その第一の作用は、立法である。立法府は、政府作用にかかわる法について討議するための適切な場である。ただし、政府作用にかかわる法は、憲法制定にかかわる法とは別のものである (Exam : 79)。(傍点は引用者)

ロウスンは「憲法制定」と「政府作用」の区分を「方法」(method)といい(ibid.)、これにしたがって、「憲法制定にたずさわる主権者」と、「政府作用にたずさわる主権者」を区別したことはすでにみた。そしてさらに、ロウスンは、右の「方法」にしたがって、法を「憲法制定にかかわる法」と「政府作用にかかわる法」に区分している。この法の概念区分については、さらにつぎのように論じられる。

どんな国家においても、基本法というのは憲法制定にかかわる法のことである。いっぽう、基本的でない法というのは、政府作用を規則正しくすることを直接の目的として制定される法のことである。前者は、これを変更するならば、かならずや統治の枠組みそのもの、また、その形式が粉々に破壊されてしまうようなものである。後者は、変更可能であって、変更後も本質的な枠組みは維持される。前者は、国家の土台であり、後者は、表層構造にすぎない(Exam:108)。(傍点は引用者)

ロウスンは、「憲法制定」と「政府作用」の区別を「方法」とし、政治社会の「実体」・「基体」である「共同体」をいかに造形するかを論じた。それは、政治形態の「混合」に関する従来の理論に応答する過程で、新しい「混合」の理論として呈示された(第五節3)。

三　「古来の国制」とロウスン

前節で示したように、ロウスンの立憲主義は、中世アリストテレス政治学の特色をそなえている。このことは、ロウスンの「古来の国制」論批判を検討するとき、はっきりする。「古来の国制」論は、それじたいが立憲主義のひとつのありかたを示しており、これを批判するロウスンの応答のなかに、彼自身の立憲主義が浮き彫りになっている。そこに、中世アリストテレス政治学の三つの特色が見いだされる。

しかし、これら三つの特色に照応しない観点がロウスンにはある。それは、宗教改革を経て有力になってきた神の摂理という考えかたである。

以上の点を分析するには、まず、「古来の国制」論がどういう議論であるかを明らかにしなければならず、また、ロウスン自身が、「古来の国制」論をどのようにとらえているのかを理解しなければならない。これらの問題について、本節では、概観するにとどめ、詳細は、次節以降にゆずる。

1　古来の国制の解体

古来の国制の内容としてはいくつかのタイプを指摘することができるが、さしあたりここでは、ジョン・ピムによる一六二八年の演説から引用しておこう。ピムは、議会が与える共通の同意によらなければ、国民には政府からの課税・貸付の要求に応じる義務はないという原則をとりあげ、その法源を「王国の最初の枠組み・国制」(the first frame and constitution of the kingdom) に求めた。

サクソン人統治下の法は、今も明らかな形跡を残している。その法は、ノルマン征服を生き延びるだけの活力・実力を備えていた。いや、その力は、征服王に境界線・限界線を示すに足るものであった。征服王は勝利の当初、たやすく王位につけると楽観していた。しかし、王座を確保するには、和議によらねばならず、そのとき、王は、王国に古くから伝わる法と自由 (ancient laws and liberties) を遵守する義務を、自分自身に課したのである。その後、王は、戴冠時の宣誓により、古来の法と自由を遵守する義務を自分自身に課してその法と自由の有効性を確認した。このような義務は征服王からその継承者に伝えられた(45)。

ピムはここで、ノルマン征服をくぐって生き延びる自国の伝統に訴え、国民の権利と国王の大権を調和させようとする。そこでは、古来の法と自由に対して「自己拘束」をかける国王の徳に信頼が寄せられている。しかし、こうした論理は内戦とともに力を失う。

内戦によって成立した共和国を生きたロウスンには、古来の国制が空位期のイングランドに秩序を回復するモデルであるとは考えられなかった。たしかに、ロウスンも、議会や陪審の制度に言及しつつ、イングランド人の自由は「今日までわれわれの祖先が、数え切れないほど多くの犠牲者の血を代償として、獲得し、回復し、維持してきた」ものだとも（Exam：62）、また、「国家の基本構造を表す法は、書かれた憲章であるよりも、むしろ慣習である」とも述べている（Exam：14）。

このように、ロウスンが「古来の国制」論に共鳴していたのは事実である。しかし、古来の国制は内戦によって破壊された。

古来の国制の残滓は、部分的にわれわれの時代に至るもまだ存在している。しかし、われわれはその国制について確たる知識をもっていない。古来の国制の全体の枠組みは、奇妙な変更を加えられ、堕落してしまった（Exam：31）。

『聖俗統治論』においてもロウスンは、右のような「古来の国制」論に対して一定の距離をおいている。ロウスンは、内戦後の安定を取りもどす「第二」の方策として、「はなはだしく堕落する以前の古来の国制を発見すること、わが国の形成過程において祖先が長い経験をつうじて得た深甚な智恵を理解すること」(傍点は引用者)をあげている(Politica : 123)。

しかし、同時に、このような「古来の国制」の原型ともいうべきものを発見することは困難であると言われている。「今日、その政府は大いに変更され、崩壊しており、当初の国制についてはほとんど知るすべもなく、現政府を手直ししたり、それを古来の形態にもどしたりすることはむずかしい。」(Politica : 99)。ともかく、国家の歴史的起源を探ることは、「第二」の方策ではありえなかった。ロウスンとしてはつぎのようにいうのが限度であった。「われわれの到達した智恵が、われわれの祖先のそれよりも深甚であると考えるのは空疎で傲慢な想像である。だから、今すでに達成されているものが、最良の手本(the best model)と折り合うばあいには、それを壊さないようにしよう。」(Politica : 123)。

けっきょく、古来の国制の崩壊を目の当たりにしたロウスンにとって、この国制は、「最良の手本」とはなりえなかった。むしろ、この「手本」は、中世アリストテレス政治学に基づく立憲体制であると考えられる。

ところで、ロウスンは、古来の国制の崩壊を立憲主義とは別の視点からみている。それは、神の摂理であり、「古来の国制」論とはちがう歴史観がそこにある。

『検討』においてロウスンは、内戦の推移を神の摂理に関連づけて論じている。ロウスンによれば、内戦の一因は、宗教的熱狂と自国の国制についての無知にあり、人間の目からみると、内戦は予期しえない嵐のようなものであった。しかし、内戦は、神の正当な判断の結果でもあり、そこには神の摂理がはたらいていた。

神が人びとに最良の政府・国制を打ち立てる機会を与えるときですら、人びとは激しく分裂する。ある者は前の政府を支持し、ある者は自分たちの頭脳が案出した新しい構想を偶像化する。また、ある者は、当面武力に訴え、いったん権力を握るとそれを手放そうとはしないが、彼らとて再び権力の座を奪われないとはかぎらない。こうしてしばらくのあいだ、人びとは相対立する風により、海原の幾多の波のごとく翻弄される。……こうしたことはすべて、神の正当な判断と、平和に敵対する人間の頑迷な愚かさによって起こる（Exam：6）。（傍点は引用者）

ここには、内戦期の混乱状況が描かれている。文中の「前の政府」を支持する人びととは、国王と二院の存在を前提とする「古来の国制」論者であろう。つぎに、「自分たちの頭脳が案出した新しい構想を偶像化する」人たちとは、レヴェラーズあるいはホッブズであろう。さいごに、「武力に訴えて」権力を奪取し、そこに居座っている人たちとは、クロムウェルなどの軍人をさすと思われる。軍人は国王と貴族院を廃止したのち、共和主義者の多かった長期議会をも解散し、クロムウェルによる護国卿体制を築いた。

こうした状況を目撃したロウスンは、「われわれを統合する権力は今日嘆かわしくも混乱しているけれども、その権力は神の御手にのみある。」（Exam：32）という。神が人間の歴史を支配する。この認識が、古来の国制を超越する視座をロウスンに与えている。

2　「古来の国制」論の研究動向

ロウスン自身は、「古来の国制」に不明な点が多いとして断片的なことしか述べていない。それは、内戦のためでもあろうが、イングランドの歴史家のなかに法の歴史をあつかうものが少なく、そのために「国家の臓腑に突き進み、国家の内部組織の構造を発見する」ことができないとも述べている（Exam：43）。

しかし、古来の国制の歴史的実態に不明な点があっても、それはひとつの政治言論として重要であった。「古来の国制」論は、近代イングランド史、とくに一七世紀の思想史研究のテーマであり、ポーコックによる再評価以来、議論の対象になっている。現代の研究では、「古来の国制」論の存在それじたいに疑問を呈するものは少ないが、その議論の性質や機能については見解がわかれている。多くの研究は、政府に対する一定の制約を課す理論として「古来の国制」論をあつかっている。その主な争点は、この「制約」の強さの程度である。

(i)「憲法」か「国制」か

ところで、現代のわたしたちが理解する「憲法」は、政府に先行して存在し、人民から委ねられた政府の権限の範囲を限定し、そこから逸脱する政府の行為を不正と見なす「成文」である。[46] 一方、「古来の国制」(ancient *constitution*) という名称にも、constitution がふくまれる。しかし、「古来の国制」論が展開される一七世紀初期のイングランドはもとより、当時のヨーロッパのどこにも成文憲法はなかった。この点に、グレン・バージェスは注意をうながす。

> 初期スチュアート時代の constitution という語が意味するのは、遺漏なくそろえられた一連の法、特権、権利であり、また、それらによって定義される政治共同体である。この constitution は、それを構成する特定の要素を離れては、存在もしなかったし、定まった形式も持ちえなかった。したがって、それは、個別具体的なものから構成されるひとつの複雑な総体であった。[47]

ここにみられる「一連の法、特権、権利」からなる「複雑な総体」とは、コモン・ローと呼ばれるイングランドの一般的慣習法にほかならない。のちに、ダイシーは、「法の支配」の意味に関連して、イングランドの「憲法」を、a judge-made-constitution といい、また、政治共同体の存在について、「自生的な成長の結果」であると述べている。[48]「裁判官が作った」という表現には、あらゆる法の定立に作者をもとめる法実証主義の影響がみられるが、「自生的な成長」というのは、「作者」という考えかたとは相容れない発想である。[49] 後者は、「古来の国制」論につうじる考えかたである。また、バージェスが「複雑な総体」といっていることには注意が必要である。そこには、中核的な原則と周辺的なルールの区別がない。そのような区別がされるようになるのは一六四〇年代以降であるといわれる。[50]

(ii)「古来の国制」論の役割

さて、一七世紀イングランドの「古来の国制」論をめぐる研究は、ポーコックの古典的研究に対する応答として理解することができる。[51] とくに、一九九〇年前後に注目すべき研究がだされている。その主なテーマは、「古来の国制」論が王権に対抗する政治的言論としてどのような貢献をしたのかという問題である。初期スチュアート時代には、議会の承認を経ない課税が国王の権限であるかどうかについて議論があり、財産権を正当化する理論に関心が寄せられた。

以下では、王権との関係で「古来の国制」論がはたした役割を、消極説、積極説、急進説に分け、それぞれの主張を概観する。

消極説　ポーコックの「古来の国制」論研究は多面的であり、その一端は後述するが、ここでは王権との関係で「古来の国制」論が果たした役割に注目する。

ポーコックによれば、「古来の国制」論は、国王に対し、法あるいは議会の正当性を擁護したが、そのしかたは「消極的」であった。財産権や議会その他の諸制度は、「人間の記憶を超えた」古来の慣習であり、人為の所産ではない。そうした人間の意図とは無縁の慣習に、人為的な介入をすべきではないというのである。[52] この論法は、法や議会は人民の合意の所産であるがゆえに尊重されるべきだという議論に比べると、受動的、防衛的である。

また、「古来の国制」論は、国王の存在を否定するものではないから、空位期にあって王制の復活を促したとされ、王政復古は「古来の国制」論の最大の勝利と評される。[53] ここには、王権と「古来の国制」との不可分な関係が示唆されている。この点は、バージェスによって強調・展開される。消極説の論拠である慣習の性格については後述する。

積極説　サマヴィルは、「古来の国制」論が個人の財産権の絶対性を積極的に主張し、絶対王権論と対抗していたと考える。[54] この議論によれば、「古来の国制」論は、政治権力の源泉を共同体に求める別系統の政治理論——共同体権力論——と共闘していたとされ、これとの比較において、「古来の国制」論の特色が述べられる。

まず、共同体権力論は、抵抗権と結びつくが、「古来の国制」論はそうではなく、「静態的」である。[55] つぎに、共同体権力論は、社会全体の存続を優先するが、「古来の国制」論は、個人の権利を尊重する。[56] 第三に、共同体権力論は、政治権力の起源を問題にするが、「古来の国制」論は、権力の起源を問わない。[57]

ここでサマヴィルが示す「古来の国制」論の三つの特色は、第二の点を除けば、受動的であり、また、個人の権利の尊重という点にしても、共同体の利益に優先されるほど積極的なものであったのかどうかは疑問である。「古来の国制」論が個人の権利を王権から擁護したといわれるばあい、その権利は自然権ではない。それは、サマヴィルも認めるように、「イングランド人の権利」という集合的な概念である。[58] そして、この「イングランド人の権利」は、慣習上のものである。この慣習は「合理的」でなければならないとしても、それが慣習である以上、「イングランド人の権利」が共同体の全体利益に優先されるほど絶対的であったかどうかは疑問に思われる。

もっとも、サマヴィルが主張するような慣習の合理性あるいは個人主義的指向は、一六世紀後半の一般的な法思想であった。しかし、これを「古来の国制」論と結びつけることには疑問がだされている。[59]

急進説　ウェストンとグリーンバーグは、「古来の国制」論の急進的な役割を強調する。それは、失政を理由に国王を退位させる人民の権利を正当化したとされる。[60]

ウェストンによれば、「古来の国制」論は、一六四二年の『提案十九条に対する国王の回答』以来、「協同権力の原理」、「政治権力の世俗性」という考えかたと結びつき、議会の主権を支持した。[61] 一六四二年六月、議会は、政府の主要な人事権、軍事指揮権などの移譲要求を盛りこんだ『提案十九条』を国王に提出した。国王は、これを拒否する上記『回答』で、みずからの地位が貴族院および庶民院と対等であることを公式に認めた。しかし、伝統的な理解によると、国王は、聖職貴族と世俗貴族からなる貴族院、および、庶民院とは別格の存在であった。[62]

こうして『回答』以降、国王、貴族院、庶民院の三者は、相互にチェックしあう独立・対等の権限を有し、「協同」して立法にあたるとされた。これは、王権神授説の明確な否定であり、それまで「主権」と呼ばれていた国王の権力が、貴族院と庶民院によって分有されることを意味した。[63]

しかし、ウェストンとグリーンバーグは、『回答』以前の「古来の国制」論については、別の見かたをとっている。ウェストンとグリーンバーグは、一七世紀イングランドの政治言論を、王権に絶対優位を認める「秩序の理論」と、議会に主権を認める「共同体中心の理論」とに大別し、後者が前者を克服していく過程に着目する。[64] この過程において、内戦以前の「古来の国制」論は、ジェイムズ一世による「秩序の理論」に比べ、影響力が弱かったとされる。[65]「協同権力の原理」は、一六四二年の『回答』以前には一般的でなく、これと結びつくことのなかった「古来の国制」論は、「共同体中心の理論」としての効果をほとんど持たなかったと考えられている。

(iii) 「古来の国制」論の不在

以上の論者は、いずれも「古来の国制」論それじたいの存在は認めている。これに対して、タブズは、「古来の国制」論に関していかなる「標準モデル」も立てられないとし、コモン・ローについての多様な見解を例示する。[66]

タブズによれば、コモン・ロー法律家は、コモン・ローを一般的慣習としてとらえるか、あるいは、「人為的理性」ないしそれに類するものとして理解するかのいずれかに大別される。[67] この理性と慣習は、相互に共通点をもたない異質な概念であり、それぞれ独自のカテゴリーを形成するといわれる。そして、法の本質についてコモン・ロー法律家のあいだに共通の見解は存在せず、したがって、そのような共通の見解に根ざす「古来の国制」論も成立しえないといわれる（第四節1(iii)）。

このように、タブズは、コモン・ローおよび「古来の国制」論の理解をめぐり一般理論化を断念するが、そこには研究方法の面でポーコックやバージェスとのちがいがあるように思われる。ポーコックもバージェスも、「古来の国制」論をひとつの「言語体系」として構築する。そのさい、「心性」という概念を用いて、標準モデルを立てる（次項(ii)）。一方、タブズは、こうした言語体系の存在を証明するだけの史料がないというが、そこには史料を解釈する方法の問題があるように思われる。

3　グレン・バージェスの所論の位置づけ

前項では、法制度と王権との関係という観点から最近の研究動向をまとめ、「古来の国制」論が、消極的防衛理論、積極的あるいは急進的攻撃理論として理解されていることをみた。こうした見解は、「古来の国制」論の政治的機能に関するものであるが、それは「古来の国制」論の一部でしかない。タブズがコモン・ローの理解として理性と慣習を対比していたように、「古来の国制」論は、なによりコモン・ローの性質に関する法理論であり、その政治的機能もこうした理解を前提にしている。

ポーコックの古典的研究以降、このような法理論としての側面にも視野をひろげて包括的に「古来の国制」論をあつかった研究は多くない。タブズはコモン・ローの性質を考察したが、一般理論化は断念した。これに対して、バージェスは、「古来の国制」論を法と政治の両面から考察し、その理論化を進めた。

本項では、バージェスの議論をこれまでの研究動向のなかに位置づける。彼の所論の詳細については、次節にゆずる。

「古来の国制」をめぐるバージェスの所論は、『「古来の国制」の政治学』において展開されている。[68] ある評者は、同書をサマヴィルの『政治とイデオロギー』と対置し、ポーコックの研究成果をふまえてジャドスンの『国制の危機』を現代化するものと評価する。[69] サマヴィルは、ポーコックが「古来の国制」論を万能理論にしていると批判するいっぽう、初期スチュアート時代の政治言論は多様であったと主張する。これに対して、バージェスは、政治言論の多様性を認めつつも、「古来の国制」論がある時期まではもっとも有力な言論であったと主張する。こうしたバージェスの所論は、「古来の国制」の性質についてはポーコックから、また、その政治的機能についてはジャドスンから影響を受けている。

以下では右の評言に沿いながら、バージェスの所論が初期スチュアート研究に占める位置を確認しておきたい。すでにみたように、サマヴィルは、初期スチュアート時代の政治言論の様相について、共同体権力論と「古来の国制」論が、絶対王権論に対して共闘していたと指摘した。そこには、世界観の分裂が描かれている。同様なことが、すでにみたウェストンとグリーンバーグにおける「秩序の理論」と「共同体中心の理論」の二元論についてもいえる。

また、サマヴィルは、「古来の国制」論を理論的には王権に対する積極的攻撃理論ととらえたが、その実際の影響力については否定的である。サマヴィルによれば、政治言論としては、「歴史」に訴える「古来の国制」論よりも、ローマ法学者あるいは神学者の「理論」に訴える言論のほうが有力であったとされる。[70] ウェストンも、内戦以前については「古来の国制」論の影響力を小さく見積もっていた。

(i) 分裂か調和か

バージェスは、サマヴィルの主張する世界観の分裂、「古来の国制」論の劣勢という見かたに反論する。バージェスによれば、初期スチュアート時代を世界観の分裂という視点からみるのは伝統的な立場であり、これに対するほとんど唯一の例外が、ジャドスン『国制の危機』であったとされる。

ジャドスンは、王権と議会の関係を対立としてではなく、調和として描き、また、歴史的継続性を強調する。すなわち、法の最高性、国王の特権、臣民の財産権は、いずれも中世的観念であり、それらは、初期スチュアート時代まで維持された。こうした歴史的継続性を背景として、一六四〇年代以前においては、王権を支持するにせよ、議会を支持するにせよ、法と調和的国家（balanced polity）について穏健な認識が共有されていたというのである。[71]

バージェスは、こうしたジャドスンの見解を基本的に支持する。初期スチュアート時代の政治共同体に世界観の分裂はなく、むしろ、世界観の共有という調和的関係がそこに見いだされるというのである（第四節2）。

しかし、ジャドスンは、こうした調和的国家がとくにコモン・ローに支えられていると主張したわけではない。ジャドスンは、法の最高性を中世的観念としてとらえ、その法が自然法か神の法かコモン・ローかということは二義的な問題であると述べている。[72]そこには、とくにコモン・ロー的思考が調和的国家を支持しているという認識はみられない。

初期スチュアート時代におけるコモン・ロー的思考の重要性をひろく認識させたのは、ポーコックである。ポーコックは、エドワード・クックを標準モデルとして、コモン・ロー的思考とそれに基づく「古来の国制」論を考察した。それによれば、クックは、「古来の国制」論をひとつの政治言論にまで高めたとされる。コモン・ローが慣習であり、イングランドで古くからくり返されてきた先例であるというのは、中世的な法思考であり、コモン・ロー法律家にとってなんら特異なことではなかった。しかし、クックは、このような思考をたんに訴訟にかかわる法実務だけでなく、陪審や議会など制度一般に拡張した。[73]こうして、「古来の国制」論は、自国固有の歴史的伝統に訴えて国家の基本構造を正当化する政治言論になった。

(ii) 心性

バージェスは、ポーコックがクックを標準モデルとした点を批判するが、いくつかの基本的な議論をポーコックから継承している。以下では、「心性」(mentalité) と「島国性」(insularity) という問題を取り上げる。まず、「心性」は、「古来の国制」論がどのようなレベルで存在しているのかを示す方法論上の概念である。ポーコックと同様、バージェスは、「古来の国制」論という「言語体系」(language) には当然の前提として想定されていることがあるとし、これを「心性」と呼ぶ。

ポーコックは「古来の国制」論に想定されている前提(心性)として、つぎの三つをあげる。イングランドにはコモン・ローと呼ばれる法があるということ、コモン・ローは裁判所で適用されてきた全イングランドに共通する慣習であるということ、慣習は人間の記憶を超えた昔からつづいてきたものであるということ、以上である(74)。「心性」は、個人の実際の意識や心理状態とは区別される概念であり、各個人の思考を集合的に規定する。かつてジャドスンは、初期スチュアート時代にあって憲法理論は発展しておらず、実務家の残した断片的な見解があるだけだと述べ(75)、タブズも同様の所見であった。けれども、「心性」という観点からみれば、断片的な言辞は「言語体系」の構成部分と理解される。「心性」は、史料的制約をクリアし、理論化を可能にする方法なのである。

ところで、「言語体系」は「古来の国制」論以外にも存在し、それぞれの「体系」は固有の前提(心性)をもつ。バージェスによれば、「古来の国制」論の前提は、別の「言語体系」の前提と以下のような対抗関係にある。

原初契約理論と自然権理論は、「古来の国制」論とはまったく異質な言語体系である。つまり、原初契約は、超記憶性という教理と矛盾する。一方、古来の国制は、自然権の使用を不要にするという機能をはたした。「古来の国制」は、実定法あるいは憲法上の権利を遺漏なくしつらえて、これを自然権と差し替えたのである(76)。

(iii) 島国性

以上のように、バージェスは、史料解釈の方法論をポーコックから継承しているが、「古来の国制」論の性格の理解についてもそうである。それは、イングランドの「古来の国制」論の「島国性」である。

ポーコックによれば、イングランドの「古来の国制」論は、ローマ法学の影響を受けず、自国の慣習だけに関心を注いできた。そのため、外国と自国を比較し、あるいは、歴史学的に現在を対象化する視点を欠いていた。このように大陸から絶縁された「島国」において、イングランド独自の「古来の国制」論が展開されたというのである。[77] このうした「島国性」の議論に対しては批判があるが、バージェスは、イングランドの「古来の国制」論と大陸のそれに共通性を認めながらも、基本的には「島国性」を擁護する。[78]

バージェスが理解する「島国性」とは、自己の外部を見ないということではない。「島国性は、ほかの法体系について無知であることから生まれたのではない。それは、慣習はいかにして発達してきたのか、慣習はどのような根拠によって正当化することができるのかという問題について、深く考えてみるところに生まれたのである。[79]」

しかし、問題は、「慣習の発達」あるいは「慣習の正当化」について、どのような見かたが、だれによって、考えだされたのかということである。この問題が「島国性」の根幹にある。

バージェスの理解する「島国性」は、一種の「内向性」であり、法律専門家が自己の内部にそそぐ視線である。コモン・ロー法律家の目からみると、古来の国制は、その内部に合理性をふくんだ完結したシステムであり、自足的ないし自律的な法体系である。バージェスは、このような法の見かたが、コモン・ロー法律家のなかからどのようにして生まれてきたのかをさぐる。後述のように、バージェスはその起点をセント・ジャーマンの法学に求める（第四節1(iii)）。

四　「古来の国制」論の枠組み

本節では、バージェスの所論にしたがって、具体的に「古来の国制」論の枠組みをみていく。バージェスは、「古来の国制」論の特色を大きくふたつの側面にわけて論じている。そのひとつは、「古来の国制」論それじたいの〈性質〉、つまり、コモン・ロー的思考にかかわり、もうひとつは、「古来の国制」論の政治的な〈機能〉にかかわる。

1　「古来の国制」論の性格——法システムの自律性

バージェスは、「古来の国制」論の特色として、慣習、継続性、バランスの三つをあげる。このうち、慣習と継続性が、「古来の国制」論の〈性質〉にかかわる特色であり、バランスが、その政治的な〈機能〉にかかわる特色である。

本節においては、「古来の国制」論の性質にかかわる要素の慣習と継続性をあつかう。

(i)　慣習の「根本性」

まず、バージェスは、古来の国制が「慣習」として理解される点をあげ、とくに慣習が、「不文」であり、「人間の記憶を超える」ものであることを指摘する。このような慣習の性格は、以下のジョン・デイヴィスの記述から知ることができる。

イングランドのコモン・ローは、王国の共通の慣習にほかならない。法の効力をえた慣習は、書かれざる法（ius non

scriptum）と呼ばれるのが常である。慣習がつくられるのは特許状によるのでも、議会の立法によるのでもない。これらは、文書にまとめられ、記録というかたちを常にとるが、いっぽう、慣習の所在は、利用と実践（use and practise）であり、それが記録・登録される場所は、人びとの記憶なのである。

慣習の開始と完成は、以下のような方法による。理性にかなった行動がまずなされ、それが人びとにとって善いことであり、有益であり、また、人びとの資質と性格に適合していると認められる。そのとき、人びとはそれをくり返し、利用し・実践する。その行動は何回となく反復され、広くおこなわれるようになり、慣習となる。そして、記憶を超えた長い時間（time out of mind）不断に継続されることにより、それは法の効力を獲得する。(80)

慣習とは、国王の特許状や議会の立法によって人為的に形成されるものではない。この意味で、慣習の性質は「根本的」（fundamental）である。クックは、「コモン・ローは議会の制定法を管轄下におき、ときにはそれを完全に無効であると判断することがある」ともいう。(81) 古来の国制は、慣習であるコモン・ローの所産であって、人為によっては変更できない。逆に、それは、人為的なものを変更する可能性すらふくみ、この意味で「根本的」である。

このような慣習の「根本性」を表現するのが、「書かれていない」ということであり、「記憶を超えた長い時間」の継続である。不文性、超記憶性は、人間による作為を排除し、古来の国制の変更が容易でないことを示唆する。ポーコックは、「国制」という語を修飾する「古来の」および「根本的」は同義語であり、ともに国王の特権によって侵害されてはならないという意味であるという。(82)

バージェスは、古来の国制を慣習の所産であるとし、この点でポーコックの所論を継承するが、その「根本性」の意味については、異なる見解を示している。(83) バージェスによれば、当時、「根本的」という語は一般原則をあらわすものとして使用されていなかった。ジャドスンも、「根本的」という形容詞は、法それじたいの重要性に差を設けないという。[84]したがって、慣習法の所産である古来の国制は、国王の特許状、議会の立法に対し、恒久的な一般原則としての地位を占めるわけではない。

このような見解は、慣習それじたいに関するバージェスの理解と密接なかかわりがある。後述のように、ポーコックは、慣習を変化しないものととらえる。他方、バージェスは、慣習を状況に対応して変化するものとして理解する。バージェスがいうように、慣習が変化し、恒久的でないとすれば、そこにおける fundamental の意味は、ほかの規範の是非を判定する準拠規範の不動性ではないであろう。

後述のように、バージェスは、慣習に別な意味で「根本性」を認めている。慣習の性質は、コモン・ローの合理性の射程を限定するという意味で「根本的」であり、この点が、バージェスの議論全体の土台をなす。

(ii)　古来の国制の「継続性」

すでにふれたように、ポーコックは、慣習を不変であると理解した。ここから、過去と現在は「継続」しているという帰結が導かれる。慣習である古来の国制の特色は、この「継続性」であり、このことは、ノルマン人の征服によって古来の国制は変更されなかったというコモン・ロー法律家の見解にあらわれているとポーコックはいう。

しかし、慣習は状況の変化に応じて柔軟に対応・変化していくものだと理解することもできる。バージェスは、「継続性」を「古来の国制」論の特色とし、その点でポーコックの所論を継承しつつも、その内容に大きな修正を加えている。[85]

ポーコックによれば、「古来の国制」論において、過去と現在は同一視されるという。たとえば、一七世紀の『権利請願』は、一三世紀の『マグナ・カルタ』が時間を超えて再現されたものであって、両者は同じ出来事として理解される。もとより、両者は、封建制と重商主義という異なった社会背景をもつ。しかし、こうした差異は捨象され、両者は時間を超えた同一事象だといわれる。[86]

一方、バージェスによれば、過去と現在は継続しているが、そのあいだに時間を超えた事実の同一性は成り立たない。時間は、過去から現在へと流れ、そこには状況の変化が生じ、それにもかかわらず、古来の国制の同一性（アイデンティティ）は維持されるといわれる。この「同一性」は、ポーコックがいう時間を超えて再現される同一性とは別の意味をもつ。

進化論的歴史観　バージェスは、変化にもかかわらず保持される古来の国制の同一性を、「一種の進化論的歴史観」に立って理解する。(87) バージェスの議論では、歴史が進行するなかで生じる変更は、「当初から実体のなかに存在」していた不変のプログラムに沿っておこなわれる。(88) したがって、それは、偶然ではなく、必然的な変更である。このような「進化論的歴史観」の下敷きにされている進化論は、ダーウィンの進化論と宗教との両立をはかった議論に酷似する。それによれば、自然選択は、世界の創造者が歴史的時間の初めに設計したデザインにしたがい、必然的に起こる。(89)

では、バージェスの進化論的歴史観に照らして「古来の国制」論を理解するとどのようになるだろうか。さきにふれたように、バージェスは、慣習を状況に応じて変化し適応するものととらえた。したがって、慣習である古来の国制の変化は、偶発的、無原則的ではなく、特定のプログラムに沿って予定どおりに生じると解されよう。

この「進化論的歴史観」は、後述の摂理の思想に似ているが、そのプログラムは、歴史的時間の開始時に神がデザインしたものではない。古来の国制の起源は、人間の記憶を超えており、だれがいつ創始したのかを確定することはできない。この点に、摂理の思想とのちがいがある。

時間の概念　進化論的歴史観のもとで「古来の国制は、永遠に変化しつづけるが、つねに同一であった」(90)といわれるとき、そこには、通常、わたしたちが理解するのとは異なる時間が流れているように思われる。

自然科学における時間は、均質的であるが、もし古来の国制をこのような時間に即して理解するなら、その起源について論じることができるはずである。しかし、それは、古来の国制の超記憶性に反する。また、古来の国制を均質的な時間のなかにおいて、その変化を時系列として記録することはできても、不変のプログラムないしデザインを実現していくという目的論的な側面はみえてこない。

「古来の国制」論における時間の観念を端的に表現しているのがヘドリィである。[91] ヘドリィによれば、「時間は、真理に試練を与える検査官であり、すべての人間の知恵・学識・知識の創造主であり、人間のあらゆる法の主要な効力・名誉・評判の源泉である。[92]」このような時間は、現代のわたしたちが理解するような抽象的で均質的な時間ではない。ヘドリィの描く時間は、知恵と法を創造する人格のようであり、さきにみた神学的な進化論における創造主と似ている。それは、外部の検査から独立しているという意味で、自己完結的・自律的であり、それ自身に固有の実現すべき目的をもつ。

アイデンティティの根拠　バージェスにとって重要なのは、じっさいに古来の国制が征服されることなく過去から不断に継続しているという事実の真偽ではない。むしろ、古来の国制がそこにむかって展開するところの「目的」、「プログラム」が存在しているということが重要なのである。この目的・プログラムが存在するという確信がコモン・ロー法律家にあればこそ、変化にもかかわらず保持される「古来の国制」の同一性を論じることができるわけである。

それでは、そのアイデンティティの根拠、古来の国制が目指して展開していく目的・プログラムとは何か。端的にいえば、それは、〈コモン・ローが法システムとしてその内部にもつ合理性〉である。「コモン・ローの合理性とその歴史は、外部の合理的な原理に照らして確定されることはできなかった。それは、法律家の内部にある人為的理性（ないしは慣習法）によって識別された[93]」。ここでバージェスが指摘するのは、コモン・ローの合理性は、自然法、ローマ法など外部の基準による評価ではなく、コモン・ローに内在する本質として理解されているという点である。

コモン・ローは、外界に対峙して自己完結するひとつのシステムである。そして、そのシステムを独占的にあつかう法律専門家は、聖職者およびローマ法実務家などから区別される独特の専門家集団である。

(iii) 法システムの対内的合理性

では、〈コモン・ローが法システムとしてその内部にもつ合理性〉への確信は、どのようにして法律家のあいだに醸成されてきたのだろうか。バージェスはその出発点をセント・ジャーマンの法学に見いだす。(94)

セント・ジャーマンは、コモン・ローの合理性を自然法によって説明しようと試みるが、普遍的な自然法によってすべてを説明することはできない。そこで、イングランド固有のルールについては、「慣習」によって説明する。「慣習」は、自然法とならんで、コモン・ローの合理性を説明する概念として理解されている。

さらに、セント・ジャーマンは、慣習をふたつの面からとらえる。ひとつは、人びとの行動によって実践されている「一般的慣習」であり、もうひとつは、法律専門家によってのみ認識され、判決の根拠となるような公理(maxims)である。この公理は、行動に具現される一般的慣習の「サブカテゴリー」として位置づけられる。(95)したがって、公理によるコモン・ローの合理性の説明も、慣習による合理性の説明の一形態である。

バージェスがセント・ジャーマンの法学に着目する理由をまとめれば、つぎの二点である。まず、コモン・ローの合理性を説明するために用いられる「慣習」が、内在的基準であるということである。したがって、内在的基準によって測られる合理性も、内在的、つまり、システム固有の合理性である。もうひとつの理由は、「慣習」が「公理」と両立するという点にある。(96)セント・ジャーマンにおいて「慣習」と「理性」はともに、コモン・ローの内部的合理性を説明する概念である。もっとも、バージェスは、合理性の根拠として「人為的理性」は慣習にまさるとし、法律専門家によるコモン・ローの独占的管理を示唆する。(97)

バージェスは、このようなセント・ジャーマンの法学が、初期スチュアート時代にあって「法学の共通の枠組み」

を提供したという。[98] バージェスによれば、セント・ジャーマンの「公理」は、クックのいう「人為的理性」に発展していった。この「公理」は、「一般的慣習のサブカテゴリー」であるから、「人為的理性」も「公理」と同様、慣習の概念に包摂される。このように理解するとき、人為的理性は、自然法という普遍的理性から切り離され、国民固有の法システム、とくに、専門家からみたそれとして把握される。

このような評価に対しては、タブズによる批判がある。タブズも、セント・ジャーマンが慣習を重視したことを否定しない。しかし、タブズは、セント・ジャーマンの法学を非主流であると評価するいっぽう、[99] そこでの「公理」とクックの「人為的理性」の不連続を説く。

タブズは、慣習と人為的理性の概念的差異を強調する。それによれば、「人為的理性」は、たんなる先例の受動的踏襲ではなく、法律専門家の能動的な「構成的プロセス」を意味し、慣習という非人為的なものから峻別される。[100] それゆえ、「理性」と「慣習」を統合しようとしたヘドリィは例外であるとされる。[101] クックの法思想も、慣習と人為的理性の峻別という観点から理解される。タブズよれば、クックは、当初はコモン・ローを「慣習」としてとらえていたが、その後、「理性」としてとらえるようになった。[102] そこでは、クックの法思想の整合性ではなく、転換が強調される。また、クックにとって「自然法」は外国法ではなかったともいわれ、法的理性としてのコモン・ローが自然法と融合する可能性が示唆される。[103]

セント・ジャーマン、ヘドリィ、クックに対するタブズの評価は、結果として、慣習的要素をコモン・ローから払拭し、自国固有の伝統に訴える「古来の国制」論の不在を導くように思われる。このようなタブズの議論は、「古来の国制」論の存在という従来の諸研究に共通する前提を疑問視しているだけに、その検討には慎重でなければならないであろう。

本稿では、バージェスにしたがい、つぎに引用するクックの「人為的理性」は、〈コモン・ローが法システムとしてその内部にもつ合理性〉を表現したものと理解しておきたい。これが、古来の国制のアイデンティティの根拠である。

法の生命は理性である。いや、コモン・ローそれじたいが理性以外の何ものでもない。この理性とは、人為的に完成される理性、つまり、長期の研究・観察・経験によってえられる理性であって、すべての人間がうまれつきもっている理性ではない。なんびとも、うまれながらに専門技術者ではないといわれるゆえんである。この法的理性は最高の理性である。したがって、かりに、多くの個人の頭脳に分散している理性をすべて集めてひとつにするとしても、イングランド法のような法をつくることはできないであろう。なぜなら、イングランド法は、歳月の積み重ねのなかで無数の偉大なる学識者によってくり返し研磨されてきたものだからである。(104)

ちなみに、コモン・ローが「法的理性」、「最高の理性」であるという思想は、のちにブラックストンにも受け継がれている。ブラックストンは、「コモン・ローは理性の結晶化したものであり、つねに理性に適合することを目指し、理性でないものはコモン・ローではない」と述べている。(105) また、このようなコモン・ローを独占的にあつかう法律専門家には特別な地位が与えられている。ブラックストンは、慣習・法理を認識し、その妥当性を確定するのは裁判官であるとし、「裁判官は法の保管者である。裁判官は、生きている託宣者である。」という。(106)

しかし、このようなコモン・ローの理性化は、見かたを変えれば、国家理性への挑戦（ホッブズ）、コモン・ローの神格化（ベンサム）である。(107) ホッブズやベンサムにとってコモン・ローの合理性は、主権理論、あるいは、功利主義によって検証されるべきものだった。

(iv) 慣習に基づく合理性の推定

以上のように、古来の国制の「継続性」は、〈コモン・ローが法システムとしてその内部にもつ合理性〉によって維持される。このような意味での継続性をさらに強固にするのが、慣習に基づく合理性の推定という法的思考である。

先述のように、ポーコックは古来の国制が人間の記憶を超えて不断に「継続」するものだといい、そこに変化を認めなかったが、これに対して、ウェストンは、事実的認識と法的認識という区別を立てて批判をしている。ウェストンによれば、制定法によってコモン・ローが変更されることは、コモン・ロー法律家によって広く認められていた事実であり、古来の国制の変化も、事実的認識としては疑問の余地はないことだった。こうして、ウェストンは、古来の国制の「継続性」は、事実的認識という観点からは成り立たないというのだが、他方で、法的認識としては成り立つという。[108]

ここでウェストンのいう法的認識とは、取得時効のことである。コモン・ロー上の取得時効では、長期間の占有があったのち、「法的記憶のおよばない時代」から権利が継続的に行使されてきたと推定された。[109] このような推定がなされると、じっさいにその権利が継続的に行使されてきたかどうかという事実の真偽とは無関係に、法律上そのようなものとして扱われる。ウェストンは、「古来の国制」の継続性を上のような法的擬制として理解する。

バージェスも、法的認識が古来の国制の継続性と密接に関連することを指摘している。バージェスは、古来の国制の継続性は法システム内部の合理性によって維持されると論じるが、この継続性をさらに強固にするのが、「慣習――制度・法・儀式の長期間の継続――は、合理性の推定を与える」という思考である。[110] これについて、バージェスはフッカーを引用する。フッカーは、ピュリタンによる国教会批判に対してつぎのように述べる。

われわれが今まで維持してきた儀式が適正であるという証明責任をわれわれが負わねばならないと彼らが考えているのだとすれば、それは彼らが思い違いをしているのである。教会が受容し、かくも長期にわたり善いものとして維持してきた儀式、また、公衆が是として承認を与えている儀式は、適切で有益なものと考えられているという推定を伴うはずである。このことは、正義と衡平の観点からみてしごく当然である。彼らは新参者でありながらわれわれの儀式が欠点をもっているとしてその正当性に異議を唱えている。しかし、自分たちの言い分が正しいことを論証しなければならないのは、彼らのほうである。(111)

長期間にわたって継続してきた法制度が本当に合理的かどうかはわからない。しかし、合理的でないという証明がなされないかぎり、その法制度は長期間継続してきたことを根拠にして合理的であると推定される。この推定は、証明責任を抗議者に負わせることにより、法システムの対内的合理性を擁護し、古来の国制の継続性を補強する。(112)

2　「古来の国制」論の機能――「バランス」の維持

前項で示したように、古来の国制は、その内部に合理性をもつ自足的なシステムであった。本項では、「古来の国制」論が特定の歴史的状況のもとで果たした機能について検討する。

(i)　権力間のバランス

「古来の国制」論は、初期スチュアート時代の政治共同体でどのような機能をはたしたのか。この問題が、従来の主要な研究テーマであることはすでにみた。財産その他の権利にかかわる諸制度をめぐり、「古来の国制」論は、王権に対して消極的に防衛するのか、それとも、積極的あるいは急進的に攻撃するのかという問題がそこにあった。

この問題をバージェスの議論に即していいかえれば、つぎのようになろう。自足的な法システムとして古来の国制は、システム外にある（その意味で異質な）王権とどのような関係を結ぶのか。

この問題に対するバージェスの解釈は、防衛でも攻撃でもなく、調和である。それは、政治共同体の調和、権力間のバランス、より具体的には、国王の大権と臣民の自由との均衡、王権と法との協調である。バージェスは、ヘドリィのつぎのようなことばを引用し、政治共同体の調和的関係を呈示する。

この王国は、絶対王制と自由国家の恩恵と利益をともども享受している。……それゆえ、自由と主権を両立しえないものと考えてはならない。……両者はむしろ、双子である。……自由と主権は、その一方が欠ければ、他方も生き延びることができないほど固く調和・連立している。(113)

このような政治共同体の調和・バランスをはかることが、「古来の国制」論の機能であるとされるのだが、それでは、こうした機能は、どのようにして果たされるのだろうか。まず、古来の国制が自足的な法システムであった点を確認しておきたい。このシステムは、対内的合理性をもつが、それを対外的にも主張して政治共同体を合理化するという性格はもっていない。このような古来の国制が、みずからとは異質な王権と調和的関係を保つ。その鍵はどこにあるのだろうか。

バージェスによれば、「古来の国制」論は、チューダー時代以来の「知的な枠組み」を受容したからこそ、政治共同体の調和をはかることができる。(114)その「知的な枠組み」とは、王権の二重論である。

この王権の二重論は、王権を通常の「普通権力」と特別の「絶対権力」に二分し、前者は、コモン・ローの内部で、後者は、コモン・ローの外部で有効とする理論である。

この理論は、ベイト事件（一六〇六年）におけるフレミング裁判官（Chief Baron Fleming）の意見に見いだされる。この事件では、法定関税に追加して国王のおこなった課税が、国会の承認を経ていないとしてその是非が問題にされた[115]。判決では、当該課税の対象は臣民ではなく、ベネチア商人の貿易品であり、課税は、臣民の財産を保護するコモン・ローに抵触しないとされた。たしかに、当時、貿易品への課税もコモン・ローの支配領域に属するという反対論もあった。しかし、そのばあいでも、王権の二重性という理論的枠組みについてはコンセンサスが維持された。そこでの争点は、何がコモン・ロー内の「普通権力」に服し、なにがコモン・ロー外の「絶対権力」に服するかという「事実の問題」であり、「法理の問題」ではなかった[116]。

このように、王権の二重論を受けいれることで、「古来の国制」論は、その対内的合理性を対外的に拡張することなく、システム外の王権と調和することができた。

以下がフレミングによる王権の二重論の展開部である。

国王権力には二重の意味がある。それは普通権力と絶対権力である。それらは別個の法と目的を有する。普通権力に属する法と目的は、個々の臣民の便益に関係する。それは、民事裁判の執行であり、私的所有権の所在を決定することである。これは、通常裁判所における衡平と正義をつうじて実行され、ローマ法実務家はそれを私法と呼び、われわれはコモン・ローと呼ぶ。

この法は、議会の同意なしには変更不可能である。また、その法の形式と訴訟手続は変更・中断されるかもしれないが、その実質への変更は絶対不可能である。

他方、王の絶対権力は、私的に利用されない。つまり、特定個人の便益を目的にして転用・応用されない。それはもっぱら人民の一般的な便益、人民の福利に適用される権力である。人民は身体であり、王は頭部である。頭部の権力は、コモン・ローだけに指針を与えるルールには拘束され［ない］。この権力にもっともふさわしい呼び名は、政策と政府である。

この人民という胴体の構造は、時代とともに変化していくが、この変化に対応すべく、王はその智恵を用いて共通善の実現をはかる。そのため、その絶対権力に属する法も変化する。[117] この法が一般的で、現行どおり正しいルールであるとき、その範囲内で王がおこなうすべての事柄は合法的である。（改行は引用者）

右の意見の趣旨をバージェスの所論に照らして理解すると以下のようになろう。

政治共同体は、ふたつの領域に分けられ、ひとつは、国王の絶対権力が支配する領域、もうひとつは、コモン・ローが支配する領域である。しかし、この二分論は、対立を意味しない。このふたつの領域は、相互に不可欠なものとして共存・〈棲み分け〉をしており、調和的世界を形成する。この調和的世界は、国王が頭部、人民が胴体になぞらえられているところに象徴的に表現されている。

また、こうした有機体組織との類比は、コモン・ローの変化と同一性を説明した「進化論的歴史観」を想起させる。上の判決によれば、胴体部分（人民）の構造は変化し、この変化に対応すべく、国王の政策が立案・実行される。一方、コモン・ローについては、「その実質への変更は絶対不可能である」といわれている。ただし、これは、「政策」による外部からの変更が不可能であるという意味であり、いっさいの変更が不可能であるということではないであろう。というのは、「人民という胴体の構造は時代とともに変化していく」ので、その人民に直接かかわるコモン・ローも、時代とともに、いわば、自然成長すると考えられるからである。この成長・変化は、コモン・ローのアイデンティティを維持しながら進行するものであって、「進化論的歴史観」における継続性という観点から理解することができる。

たしかに、このベイト事件判決は、議会の同意を経ない国王の課税にお墨つきを与えるものであって、古来の国制に反するというサマヴィルの評価もある。[118] この見かたに従えば、コモン・ローの位置づけは、判決で述べられたような「私法」ではなく、王権の行使を規制する「憲法」だということになろう。こうして、「古来の国制」論は王権に対抗するという積極説が導かれる。(119)

しかし、サマヴィルは、慣習は合理的でなければ変更してよいものだといい、合理性の観念をシステムの壁を超える普遍的なものとしてとらえている。それゆえ、この意味での合理性に反するならば、コモン・ローであれ、王権であれ、変更されると理解しているように思われる。(120)この点で、古来の国制を自足的な法システムとし、その合理性の意味を対内的なものに限定するバージェスとはちがっている。

ところで、バージェスによれば、「古来の国制」論の「古典期」は、一六〇〇年ごろから内戦前までの約四十年間である。(121)内戦期に入ると、「古来の国制」論は、合理性の外部的な基準である自然権理論や社会契約論と結びつくことによって急進化したとバージェスは示唆する。これは、「古来の国制」論が共同体権力論と共闘して王権に対抗したというサマヴィルの主張に似ている。しかし、両者のちがいは、このような共闘が一六四〇年よりもまえから始まっていたのかどうかという点にある。バージェスによれば、一六四〇年以前は、そのような共闘の必要がないほど、「古来の国制」論は、単独で、有効かつ強力な政治言論であった。

(ii)　古来の国制と「混合王政」

以上のように、初期スチュアート時代における「古来の国制」論は、権力間のバランスをはかったとされるが、「バランス」ということばの意味はひろい。バージェスのいうバランスは、ひとつの政治共同体内部にある異質な権力間の〈棲み分け〉である。しかし、これとはちがう意味でもバランスを理解することができる。それは、〈緊張関係〉としてのバランスである。

緊張関係としてのバランスを「古来の国制」論に見いだすのがクリスチャンスンである。(122)その所論によれば、初期スチュアート時代には三つのタイプの「古来の国制」論があったという。そのうち、この〈緊張関係〉としてのバランスを特色にするのが、「混合王政」（mixed monarchy）論である。これは、議会の立法権を主権として位置づけ、国王、貴族院、庶民院がそれを共有すると説く。[123] そこには、一種の権力間のバランスを見いだすことができる。しかし、立法権の共有は、対立に転化しうる緊張をはらむ。立法という共通の土俵において、国王あるいは議会のいずれか一方が協力しないこともありうるからである。

これに対して、バージェスの「古来の国制」論におけるバランスは〈棲み分け〉であり、この棲み分けは、それぞれの権力の性格が異質であることを前提にしている。他方、「混合王政」論においては、同じ立法権が共有されており、それぞれの権力は同質である。そこに競合が生じる。

バージェスの「古来の国制」論は、クリスチャンスンの呈示する三タイプの「古来の国制」論でいえば、「コモン・ローによって支配される立憲的王制」というタイプに近いように思われる。それは、「議会の権力と権威の源泉がコモン・ローなのであって、コモン・ローの権力と権威の源泉が議会なのではない」というヘドリィのことばに表現されるように、「法の支配」を「議会主権」に優先させる。[124] これに対して、「混合王政」論は、「議会主権」を前面にだした「古来の国制」解釈である。

「混合王政」論を「古来の国制」論として認めるかどうかについては議論がある。ポーコックはつぎのように否定的な見解をもっている。「混合王政」論は、とくに立法について複数の権力が不可欠な当事者として関与するという議論であって、たんなる協賛関係以上のものがそこにあり、「古来の国制」論と同一視すべきではない。[125]

また、ウェストンは、クリスチャンスンの見解に意義を認めながらも、つぎのような疑問を呈する。「混合王政」という語は、一六四二年以降に明確な概念になるが、クリスチャンスンのいう「混合王政」はこれとどのようにちがうのか明らかでない。[126] 前述のように、一六四二年の『回答』は、国王を議会と同列においた。それ以来、立法における拒否権を議会に与え、王権の弱体化をはかる議論が出来した。ウェストンによれば、この議論こそ、固有の意味で「混合王政」論と呼ばれるべきなのである。

ところで、クリスチャンスンは、「混合王政」論としての「古来の国制」論をセルデンに見いだす。一方、バージェスも、「イングランド法史の標準モデル」としてセルデンをあげ、そこに「古来の国制」論の典型を見いだす。しかし、両者のアプローチのしかたは違っており、セルデンの別な側面に光が当てられる。クリスチャンスンが、国王と議会の関係を中心にすえるのに対し、バージェスは、コモン・ローの性質と機能に着目する。

バージェスによれば、セルデンの「古来の国制」論の特色は、サクソン民族主義、超記憶性、継続性である。[127] このうち、サクソン民族主義とは、ローマ帝国末期に侵入したゲルマン人の一派サクソン民族がブリテン人を征服したのち、その法制は、現在に至るまで継続しているという主張である。サクソンの法制は、現任の国王が前任者の法制を確認・保障するというしかたで継承され、そこには国王と法制度との調和的関係が示唆されている。[128]

他方、クリスチャンスンは、セルデンに「混合王政」論を見いだし、それを一六四二年の『回答』以降の議論と同系のものと捉えているように思われる。セルデンがその「混合王政」論を最初に呈示したのは、ラテン語で書かれた『イングランドのヤヌスの裏の顔』（一六一〇年）であり、これに匹敵するものは内戦以前にはなかったと評される。[129] この書物の英語訳が一六八三年に出版されているが、以下の編者のことばは、セルデンの理論に潜在していた急進的な側面を指摘している。

> われわれの学識ある著者〔セルデン〕がおかした根本的誤りは、彼が二種類の貴族〔世俗の貴族と聖職者の貴族〕をひとつの身分に統合したこと、そして、第三の身分をつくりあげるためには、国王自身をひとつの身分としなければならないと考えついたことである。しかし、国王は、すべての三つの身分〔世俗の貴族、聖職者の貴族、庶民〕の上位に位置する君主なのである。

わたしがこれを根本的な誤りと呼んだのは、それが反乱のきわめて有力な根拠となりうるからである。すなわち、国王が三つの身分のひとつであるとすれば、国王の権力は、他のふたつの身分の両者あるいはそのひとつと協同しなければ、行使することのできない、また、有することのできない力（a co-ordinate power）にすぎないと想像されるだろうからである。そうなれば、公益が損なわれた際、これらの他のふたつの身分の両者あるいはそのひとつが呈示する矯正手段に対して、国王が同意しないばあい、彼らは（その対等な協力者としての）国王と合法的に闘争することができるということになろう。[130]（［　］と改行は引用者）

王政復古後に編者がセルデンのこうした「根本的誤り」を指摘しても不思議ではない。しかし、セルデンの「混合王政」論が、一六一〇年の刊行時点でも同様な危機感を与えたかどうかは疑問である。同じ理論であっても、一六一〇年と一六八三年では状況がちがい、しかも、別の言語で異なる読者層を相手に書かれており、与えた影響は同じではないと思われる。

また、逆に、異なる理論であっても、同じ状況のもとで類似した効果を与えることもあると思われる。クリスチャンスンの指摘によれば、セルデンにみられるような「混合王政」論は、ほかのふたつのタイプの「古来の国制」論と共存していた。とりわけ、さきにふれた「コモン・ローによって支配される立憲的王制」としての「古来の国制」論は、「混合王政」論と意識的には区別されていなかった。[131] もとより、内戦が開始されたあとでは事情はちがうであろう。ロウスンは、「混合王政」論と「古来の国制」論を区別して、それぞれにちがった評価をくだしている（第五節3）。

このように、「混合王政」論がほかのふたつのタイプの「古来の国制」論と共存していたことは、セルデンに見られるような「混合王政」論への理論的評価と、それが初期スチュアート時代という特定のコンテクストで持ちえた実際のインパクトとは別問題であるということを意味する。理論的評価については、先の編者が危惧していたとおりであろう。しかし、実際のインパクトという観点からみると、セルデンの「混合王政」論は、バージェスが説いたような「古来の国制」論とも似かよっていた。ジャドスンは、ジェイムズ・ホワイトロックの議論（国王の議会外での権限は、国王の議会内での権限に従属するという主張）について、初期スチュアート時代には支持されなかったと述べた。[132]これと同様な見かたが、一六一〇年にラテン語で発表されたセルデンの「混合王政」論についてもあてはまるように思われる。

五　慣習・歴史的継続性・権力の「混合」

バージェスは、古来の国制を閉じられた法システムとして論じた。システムの境界線は、同じ慣習を共有しているかどうかによって引かれる。この慣習を基礎にしたシステムは、固有の論理をもつ。この論理は、システムの壁を超えることができず、その意味で、普遍的合理性をもたない。その論理は、慣習を共有するシステム内部の人間、つまり、「国民」によってのみ認識される固有の合理性である。

この固有の合理性は、行動に組みこまれて慣習になるばあいと、システムの管理者である法律専門家によって公理へと結晶化されるばあいがある。しかし、いずれのばあいでも、システムの「同一性」は維持される。そして、このシステムは、外部にある王権と調和的関係にある。

本節では、「古来の国制」論をこのように理解し、慣習、歴史的継続性、権力の「混合」という三つの論点に沿って、ロウスンの立憲主義を考察する。

1　普遍的合理性の優位——許可的自然法

(i)　慣習の合理性

まず、ロウスンは、「古来の国制」論が依拠する慣習をどのように評価しているのであろうか。

ロウスンは、「常に正しい権利と、しばしば不正である作法ないし慣習とのあいだには大きなちがいがある」(Exam:51-52)と述べている。慣習はつねに正しいとはかぎらないのであって、正しい慣習とそうでない慣習がある。そこでロウスンはつぎのように述べる。慣習が法となるには、「時間の継続、最高権力者の同意に加え、さらに第三のものが要請される。それは、慣習の開始が合理的であるということであり、著者［ホッブズ］もここで指摘するとおりである」(Exam:97)(［　］は引用者)。ただし、ここでロウスンは、ホッブズに同調するようにみえるが、ふたりの念頭にある〈合理性〉は同じではない[133]。

「古来の国制」論において「慣習の開始」は、人間の記憶のかなたにあって不明である。それゆえ、ロウスンからみれば、慣習の合理性を判断するには、別の基準が必要になる。これが、自然法および神の実定法である。ロウスンは、「理性的で正当な国制は、古来の文書あるいは継続している不文の慣習によって知ることができる」と述べたあと、つづけて、「そのような国制をもっている政府であれば、その最高権力者は、神の書かれた法、および、自然法に反することのない一定の条件にしたがって王位を引き受け、維持することを公的に認めるであろう」(Politica:73)(傍点は引用者)と記している。国家権力に正当性を与えているのは、慣習ではなく、神の実定法ないし自然法なのである。

(ii)　許可的自然法

ここで、注目したいのは、ロウスンが〈許可的〉自然法の概念にふれている点である。

聖書に書かれた神の実定法と自然法は、慣習に基づく古来の国制の合理性を判断する基準である。しかし、より直接的には、この基準に「反することのない一定の条件」が、公権力のありかたを規定している。神の実定法と自然法は、この条件を介して、間接的に公権力を規定するにとどまる。

このような立論によって、人間自身が国家形成のプロセスにコミットする余地が生みだされている。すなわち、人間は、神の実定法あるいは自然法に「反することのない一定の条件」――憲法――を考案し、これに基づいて政府を創設する主観的な能力をもつ。「およそ人が婚姻、承継、選挙によって王位に就任するばあい、彼らを支配者にするのは、制度の力（by institution）と自由で心底からの同意である。」（Exam：49）。政府を樹立するという人間の選択は、より望ましいこととして、一定の条件のもとに自然法によって許可されているのである。

このことは、ロウスンにおける所有権概念にも現れている。ロウスンによれば、「所有権は、実定法の上位にある自然法に属する」（Exam：73）のであり、「人間は神から所有権を与えられているが、そこにはかならず、貧しい者に施し、困っている人の心を軽くしてやり、正当な統治をおこなう最高権力者を養う義務がともなっている。」（Exam：131）。所有権は、困窮者と政府を支援するという義務を条件として、自然法によって許可されたものなのである。

ところで、ロウスンが採用していた許可的自然法の概念は、グロティウスやセルデンにも見られ、このふたりの議論をフィルマーが論駁している。[134] 以下では、フィルマーの反論を考察することにより、許可的自然法の性格を明確にしておきたい。

フィルマーによると、神がアダムに所有権と統治権を与えたという事跡が、国王による父権的支配を正当化する根拠である。そこには、私有財産制と統治権が、神による世界の創造当初から存在していたという想定があり、人為の介在する余地が否定されている。

これに対し、グロティウスとセルデンは、私有財産制と統治権は人為の所産であると理解する。セルデンは、はっきり「許可」ということばを使って、つぎのように述べている。「自然法と神の法は、すべてのものの共有と私的所有権のいずれについても、命令せず、また禁止もしないで、むしろ、両方を許可している（permitteth both）」[135]。このように、人間は許可されたいずれの行為も正当に実行できるが、そこにおいて人間の〈主観的な選択能力〉が注目されていることは明らかである。

また、グロティウスは、自然法によりすべてのものは共有であるとしながら、同時に、これを変更して私有財産制を導入することを認めている。

しかし、これは、フィルマーの目からみると、矛盾であった。一方で、自然法によってすべてのものの共有が「命令」されているのに、他方で、私有を認めることはできない。それを認めるならば、自然法そのものを「変更可能」なものとして理解しなければならないだろうが、そんなことは神自身にもできないはずだというのである[136]。「彼［グロティウス］は、人間に二重の能力（a double ability）を与えている。第一に、神が自然法としたことを自然法でなくする能力であり、第二に、神が自然法としなかったことを自然法にする能力である。」（［　］は引用者）[137]。

このような立論は、フィルマーが許可的自然法の概念を認めないからできたのである。許可的自然法の考えかたからいえば、フィルマーのいう「二重の能力」の使用は、自然法によって許可された〈権利〉として正当化される。許可的自然法は、共同体の規範でありながらも、同時に、個人に権利を付与するものであり、そこにおいて共同体と個人は、一方が他方に従属するという関係にはない。この点についてはティアニーが詳説している[138]。ロウスンが、「権利は自由である」とするホッブズの所論を批判して、「権利は義務を含意する」というとき（Exam : 109）、個人と共同体の調和が想定されている。

また、ティアニーが指摘するように、所有権概念は、統治権という意味を合わせもっていたため、政府の創設を説明する文脈でも、許可的自然法の概念が援用された[139]。すなわち、自然法が財の共有を命じるとしても、その自然法が「許可的」なものであれば、人間の裁量により変更してもかまわないと考えられてきたが、同様に、自然的自由を変更して政府を打ち立ててもかまわないと考えられたのである。ロウスンが用いた論法もこれであった[140]。

2　封建制の認識と王権制約の論理

許可的自然法は、個人の行動を正当化する普遍的な規範であり、これに従って形成される人間関係は、共同性を維持しながら、個人の自由を尊重する社会である。

これに対し、慣習は、死者による過去の反復行為の所産であって、それに従うことは、それまでに築かれた社会との一体化を意味する。のちにバークは、「古来の国制」論によりながら、「国家は、現に生存している者の間の組合たるに止まらず、現存する者、既に逝った者、はたまた将来生を享くべき者の間の組合」であると述べている[141]。このような国家像には、世代を超えた集合的アイデンティティが想定され、自然法論の基底にある個人主義と対照的である。

(i)　国家の歴史的継続性

バージェスは、古来の国制の継続性を「進化論的歴史観」の観点から論じた。それによれば、古来の国制には、その後の「進化」の展開があらかじめプログラムされており、その時々の状況の変化に対応しつつも、このプログラムは不変である。こうして古来の国制のアイデンティティは維持される。

このような「古来の国制」論の性格に対して、ロウスンはどのような態度をとっているのだろうか。前項の結論によれば、ロウスンは、慣習それじたいを合理性の根拠とは認めず、慣習の合理性は、神の法ないし自然法に照らして判定されると理解していた。ここから判断すれば、ロウスンが古来の国制の歴史的継続性にそれほど固執する理由はないと推察される。

ロウスンは、ホッブズの原子論的な社会契約論を批判する文脈で、国家を歴史的所産であると述べている。そのかぎりでは、ロウスンは、「古来の国制」論にも同調できた。しかし、ロウスンにとって国家の歴史的継続性は自明なものではなかった。それは、変更・中断しうるものであった。

最高権力者を設立するために各人が各人と契約するというホッブズの所論は、ユートピア的幻想にすぎない。規則正しい統治をおこなう磐石の体制をととのえるまでには、多くの国家では長い時間がかかり、ゆっくりとそうなったのであり、また、そこには変更による中断もあずかっているのである。……共同体が比較的急なしかたで一定の統治下に入るということもあろう。もっとも、このばあい、人間にとっては偶然であるが、神の目から見ればそうではない（Exam : 14)。

ここでロウスンは、国家が「変更によって中断」することを否定していない。こうした「中断」は、「共同体が比較的急なしかたで一定の統治下に入る」ことによって訪れる。ここで、ロウスンの念頭にあるのは、古来の国制に変更を加えたピュリタン革命という内戦であろう。その過程で成立したのが、クロムウェルによる護国卿体制であった。

しかし、ロウスンが、国家の中断に言及するとき、現下の革命だけではなく、ノルマン征服が念頭にあったと思われる。ピムの所論にみられたように、ノルマン征服以前の「古来の自由」を「確認」するというのは、「古来の国制」論の重要な主張であった。この主張が成り立つには、ノルマン征服によって「古来の自由」が無効にならなかったことが認められなければならない。かりに、この征服によって古来の自由が無効になったと認めたうえで、なお、自由を求めるならば、それは新しい自由の要求であって、古来の自由の確認ではない。後述のとおり、ロウスンは、ノルマン征服を新しい自由の契機ととらえる。

コモン・ロー法律家のなかでもノルマン征服のとらえかたは一様でないが、古来の国制の継続性を支持する傾向が広くみられる。ポーコックによれば、クックは、封建制の認識を欠いていたため、過去と現在を同一視することができ、このことが、古来の国制の継続性の主張を可能にしている。[142] また、オウエン（Sir Roger Owen, 1573-1617）とセルデンは、封建制がノルマン征服以前においてすでに導入されていたと理解する。[143] このばあい、封建制は古来の国制の一部であったことになり、ノルマン征服は古来の国制を継承するものと捉えられる。どちらの立場をとるかによって、「古来の自由」の内容の理解には違いが生じるであろうが、国家の集合的アイデンティティは保持される。

(ii)　封建制に対するロウスンの評価

ロウスンは、ノルマン征服以前のサクソン時代に封建制はなかったという立場をとっているように思われる。ロウスンは、サクソン時代における土地が、神、王、人民に三分されていたという所論に言及している（Exam : 86）。この所論は、聖書の記述と照合されており、そこにおける土地所有権は、処分権もふくんだ完全なものである。そうすると、このような土地所有が、封建的土地所有に転換した原因が問題になる。ロウスンは、征服王ウィリアムが従来の土地関係を変更したことをにおわせつつ、ノルマン征服によってそれまでの一切の統治関係は白紙になったのであり、イングランド人はウィリアムとその後継者に対して、「戦い、可能であれば退位させ、敵としてあつかう完全な自由」を得たという（Exam : 86）。

この自由は、ノルマン征服以前から伝わる「古来の自由」ではなく、征服以後に生じた新しい自由である。ロウスンは、ノルマン征服が古来の国制の中断ないし断絶をもたらしたと理解しているのである。

征服後の土地関係は、封建制のそれであった。だがさらに、ロウスンは、その後封建制に起こった変質を、信託法理の形成（その契機は、封譲受人のコモン・ロー上の占有をユース受益者に移すなどした一六世紀の「ユース法」）および革命における国王の処刑に関連づけて以下のように述べている。

郵便はがき

1 6 2 - 0 0 4 1

恐れ入ります
が郵便切手を
おはり下さい

（受取人）
東京都新宿区
早稲田鶴巻町五一四番地

株式会社
成文堂
企画調査係　行

お名前＿＿＿＿＿＿＿＿＿＿（男・女）＿＿＿＿歳

ご住所（〒　　　－　　　）＿＿＿＿＿＿＿＿＿＿

☎

ご職業・勤務先または学校（学年）名＿＿＿＿＿＿＿＿

お買い求めの書店名

〔読者カード〕

書名〔　　　　　　　　　　　　　　　　〕

小社の出版物をご購読賜り、誠に有り難うございました。恐れ入りますがご意見を戴ければ幸いでございます。

お買い求めの目的（○をお付け下さい）

1．教科書　　2．研究資料　　3．教養のため　　4．司法試験受験
5．司法書士試験受験　　6．その他（　　　　　　　　　　）

本書についてのご意見・著者への要望等をお聞かせ下さい

〔図書目録進呈＝要・否〕

今後小社から刊行を望まれる著者・テーマ等をお寄せ下さい

すべての土地保有条件は王座に由来するという理由から、イングランドの土地はすべて王座に譲渡される仕組みが、法［コモン・ロー］には存在するといえるかもしれない。また、この仕組みは、各人に自分が有するものの性格をよりよく知らせ、それをより確実に回復させることができるという理由から、臣民に所有権の確証を与えるものだといえるかもしれない。しかし、この仕組みは、国王に所有権を与えることはできないのであって、それは、信託上の義務を負う封譲受人（a Feoffee in trust）が所有権をもつことができないのと同様である。しかも、いま国王はいないのである（Exam : 85）。（［　］は引用者）

では、ロウスンが封建制の存在を認識し、これを批判する眼をもつことができた理由はどこにあるのだろうか。それは、「所有権は自然法に属する」という根本的な理解がロウスンにあったからであろう。

自然法のもとにおいて、社会的地位・身分は捨象されるのであって、「臣民は臣民ではなく、最高権力者は、最高権力者ではない。両者ともこの特定の観点からみれば、私人である。」（Exam : 73）。また、「適正な意味における所有権は、完全な譲渡をすることができる独立の権利であり、それは上位者その他の者の許可を必要としない」（Exam : 131）ともいわれている。他方、封建的土地所有は、土地保有条件のもとでおこなわれ、この条件の消滅により、土地は国王に返還されるというのが原則であった。

ロウスンは、自然法の観念に照らして、封建的土地所有の導入、古来の国制の断絶、封建制の変質を認識することができた。そこでロウスンがとらえたのは、封建制の頂点にいる国王と、自然法上の所有権者である市民との対立である。封建制のもとでは完全な所有権を保証されない市民にとって、自然法は、完全な所有権の回復を正当化する根拠になる。封建制の認識は、たんなる歴史事実の認識の問題にとどまらず、転換期における国王と国民との関係をどのように理解し、構築するかという現実の憲法問題であった。

(iii)　王権を正当化する根拠

自然法の観点からみると、「古来の国制」論は、封建制との対決を回避しており、王権制約の論理として弱い。

ロウスンは、前出オウエンの議論に言及し、これを批判している。オウエンによれば、「国王の特権は、記憶を超えた時間により、この国の庶民が国王に授与したと推定される精華である」(Politica : 101)。これは、一見すると人民主権論のようであるが、そうではない。国王の特権は、人民から授与されたものといわれるが、この授与の事実は、「記憶を超えた時間」によって、「推定」されているにすぎない。これは、長期の占有者が所有者と「推定」されるというコモン・ローの取得時効の論理であり、そこにおける長期の占有者とは、国王である。

取得時効の論理によって、国王に特権を認めるとき、その正当性の根拠は、人民からの授与ではなく、「記憶を超えた時間」である。「コモン・ローは、本権をあつかうのと同様のしかたで占有をあつかう」[144]。これは、ホウムズのことばであるが、「古来の国制」論における権力の性格づけにもあてはまる。さらに、オウエンによれば、「コモン・ローは、国王の承継財産である」(Politica : 107)[145]から、コモン・ローじたいが国王の特権を人民の手に取りもどす議論を提供するとは考えられない。

けっきょく、「古来の国制」論は、国王の特権を否定するものではなく、自然法論からみれば微温的であるともいえよう。すこしあとのことになるが、コモン・ロー法律家のホワイトホールは、「国王の特権が法の上にあるか、それとも、法が国王の特権の上にあるのかという問題については、いずれか一方の立場を固定的に考えることはできない」、「一般的には、法と特権は並行する」[146]といい、国制の〈調和〉を重んじる。

これに対するロウスンの批判は、国王の特権は「イングランドの共同体ないし人民」が〈創造〉したものだというものである。

ロウスンは、取得時効の論理をしりぞけ、共同体による権力の〈創造〉こそ、政府をその産みの親たる「共同体」

の所有に帰する権原であるという。〈創造〉は、「記憶を超えた時間」によって推定される事実ではなく、それじたいが権利の根拠である。ロウスンは、「創造（creation）によって神はいっさいを開始し、保存により現実的に万物の所有者であり続けた」（Politica : 15）といい、これとの類比で、すべての統治は父権的であり、それは「生成（generation）によって獲得される」と述べている（Politica : 58）。創造者は、みずからが産みだしたという理由によってその物の所有者であり、たんなる占有者から区別される。

3　三つの「混合国制」論

さて、「古来の国制」論は、記憶を超えた慣習の継続というコモン・ローの性質に基礎づけられた議論であるが、それは、「バランス」という政治的機能を備えている。従来の「古来の国制」論をめぐる見解のちがいは、主としてこのバランス機能への評価にかかわっており、それを消極的防衛とみるか、それとも、積極的あるいは急進的攻撃とみるかで見解がわかれていた。

すでにみたように、バージェスは、このいずれでもない調和説に立っていた。それによれば、「古来の国制」論は、王権の二重論というチューダー時代の「知的枠組み」を踏襲し、国王の大権と臣民の自由の〈棲み分け〉をはかった。

これに対して、クリスチャンスンは、権力間のバランスが、〈緊張関係〉であるような「古来の国制」論の存在を指摘した。それが、「混合王政」論である。この議論は、じっさいのインパクトという点では、バージェスの説く「古来の国制」論と似かよっていたとしても、理論的枠組みを異にする。「混合王政」論は、立法権を共有する国王と議会のあいだに緊張関係をもたらす。

では、ロウスンは、権力間のバランス理論としての「古来の国制」論をどのように理解したのだろうか。

ロウスンは、「古来の国制」論を「混合国制」(mixed constitution) 論にふくまれるひとつのタイプとして紹介している。[147] 混合国制という観念じたいは、当時とくに新しいものではなかった。トマス・スミスは、アリストテレスによる政治形態の分類を参照しつつ、純粋な国制はほとんど存在しないとして、イングランドを一種の混合国制として理解した。スミスの *De Republica Anglorum* は一五八三年に出版され、一六四〇年まで十一版を数えたというから、「古来の国制」論の「古典期」とも一致する。[148]

ロウスンもスミスのような理解を支持し、「純粋な王制、純粋な貴族制、純粋な民主制は存在しない。すべての国家は、程度の差こそあれ、混合あるいは調合されており、それゆえに安定している。」(Exam : 34) と述べている。以下で示すように、ロウスンは、三つのタイプの混合国制を考察し、権力の〈混合〉として最適なありかたを探求する。

(i) **「混合王政」論**

まず、ロウスンは、「混合国制」論のひとつとして、「混合王政」論をとりあげる。この「混合王政」論は、理論としては早くもセルデンにもみられるが、じっさいに影響力をもったのは、前記の『回答』以降である。『回答』は、それまで国王権力の一部であった立法権を主権の中核に位置づけ、これを対等な三者——国王、庶民院、貴族院——によって共有される権力とした。[149] ここから、『回答』の起草者が予想もしなかった急進的な「混合王政」論が展開される。それは、立法における国王の関与を形骸化するものであった。[150]

ロウスンは、このような「混合王政」論を否定する。

「混合王政」論は、「国王、貴族院、庶民院を三つの対等な協同的権力 (co-ordinate powers) として規定」し、「これら三者に拒否権を与える立場と、二者に拒否権を与える立場がある」(Exam : 31)。三者に拒否権を与える論者としてはフィリップ・ハントンがいる。ハントンは、「三つの身分のいずれかの根本的権利が、他の身分の一つないし二つによって侵害されるならば、侵害をうけた身分は、自己防衛のため合法的に武器をとることができる。」[151]という。また、ヘンリ・パーカーは、庶民院と貴族院を、国王と人民のあいだの紛争における最高の判定者であるとした。[152]このばあいには、両院がそれぞれ拒否権をもつことになろう。

こうした「混合王政」論についてロウスンは、「不合理」であるという。その理由は、権力を分有する複数の権力者が政争のために分裂し、国家の能率的運営が妨げられるからである（Exam：142)。ロウスンは、「最高権力は、最高であるからには、ひとつでなければならず、断じて分割されることはできない」（Exam：133）といい、「混合王政」論が、政治権力の一体性を論証しない点を批判する。

なお、この「混合王政」論とは別に、ポリュビオス（紀元前二〇〇-一二〇）に由来する「混合国制」論もあったが、[153]これに対するロウスンの態度はあきらかでない。

ポリュビオスは一六世紀に再評価され、当時の「混合国制」論でひろく受け入れられていた。ロウスンは、ポリュビオスをすぐれた歴史家としてあげている（Exam：43）。ポリュビオスによると、政体は、暴力専制政治（Despotism）、王政（kingship）、僭主政（tyranny）、貴族政（aristocracy）、寡頭政（oligarchy）、民主政（democracy）、衆愚政（ochlocracy）という順序で循環し、最後の段階からさらに新しい暴力専制政治がうまれる。[154]この循環は、国家を必然的に衰退に導く「宿命」であって避けられないが、衰退の速度を抑制することは可能であり、そのためには、複数の権力が均衡する混合国制が有効であるとされた。[155]

このようなポリュビオスの循環論は、キリスト教の歴史観と対立する。キリスト教では、時間は最後の審判という終末に向かって進行する直線的なものであり、循環的ではない。また、政体循環の原動力は、一種の歴史法則といえるが、ロウスンにあって国家の盛衰は、神の摂理にしたがう（第六節）。

(ii)「古来の国制」論

ロウスンは、急進的な「混合王政」論とはちがう種類の「混合国制」論として「古来の国制」論をあげ、これに一定の評価を与えている。古来の国制が混合国制であるという理解は、一六四二年の『回答』にみられ、それ以降こうした理解が普及した。[156] ロウスンの叙述も、こうした事情を反映していると思われる。

拒否権をもたない一般的議事機関に、根源的に、普遍的な権力（universal power）をおき、貴族院に司法権をおき、国王に執行権をおくことは、他の理論と比べて理性のルールにはるかに適合しているようにみえる。これがわれわれの古来の国制であったとし、これをすぐれたものと考える人たちがいる（Exam : 142）。

はじめに注意したいのは、議事機関がとくに「一般的」といわれている点である。貴族院は、司法権をもつとされているため、この議事機関にはふくまれないようにみえるが、そうではない。この議事機関は、貴族院と庶民院をふくみ、この点が「一般的」といわれている（Exam : 32）。このことは、ピュリタン革命によって貴族院が廃止されたことを考えれば理解できよう。[157] 庶民院だけが議事機関を構成するばあい、それは、「一般的」ではなく、「個別的」な機関である。したがって、「古来の国制」論における「一般的」議事機関とは、革命以前の議会の状態をさす。

さて、右の引用のなかには、主要なふたつの問題がふくまれている。ひとつは、一般的議事機関がもつ「普遍的な権力」とは何かという問題、もうひとつは、この一般的議事機関が「拒否権をもたない」とはどのような意味なのかという問題である。

まず、「普遍的な権力」とは、包括的な国家権力のことであり、以下の記述からすれば、立法権をさすと思われる。

これら［三権］のなかで、立法権は中軸的なものである。それは、第一のものというだけではなく、もっとも中心的なものである。もとより、司法と行政のふたつの権力がなければ立法権も無意味であり、その意味では司法権も行政権も不可欠である。しかしそれにもかかわらず、立法は司法と行政を規制する。だれが国事において最高権力者であるかを知りたければ、だれが立法しているのかを見るのがけっして見誤らない唯一の方法である。立法権力を根源的に(originally)手元においている者こそ、最高のものである。もとより、ここでその者を最高権力者たらしめているのは、国事すべてを仕切るために具体的なルールを実際につくることではなく、そうしたルールに拘束力を付与することである(Exam：30)。(［　］は引用者)

ではつぎに、このような「普遍的な権力」(立法権)をもつ一般的議事機関が「拒否権をもたない」とはどういう意味であろうか。この問題は、議会の権力と国王の権力の「バランス」にかかわっている。ロウスンによると、「古来の国制」論では国王に行政権――「正義の剣」と「戦争の剣」――が与えられている(Exam：32)。これは、ベイト事件判決に見られた国王の「普通権力と絶対権力」という区別にあたり、バージェスによれば、チューダー時代以来の「知的枠組み」である。前者は、通常裁判所を通じて確定される法的判断を執行する権限、後者は、和平交渉や外交などコモン・ローの管轄外で行使される権限である。

このような行政権に対して、議会が「拒否権をもたない」という意味は、国王の命令に対して常に、法的な「拘束力」を付与するということであろうし、さらには、国王が任命した公務員に対して議会は弾劾できないということであろう。

こうした拒否権の不在は、議会と国王のあいだに想定される予定調和的な関係と表裏をなす。すでにみたピムの演説では、「王は、戴冠時の宣誓により、古来の法と自由を遵守する義務を自分自身に課してその法と自由の有効性を確認した。」（傍点は引用者）といわれていた。そこには、国王の自己拘束に対する期待、いいかえれば、国王の徳あるいは人柄への信頼がある。

拒否権の不在は、こうした信頼関係の表れであるが、この関係はしばらくすると破綻した。一六四一年、議会は、ストラフォードを弾劾し、また、船舶税を適法としたハムデン事件判決を無効と宣言した。(158)

以上のように、ロウスンは、「古来の国制」論を「混合国制」論のひとつのタイプとして理解するが、そこにおける権力間の「バランス」は、調和である。このような理解は、バージェスが呈示した「古来の国制」論に近い。しかし、ロウスンがみたこの調和は、コモン・ローに保護される臣民の権利と、国王大権のあいだにみられる〈棲み分け〉にとどまるものではない。ロウスンの理解では、「古来の国制」論は、「普遍的な権力」としての立法権と、行政権のあいだに調和をもたらす政治言論でもある。このように立法権を統治権力の中心におく考えかたは「近代的」であり、(159)バージェスの観点からすれば、立法権をからめた調和論は、「古来の国制」論とは呼べないかもしれない。しかし、『回答』以降、「古来の国制」論が立法権の分有をめぐる「混合国制」論であるという理解が広まっており、こうした事情がロウスンの見かたにも反映しているように思われる。

(iii) 「四〇個のカウンティ」論

しかし、この「古来の国制」論は、ロウスン自身が支持する見解ではない。ロウスンは、さらにもうひとつのタイプの「混合国制」論を示す。

さらにもうひとつの見解がある。それは、最高権力を、より根源的には、四〇個のカウンティにおくという見解である。国王、貴族院、庶民院は、この最高権力を行使するが、そのとき一定のルールに従わねばならない。このルールは、法の故事来歴の研究者が、この国の経験豊かな政治家と協力し、発見しうるかもしれないが、現在はわかっていない

(Exam : 32)。

では、この見解の特徴は、さきの「古来の国制」論と比べて、どこにあるのだろうか。

まず、さきの「古来の国制」論で議会がもつとされた「普遍的な権力」、ここでいう「最高権力」は、議会ではなく、「四〇個のカウンティ」におかれている。いいかえると、この「四〇個のカウンティ」が、最高権力を〈所有〉する。そして、ここから発する最高権力は、国王、貴族院、庶民院によって〈行使〉される。

ここで重要なことは、権力を〈所有〉するものと、それを〈行使〉するものが、分けられている点である。このことは、つぎのような帰結をもたらす。

> 最高権力自身、基本的国制を変革する権利をもたない。基本的国制が変更される前に、まず、人民は自由の原初状態、すなわち、共同体に回帰しなければならない。この共同体は、イングランドにあっては議会ではなく、四〇個のカウンティである（Exam : 15)。

「四〇個のカウンティ」は「自由の原初状態」であり、「共同体」である。これが、最高権力の所有者である。このことが意味するのは、「四〇個のカウンティ」だけが、基本的国制を変更することができるということ、つまり、憲法制定権力をもつということである。この権力は、「最高にして超越することこの上ない大権」といわれ、通常の統治権限（Jura Majestatis）にはふくまれないといわれている（Exam : 15)[160]。

これにともない、議会の権限は、通常の法律を制定することに限定される。したがって、「古来の国制」論において「普遍的な権力」をもつとされた議会の地位は、「四〇個のカウンティ」との関係では相対的に低下する。議会は、この「普遍的な権力」をゆだねられているひとつの機関であって、その意味では、行政権をゆだねられた国王と同じ地位にある。

この点に関連してロウスンは、ホーン（Andrew Horne, d. 1328）の『正義の鑑』に照らしてつぎのように述べている。[161]

イングランドにおける王制という統治形態が、最初に形成されたのはサクソン人の時代である。それは、四〇個のカウンティないしカウンティの首長が自分たちの上に、上位者も同僚ももたない地位にあるものとして国王を設置したのが始まりであった。しかし、首長の名による裁きかカウンティの名による裁きかは問題だが、ともかく王の失政のばあいには、「犯罪はあがなわれねばならないという根拠に基づき」、四十人の首長は、協同で王を裁くことができた。この意味において、「王は単独としてみれば強大であるが、集合的にみれば弱小である」（Rex singulis major, universis minor）という句は理解されるべきであるとわたしは思う。この点の当否はおくとしても（というのは、それは私の問題の射程外にあるから）、確実なことは、イングランドの国王が陛下という称号をもっていたからといって、それは、王が最高にして普遍的な権力をもっていたという論拠には決してならないということである（Exam : 41）。

ここには、四〇個のカウンティの根源性が示唆されると同時に、さきの「古来の国制」論にみられた「拒否権をもたない一般的議事機関」とは異なる「四十人の首長」の合議体が言及されている。この合議体は、いわゆる「賢人会議」（Witena Gemot）のことであろう。ロウスンは、賢人会議をイングランドのすべての州の代表からなる合議体と理解している（Politica : 109）。[162]この合議体が国王を裁くことは、「拒否権」の行使をはるかに超えた事態であり、これまでみた「古来の国制」論によっては正当化できない。

右引用中のラテン文は、内戦開始後まもなく、「混合王政」論を支持する原理のひとつとして広く知られたといわれる。[163]また、このラテン文と似通った別の原理によって、やはり、ロウスンは共同体の優位を論証している。その原理は、「個別的なものは普遍的なものの下に置かれ、普遍的なものは個別的なものに先行する」（singuli subduntur universis, et universi preasunt singulis）（Exam：24）である。[164] これによって、ローマ共和政下における最高権力の所在が、つぎのように説明されている。「ローマ国家において、タルクィンが王位を剝奪され、統治形態が共和制に転換した後、各人はいくら偉大であっても個人としては（severally）臣民であり、すべての人が集合的には（jointly）彼らの最高権力者であった。」（*ibid.*）。これは、共和政下の当時のイングランドにおけるクロムウェル批判とも受けとれる。

ところで、国王、貴族院、庶民院の実体は、比較的あきらかであると思われるが、これに対して、「四〇個のカウンティ」＝「共同体」とはどのようなものであろうか。

ロウスンは、「四〇個のカウンティ」を多種多様な地縁集団、血縁集団からなるものとして描く。人びとは、孤立して生きているわけではない。そこには、ホッブズやロックの描く「自然状態」とはちがった「自由の原初状態」がある。

これら［共同体の内部にある組織および集団（Systems and Societies）］のうち、あるものは、管区、州、郡、村、町、教区のように、区画化されて並列および従属の関係におかれている。また、あるものは、教会の仕事に、あるいは世俗の仕事にかかわる。また、あるものは、特許状あるいは開封勅許状によって設置され、独自の特権と不入権、また、みずからの規約をもち、自分たち内部での命令・条例を発令する権限を有し、そのうち、あるものは、みずからの特権領内で裁判権を行使できる。また、あるものは、学寮、大学、高等学校、また、法律と学識を教授するすべての組織のように、高尚であり、あるものは、複数の従業員と管理職によって構成される商事会社のように、高尚さという点では劣る（Exam：76–77）。（［　］は引用者）

このように、中小の団体が雑居するのが「共同体」＝「四〇個のカウンティ」の実体であるとすると、それはいかにして〈単一性〉をそなえるのかという問題がのこる。ロウスンは、「混合王政」論が政治権力の単一性を論証しない点を批判したが、「四〇個のカウンティ」論のばあい、政治権力の源泉である「共同体」の一体性が問題になる。ロウスンにおいて、共同体の〈単一性〉は、法的に擬制される。[165] しかし、この〈単一性〉は、政権担当者の存在によって与えられるものではない。そこに、ホッブズとの違いがある。ホッブズのばあい、政権担当者の不在は、「万人の万人に対する戦争」を帰結するから、そこに、政権担当者（とくに、国王）が設置され、その人格の単一性によって社会全体にまとまりが与えられる。これに対して、ロウスンの「共同体」は、政権担当者なしに、一体性を保ちうる。

臣民はだれしも、第一に、その国（Country）に対して忠実たる義務を負い、しかるのちに、法律・自由・国教の維持を誓う国王に対して忠実たる義務を負う（Exam：17）。

(iv)　権力の「混合」が意味すること

さて、この「四〇個のカウンティ」論が一種の「混合国制」論として呈示されていることには注意が必要である。「古来の国制」論は、内戦以後、もはや国王と議会のあいだに関係を修復する力をもたなかった。また、急進的な「混合王政」論は、ピュリタン革命を指導したひとつの重要な政治言論であったが、その結果は、国王と貴族院の廃止であり、権力の「混合」は消えた。

こうした状況のもとで、ロウスンは、「混合」の意味を問い直し、権力を混合する適切な方法を探求した。このことは、以下の叙述からうかがい知ることができる。

混合国家（a mixed state）というものが存在しうるのかどうかは政治学の問題である。しかし、もしわれわれが混合とはどういうことかを理解し、この混合が、憲法制定（Constitution）にあたって固定される最高権力にみられるものか、それとも、政府作用（Administration）にあたって行使される最高権力にみられるものかをはっきりさせることができるならば、もっと簡単に説得力ある解答を得られるかもしれない。しかし、こうした試みは、いままで精緻なかたちではなされたことがない（Exam：141）。

ロウスンは、権力の〈混合〉を、ふたつのレベルで理解しようと企てる（第二節2(ii)参照）。

権力の所有者と使用者の分離　第一に、「憲法制定にあたって固定される最高権力」の次元にみられる混合である。この観点から、「四〇個のカウンティ」論をみると、「四〇個のカウンティ」＝「共同体」に、根源的な最高権力――憲法制定権力――が固定されており、そこにみられる権力の混合とは、最高権力を〈所有〉する共同体＝人民の権限と、最高権力を〈行使〉する政府の権限との混合である。この議論は、民主政と王政など政体の混合とはちがうレベルのものであり、むしろ、国家権力の構造論ないし造形論である。

この権力の混合は、権力を所有する権限とそれを行使する権限の〈分立〉を前提にしつつも、両権限の不可分な関係である。そこにおいては、権力の所有者（共同体＝人民）は、自分自身でその権力を行使することができない。その意味で、権力の所有者には、「自律性」が欠如している。じっさい、「人民」は本人としてみずから行動するのではなく、つねに代理されるものとして位置づけられる（Exam：39）。

逆説的であるが、この自律性の欠如こそ、権力の「混合」を要請する条件である。たしかに、四〇個のカウンティが、所有する権力をみずから行使することは、現実問題としてむずかしい。そのむずかしさとは、人民の数量からくるだけでなく、その資質――「たいていの人間は光よりもむしろ闇を愛する」（Exam：160）――からもくる。

しかし、こうした事実的な制約に屈して、権力の所有者は同時に使用者であるべきだと説けば、けっきょく、政府が権力の所有者であり、かつ、使用者であるということになろう。このようなかたちでの「自律性」は、ホッブズの社会契約論から帰結するものであり、そこにあるのは権力の集中であって、混合ではない。ロウスンはそこに絶対権力をみた。だが、ロウスンにとって絶対権力は、神だけがもっているものなのである。

ところで、権力ないし財産の所有者と使用者の分離という発想は、新しいものではない。一四世紀の清貧論争では、所有権が成立する以前の「単なる使用」による貧しい暮らしがキリストの理想であるか、「単なる使用」が、所有権から切り離せるかどうかが問題になった[166]。

また、イングランドの聖職者にとって、財産の使用者と受益者を区別するイギリス私法上の「信託」は、なじみ深いものであった。アダム・スミスはつぎのように指摘している。「教会に土地を遺贈することは、そこから生じる収入を国王の手から奪い去ったので、それを禁じる法律が制定された。そこで聖職者は、教会の利益のために土地を使用したいと申し出る人たちに土地を遺贈しなさいと指令した。そして、この人たちがみずからの申し出を履行しないばあい、それは信託上の詐欺（a fraud in trust）であるという理由から、大法官は、主教がその申し出を確実に履行させる監督者になることを認めた[167]」。

ロウスンにとっては、この信託概念が役立った。信託の観点からみると、政府は受託者、国民は受益者であり、政府はもっぱら受益者の利益のためにのみ公権力を使用しなければならないが、そこにおける受益者自身は、直接権力を行使しない。

しかし、「自律性」の欠如は、共同体＝人民が実権のない名目的な存在であることを意味しない。受益者としての共同体＝人民は、みずからの利益を請求する権利をもっている。その請求権はことごとく拒絶されるばあいがあるかもしれない。それは、「法の支配」（ロウスンは、「智恵と正義の支配」と述べていた）の否定であり、そのばあいには、「自由の原初状態」に立ち帰るという事態も、起こらないわけではない。ただし、「自由の原初状態」への復帰が、受託者の解任にとどまるのか、それとも、信託原理そのものの放棄にまで及ぶのかは、別の問題である。

法の妥当性と実効性の区別　さて、第二に、「政府作用にあたって行使される最高権力」の次元にみられる混合が問題になる。この観点から、「四〇個のカウンティ」論をみると、国王、貴族院、庶民院が、最高権力（立法権）をどのように協同して〈行使〉するかが問題になる。ロウスンは、信託された立法権力が制定する法の性質に着目する。

人民によってつくられ、是認され、選ばれた正しい法と慣習を、国王がなにゆえに［戴冠］宣誓によって補強したのかといえば、それは、議会が解散するときに、王の手に剣がとどめられて、法の執行が監督されるためである。執行されない法は、効力を発揮しないまま、死文化し、無益であろう。

宣誓の文言がこのように説明されるとき、そこからわかってくることは、以下のことである。それは、わたしたちは、法と慣習という語句によって、政府作用にかかわるルール（the rules of administration）を理解するが、そのとき、そのルールは、義務を賦課する力（a binding force）を包含するだけでなく、実効性を与えられる（be made effecual）という意味もわたしたちは理解するのである。

そこで、この宣誓の趣旨からすれば、つぎのような結論が導かれる。それは、政府作用にかかわるすべての行為の基礎であり原則であるところの立法権は、国王、貴族院、庶民院の手に協同で分け持たれているということである。これこそが、混合（a mixture）であり、また、自由な国家（a free state）である（Politica : 109–110）。（［　］と傍点および改行は引用者）

右の文章でまず、ロウスンは、「法と慣習」が「人民によってつくられ、是認され、選ばれた正しい」ものだといっているが、この「人民」は、「四〇個のカウンティ」＝「共同体」と同義であろう。したがって、この部分は、すでに述べた〈混合〉の第一の意味――権力の所有と使用――に関係する。

権力を〈混合〉することの第二の意味は、立法における協同関係であり、ロウスンはそれを「政府作用にかかわるルール」の概念に見いだす。まず、ロウスンが、「法と慣習」を「政府作用にかかわるルール」と位置づけている点に注意したい。そこにおいてロウスンは、「憲法制定にかかわるルール」とはちがうレベルの議論を意識的に設定している。

そのうえで、ロウスンは、法の概念を〈妥当性〉と〈実効性〉の結合として理解し、妥当性を「本質的」、実効性を「付随的・偶然的」(extrinsical and accidental) 要素とする (Politica : 109)。そして、前者を付与する権限を議会に、後者を付与する権限を国王に配した。

権力混合の意義　さて、以上のように、ロウスンは、最高権力（立法権）の〈混合〉をふたつの次元で理解したが、そのことによって、急進的な「混合王政」論にみられた権力間の不安定な緊張を緩和した。「混合王政」論は、立法における複数権力間の競合による不安定を免れないというのがロウスンの批判であった。ロウスンは、政治の根底に共同体の憲法制定権力をおき、政府権力の行使を憲法の枠内に限定した。

また、ロウスンは、権力混合の論理によって、「古来の国制」論にみられた国王の自己拘束を否定した。それは、いいかえれば、国王の人柄を信頼するところに成り立つ、拒否権をもたない議会の否定でもあった。ロウスンは、通常の立法――政府作用にかかわるルール――に妥当性を与える権力を議会に配し、国王の役割を付随的なものにした。もはや、国王は、自己立法に自己拘束される存在ではない。

議会についても、自己拘束は認められないというのがロウスンの考えである。

最高権力が共同体に帰属するということは、共同体全体の利益が政治の目的だということである。ロウスンは、イングランドの利益に国王派と議会派のいずれが誠実かと問う。この問題を判断する基準として、各党派の「人物の資質」はあてにならない。「なぜなら、各党派には善人もおれば悪人もおり、各種多様な理由から、それぞれの党派に所属し、また、抱いている目的も多種多様であるが、その理由にしろ、目的にしろ、良いものではないからである。」(Politica : 112)。だからこそ、議会の立法権力もまた、四〇個のカウンティから信託され、立法の目的(共同体の利益)という観点から制約を受け、また、法の実効性という点で、国王の行政権から協力を得なければならないのである。

権力の競合による不安定性を解消し、権力者の道徳的資質に対する依存から脱却することが、ロウスンの立憲主義の要諦であり、権力の混合は、そのための方法であった。

六　摂理の思想

前節でみたように、ロウスンは、封建制の存在と変質を認識し、また、「記憶を超えた時間」を支配の正当性の根拠とは認めなかった。ロウスンのばあい、自然法によって許可される自由な合意が、国家を生みだす「直接的原因」である。

しかし、国家の形成は、人間の自由な行為の所産とみえながら、じつは神の摂理によるというのがロウスンの理解である。すべての出来事に神が介在し、政治権力もまた、神が創造したものである。神の目からみれば、権力者の素性は明らかであり、そこに、「記憶を超える」あいまいさはない。

ところで、ロウスンは、不正な権力にも従う必要があることを認める。そのばあいでも、権力の正当な保持者と不正な保持者の区別が放棄されているわけではない。しかし、不正な権力の存在は、立憲主義の破綻である。摂理はこれを容認する。

本節では、ロウスンにおける摂理の思想の枠組みを考察する。ロウスンによる「古来の国制」論批判の基底には、立憲主義があった。それは、自然法と権力の混合の原理に支えられていたが、摂理の思想は、このような原理とはずいぶん違った構造をもっている。また、摂理は、人間の歴史のありかたを決定する力であり、「古来の国制」が破綻したあとの展望を、立憲主義とは別の観点から示す。

1　神による統治の方法・正当性・計画

摂理とは、一般的にいえば、〈善事を遠謀する力〉である。そこにおける善事は、キリスト教では、『ヨブ記』にみられるように、かならずしも人間の行為の正しさと合致しない。そのような善事の最高のものは、魂の救済であるが、だれが救済されるのかという点については、行為の正しさはかならずしも基準にならない。

ロウスンの歴史観では、万物は神の摂理に従って展開する。国政の歴史も例外ではない。

権力はつねに神から生じる。それは創世以来変わらない。そして、神は、あるものから権力を剝奪し、別のものに与える。その方法には、摂理を例外的なしかたで働かせるばあいと、通常のしかたで働かせるばあいとがある。たとえば、それは、最終的な勝利を与えるというしかたで、また、人びとの気持ちを服従に誘うというしかたで働く（Exam：13）。

このような見かたは、中世以来の伝統であったが、とくに宗教改革以降、「神の主権」を強調する考えかたとして有力になり、一七世紀なかばのイングランドにおいて重要な言論になった。(168)「王政は慣習と法に基づく議論によって制約されたかもしれないが、王の処刑に至る台本を提供したのは、神の摂理の言論であった」[169]。このコメントは、王権を制約するという点で、神の摂理の論理が「古来の国制」論以上に強力であったことを指摘している。たとえば、クロムウェルは、歴史を神の摂理によって展開するものとしてとらえ、みずからの行動を摂理によって正当化した。彼は、「われわれの業は、われわれの頭脳に発するのでも、また、勇気や体力に発するのでもない。ただ、われわれは先導する主に従い、主の蒔いたものを集めるにすぎないのであって、万事は神に由来するように思われる」と述べている[170]。

また、パトニー論争には、つぎのようなレヴェラーズの意見がみられる。「もし貧者や身分の低い者が、うまれながらにもつ権利を与えられるなら、この王国は破壊されるだろう――こういう趣旨の発言があったが、これは摂理への不信にほかならないと思う。わたしの考えでは、この国の貧者や身分の低い者たちは……この国を保存する手段であった。」[171]（傍点は引用者）。「古来の国制」論の枠組みでは、貧者や下層身分の人びとは、かならずしも権利の主体ではなく、国民史からは排除された存在であったが、このレヴェラーズの議論では、摂理の実体的内容が被造物の〈保存〉と理解され、それが自然権概念と結びついて急進化している。

(i)　摂理の概念

このように、摂理は、世俗の歴史を動かす力であり、歴史理解の枠組みを提供する。以下では、この枠組みが、神の支配に関連する三つの観点――計画、方法、正当性――から成り立っていることを示す。

計　画　キリスト教神学における摂理の概念は、神の〈計画〉との関連において人間の身の上に生じる出来事を説明する目的論的概念である。それは、理論上、神による「被造物の維持・保存」とも、また、「道徳的な統治」とも異なっていると説明される[172]。

右の概念区分において、「被造物の維持・保存」は、被造物の破壊の反対であるが、神の主権は、被造物の破壊を選択しうる。したがって、摂理は、被造物の保存と破壊の両方をふくむ概念であり、この意味で、「被造物に対する一般的管理」である。(173)

しかし、この管理を導く神の〈計画〉が、人間にも推察できるものであるならば、人間がそれを「破壊」ではなく「保存」——人間にとっての善事——としてとらえ、その「保存」を実現する手段としてみずからを位置づけることは可能である。さきにみたレヴェラーズの理解はそのようなものである。イギリスでは、摂理のありかたは、人間によって認識可能であるとされた点で、カルヴァン自身のそれとはちがっていたといわれる。カルヴァンにとって世俗の歴史は、堕落した人間がくり広げるものであり、神意を知る手がかりではありえなかった。これに対して、イギリスのピュリタンは、世俗の歴史と自然現象のなかに神の慈愛または裁断を読みとろうとした。(174)

方　法　また、右の概念区分において「道徳的統治」とは、神の法あるいは自然法に従って神が人間を支配することであるが、神自身がこうしたルールに従うという考えは、神の主権という考えかたとは直結しない。それゆえ、摂理と道徳的統治は、概念的には区別される。

しかし、神の主権が、被造物を恣意的・無原則に支配するとは考えられない——このように理解するならば、摂理と道徳的統治は、不可分な関係になければならないであろう。K・トマスによれば、チューダー朝とスチュアート朝のイングランド人にとって、摂理はそもそも道徳的なものであった。それによると、摂理とは、美徳と幸福を、また、悪徳と不幸を因果的に結びつける「古代的」なものの考えかたを土台にして、神の主権により宿命論を克服する思想であった。摂理は、宿命論にひそむ「道徳的混沌」に取って代わるものであり、道徳的規範と不可分だというのである。(175) また、アダム・スミスは、「わたしたちは、みずからの道徳的能力がくだす指令に従って行動することにより、……力のおよぶかぎり、摂理の計画を推進するのだといってもよい。(176)」と述べている。それは、要するに、人間は、道徳を介して知らず知らずのうちに神によって支配されているということであろう。

このような摂理と道徳的統治の結合は、神が被造物を統治する〈方法〉である。しかし、それは、唯一の方法ではない。被造物に対する絶対的支配権をもっている神は、道徳という人間の行為規範を介することなく、支配することもできるはずである。

ホッブズは、神がこの世を支配する〈方法〉をふたつに分けている。ひとつは、「通常」の方法であり、そのばあい、「神は万物の第一位を占める動因として、第二位以下の諸原因が織り成す秩序を媒介にして自然的結果を生み出す」[177]。ここで言及されている支配の媒介となる秩序には、道徳や法がふくまれるであろう。いっぽう、この通常の方法に対置される支配の方法がある。それは、「神自身が自然の秩序に反してでも、万物に直接にその意を働かせるしかた」である。後者の方法は、通常ではない統治方法であり、たとえば、「奇跡」はそういうもののひとつであろう。

正当性　さらに、この〈方法〉の問題は、「被造物に対する一般的管理」の〈正当性〉の問題とは別である。つまり、神の主権は、どのような方法によって支配するかを選べるのであり、この主権そのものを正当化する根拠は何かという問題は、支配の方法いかんの問題から影響を受けない。ちなみに、ホッブズによると、神の主権を正当化する根拠は、抵抗不可能なまでに強い力であるが、ロウスンは、それとはちがう見解を示している。

(ii)　ロウスンの考えかた

イギリスでは、神の摂理は人間によって認識可能であり、善事を遠謀する神の主権のまえに個人の努力が完全に無意味になるとは考えられなかった[178]。ロウスンの理解も同様である。「最後の審判において正義は完全に実現されるのであって、人は各自がおこなった事柄に応じて報いられるであろう。」(Politica : 44)（傍点は引用者）といわれる。これは、道徳的規範を遵守する行為が、救済につながるという議論である。

自己拘束という方法　しかしながら、道徳的行為が救済を約束するという信念は、神の人間に対する支配が道徳的規範に従っておこなわれると考えられなければ成り立たないであろう。ここに、神の主権も道徳的規範に拘束されるのかという問題が生じる。

ロウスンによれば、「神自身（その権力は絶対的に最高である）、みずからを一定の法によって制約した」（Politica : 80）といわれるように、神の主権は、自己拘束的なのであり、法治主義を否定するものではない。[179]「たしかに、神は全能であり、そうである以上、随意に苦痛をあたえることができるわけであるが、神は、なんらかの苦痛を加えたときには、かならず、みずからの正当な法に従う立法者および裁判官としてふるまったのである。」（Exam : 152）。神は完全な存在であり、みずからの絶対的権力を法にしたがわせる自律性を備えている。世俗国家における権力〈混合〉の論理は、神の支配にはあてはまらない。

このように、道徳的規範を遵守する人間の行為が〈救済〉につながるには、神自身が一種の法治主義に服していなければならない。そこにあるのは、一定の秩序を媒介にした「通常の」神の支配である。

所有権と同意による正当化　しかし、神がみずからの立法に対して自己拘束的にふるまうことは、神の人間に対する支配の〈方法〉であって、支配の〈正当性〉とは別の問題である。神の主権の発動が何らかの規則に基づかないばあいでも、それは正当である。権力の正当性は、統治方法の選択とはちがう次元の問題である。

では、神の人間に対する支配の正当性の根拠は何であろうか。ロウスンは、ふたつの根拠をあげる。

ひとつは、神の人間に対する「所有権」である。[180]これは、神による人間の「創造と保存」を権原とする。「神が人間を所有する権利は、創造と保存の行為から引きだされる。」（Exam : 151）。

もうひとつの根拠は、「理性的な被造者として人間が、創造者たる神に対して自発的に服すること」である（Exam : 151）。一見すると、人間の側から与える「同意」が、神の人間に対する支配の条件になっているようにみえる。しかし、この同意じたい、摂理の所産（後述する作為としての摂理）であると考えられなければならないから、神の主権の絶対性が否定されているわけではない。

救済の計画　ところで、神には人間を支配する正当な権限があるけれども、神はその権限によってせっかく創造したものを破壊するであろうか。神の権力は何のために用いられるのか。その目的ないし〈計画〉の内容が、つぎに問題となる。神の「所有権」は、被造物を保存する行為だけでなく、破壊（処分）する行為も正当化する。保存するか破壊するかは、神の権限の〈正当性〉の問題ではなく、また、いかにして被造物を支配するかという〈方法〉の問題でもない。それは、正当な権限を一種の法治主義に従って使用することを前提に、どのような〈計画〉を実現しようとするのかという摂理の実体的内容にかかわる。

では、その神の〈計画〉とは何か。ロウスンは、「所有権」の権原である「創造と保存」の性格について、「神の権力のみではなく……神の知性と意思によってもおこなわれた」（Exam : 151）と述べる。「神の知性と意思」が「創造と保存」に作用しているとは、神の〈計画〉の内容が合理的・理知的であり、その実行も、権力の強行によるのではないということであろう。

人間に関する神の計画については、「堕落した人間を再び呼び返し、永遠の栄光の地位に引きあげることが、神の偉大なデザインであった」（Politica : 16）といわれており、神はあらかじめ意図していたこの救済という目的――人間にとっての究極の善事――を目指して人間を支配する。

2　摂理としての正義と功利

ロウスンの神学的歴史観では、世俗の歴史はそれじたいで完結せず、神の摂理によって変化を生ずる。この変化は、後述のように、神が人間の「自然理性」に働きかけることによって起こる。ここに、古来の国制における固有の合理性――「祖先の知恵」・「人為的理性」――を超越するメカニズムがある。

しかし、神は、自然理性にあえて働きかけないことにより、不正な現状を追認するばあいがある。このような神の不作為も摂理である。

『聖俗統治論』では、不正な〈事実上の権力〉を容認する議論が説かれ、〈不作為としての摂理〉に力点がおかれているように思われる。一方、『検討』では、「専制のほうが無政府状態よりはましである」(Exam：19)といった記述もみられるが、全体としては、神は共同体の合意をつうじて間接的に権力を付与するという議論が前面にでている。そして、このような共同体の合意形成の背後にも、やはり、摂理が働いている。それは、〈作為としての摂理〉であるといえよう。

作為としての摂理は、正義の実践を人間に働きかけて正統な権力を樹立させ、不作為としての摂理は、不正な権力にも服従して現状を維持する道を歩ませる。摂理にこのようなふたつの面があるということはどのように理解されるべきであろうか。

(i)　歴史における神の〈作為〉と〈不作為〉

キリスト教の世界観では、神は万物を創造し、それを創造したのちも将来にわたって被造物の善を案じて働きかける。この「働きかけ」(works)が、摂理の作用であるが、ロウスンによれば、それは、神からの「ことば」(words)とは区別される。「働きかけ」は、人間の「自然理性」に作用し、「ことば」は、「超自然的なしかたで高められ・啓発された理性」に作用する(Exam：149)。神の「ことば」は、特別な能力をもった預言者に届けられる啓示であり、他方、「摂理」は、通常の理性を備えた普通の人間に作用し、これを動かす力である。[181]

すると、合意によって政治権力が正当化されるばあい、合意の主体は普通の人間であるから、そこに介在するのは、神のことばではなく、摂理である。そして、このように摂理によって合意が形成されるというロウスンの議論は、自然状態(個人のアトム化)を想定した社会契約によらなくても、合意が成り立つことを示唆しているように思われる。[182] じっさい、摂理は、「人びとの気持ちを服従に誘うというしかたで働き、そのばあい、いくつかの合理的条件に基づいて合意がなされる」といわれる（Exam：13）。

さて、摂理が神の〈作為〉として理解されるとき、自然理性による現状の変更が肯定される。そのばあいの理性とは、慎重な調査に基づく・対等な当事者による充分な議論を意味し（Exam：26）、正義の源泉である。ロウスンは、「多数者が意思を表明して、最高権力者を打ち立てるとき、これに抗議することは不正義である」というホッブズの論旨に反対して、「理性に反している多数者に同意するほどの愚か者はいないであろう。理性はすべての投票に勝る。」「少数者が、抗議する当の最高権力者から保護されないのは事実だが、これは不幸（misery）ではあっても不正義ではない」（Exam：27）（傍点は引用者）と論じる。そこには、苦戦を強いられ、けっきょく負け戦にはなっても現状の変更を志す少数者がいる。

ところで、神の摂理は、自然理性に働きかけるという神の〈作為〉としてのみ理解されるわけではない。こうした働きかけをさしひかえ、人間の愚行を放任するという〈不作為〉も神の摂理と考えられている。この不作為のばあいには、不正な権力も打倒されることなく存続するという結果になるが、そこにも神の摂理は、消極的なかたちをとって存在している。

わたしたちは不正な権力保持者に従うと決めたなら、その権力を獲得したやり口の不正を詮索してはならない。むしろ、権力それじたいに目を向けるべきである。その権力は神に由来する。わたしたちは、神の摂理によって自分たちが現在の境遇におかれなければならなかった必然性について考えてみるべきである。神は、わたしたちが人間らしく正当にみずからを正す力も、その機会も与えておらず、また、わたしたちが不正な権力保持者と思う者からみずからを自由にする力も、その機会も与えていない。むしろ、神は、不正な権力保持者のもとで私たちに保護・平和・正義・福音を与えることが多い（Politica：225）。（傍点は引用者）

右の議論は、いわゆる「事実上の権力」論である。これは、一七世紀イギリスの憲法闘争の過程で、国王が処刑されたあと、クロムウェルによる支配を正当化する議論として説かれた。この議論は、正統性を欠いた権力への服従を正当化するものであった。

従来の研究では、「事実上の権力」論は、世俗の利益を根拠に不正な権力への服従を正当化する議論であるとされ、摂理の概念なしに成立すると理解されてきた。この点をバージェスは批判し、「事実上の権力」論と摂理の不可分性を指摘した。(183) 不正な権力の存在およびそれに従う行為を正当化するのは、道徳規範（自然法）でも、また、世俗の利益でもなく、摂理である。右のロウスンの記述も、「事実上の権力」論と摂理の不可分な関係を示す一例である。

(ii)　聖史の転機――ペイリーとのちがい

では、神の〈作為〉による正統な権力の樹立と、神の〈不作為〉による不正な権力の存続が、摂理の思想を介して両立するのはなぜか。この点に関するロウスンの説明は、後述のように、キリストの贖罪である。

摂理が神の〈不作為〉として理解されるばあい、不正な権力は存続する。ロウスンは、こうした神の不作為を、正義ではなく、現世の幸福に結びつけた。「われわれが権力の不正な保持者を排除したいと望むにしても、そのような排除によって、服従するばあいよりもいっそう大きな危害が生じることはないのかどうかを考えてみなければならない」(Politica : 225)。ここには、帰結主義的な思考がみられる。不正な権力の排除が現状よりも悪い結果をもたらすと予測されるばあい、不正な〈事実上の権力〉は容認される。

このような帰結主義は、ウィリアム・ペイリー（一七四三―一八〇五）の神学的功利主義に類似する。ペイリーは、「人間の生活の幸福は促進されるべきだというのが神の意思である」という摂理に関する命題を論拠にして、正義を功利に還元する。「あらゆる抵抗の個別事例にそなわる正義は、危険と困難の量と、それを矯正する見通しと費用の量とを秤にかけて衡量することに還元される。(184)」（傍点は引用者）

しかし、ロウスンは、以下の二点においてペイリーとは異なる。

第一に、ペイリーは、人間を自由な選択者（いいかえると、選択に自己責任を負う者）としてとらえ、その選択の結果は、社会全体の幸福を算定するさいの基礎データになる。「自分自身の推理と結論の導出によって決心しようと、あるいは、他人の助言に身をゆだねようと、本人が行動の指針を自由に選択する以上、いずれのばあいも等しく、みずからの私的な判断力を行使するものと考えられなければならない[185]」。

これに対して、ロウスンは、人間をかならずしも自由な選択者とはみていない。不正な〈事実上の権力〉に力なく従う人びともふくめ、「たいていの人びとは、選挙において特定の優秀な人物を模範としてこれに従うか、自分自身の感情に従う」（Exam : 26）のであって、いずれにしても自分自身の〈理性〉を使用するのではない。そして、「英知と正義に拘束されることは、自由であるのみならず、名誉である。わたしたち自身の卑劣な欲望と罪の支配から、したがって、サタンの権力から自由であることこそ、神聖な真の自由である。」（Exam : 61）といわれるように、ロウスンにとって自由な選択とは、理性的な選択である[186]。

第二に、ペイリーは、「社会全体の幸福の総量」（the sum of public prosperity）が、部分の犠牲において実現することを認めている。「全体の幸福の増進は、部分の幸福の削減と同時に、達成されることができる[187]」。「もし犠牲が避けられないのであれば、小さな利益が大きな利益に道をゆずることがふさわしい[188]」。そこでは、多数者の幸福が〈目的〉であり、少数者の幸福が〈手段〉である。

これに対して、ロウスンのばあい、社会全体の幸福とその犠牲になる人びととの関係は、目的と手段の関係ではない。これまでにみたロウスンの議論では、犠牲になりうるのは、理性に従わない多数者の専制によって不幸になる少数者、および、不正な事実上の権力に服する大衆である。前者はもとより多数者の専制の手段ではなく、むしろ逆に、多数者の専制を妨害するものである。

後者の不正な事実上の権力に従う大衆については、さきに、「神の摂理によって自分たちが現在の境遇におかれなければならなかった必然性について考えてみるべきである」といわれていた。この要求は、社会全体の幸福という「目的」に対する「手段」の有用性を衡量せよということではなく、そこにいたるまでの自分の内心と行動を忘却してはならないという「良心の義務」（良心の自由ないし権利ではない。次節参照）であろう。

ロウスンにおいて、社会全体の幸福は、神が遠謀する善事にはちがいないが、それは、究極の目的ではない。まして、その全体の幸福が、理性的な選択によらないばあいには、「幸福」と呼べるかどうかも疑問である。すでに考察したように、神の摂理における究極の目的は、「堕落した人間を再び呼び返し、永遠の栄光の地位に引きあげること」（Politica : 16）であり、それは、「魂の救済」という来世の目的である。

この神の〈計画〉があればこそ、ロウスンは、「良心の義務」を強調するように思われる。良心は、みずからの行動を神の法と突き合わせるのであるが、第一に、みずからの行動が将来のものであるとき、良心は「法として」将来の行動を拘束する。第二に、みずからの行動が過去のものであるとき、良心は「自分自身の上位に立つ」裁判官として判断する。第三に、神の法廷において、良心は「証人として」みずからの行動を告発あるいは弁明する（Exam : 124）。

以上のように、ロウスンのばあい、自由であることは正しさをふくみ、また、不正な権力への服従にともなう「幸福」は、良心の義務を免除しない。ロウスンにおいて、正義は、功利に還元されることなく、功利の横に並び立つ。

正義と功利というふたつの概念が両立するのは、「救済」という来世の幸福に向かって展開するつぎのような歴史が信じられているからである。ロウスンによれば、神による人間の支配は、大きくふたつの時代に分けられる。まず、神による世界の創造からアダムの堕落まで続くとされる「創造の法が支配する・厳格な正義の王国」、そして、これに続くのが、「贖罪の法が支配する・キリストの慈悲の王国」である（Exam : 176）。当時のイギリスは、後者の時代区分に属する。

人間というものは罪深く有責である身の上だから、厳格な正義のもとでは永遠の生命にあずかることはできない。そこで、聖書は、人間の眼を開いて救済主イエス・キリストとしての神に向けさせ、贖罪の法を遵守すれば永遠の祝福にあずかる可能性があることを人間に教える（Exam：162）。

聖史が「正義の王国」から「慈悲の王国」へと展開する契機は、キリストの贖罪である。[189] ロウスンは、キリストの教えを遵守すれば、すべての人間には救済される可能性があるという。そこには、立憲主義が破綻して、多数者の専制下で犠牲になる人びと、不正な事実上の権力に従う大衆がふくまれる。そのような人びとにもキリストの愛は注がれるというのである。これに対して、ペイリーの功利主義は、ジョン・グロートの指摘によると、「隣人愛」、「人間への愛」ではなく、現世の「幸福」を原理として成り立っており、キリスト教信仰に反する。[190]

七　おわりに

ロウスンによる「古来の国制」論批判は、自然法と権力「混合」という立憲主義の視点に立ち、中世アリストテレス政治学の枠組みに沿ったものであった。これに加えて、ロウスンには、摂理の思想があった。それは、神の支配のありかた（方法、正当性、計画）にかかわり、中世アリストテレス政治学とはちがう枠組みをもっていた。

立憲主義と摂理の関係　しかし、こうした枠組みのちがいは、矛盾・対立を意味しない。むしろ、立憲主義と摂理の思想は、相補的である。

神の権力は絶対的であり、そこに権力の混合はない。その絶対性は、神の完全な自律性——自己立法への自己拘束——と表裏一体である。このような神の支配の〈方法〉は、人間の不完全性・優柔非力を気づかせ、同時に、神みずからも従っているとされる「法」の重要性を浮き彫りにする。

また、神の支配は、被造物の創造を権原とする「所有権」と、人間の側から示される「同意」によって正当化される。このような〈正当性〉の根拠は、それじたい、「古来の国制」論批判の論拠である。「古来の国制」論は、開始時期の不明な慣習の継続（時効の法理）によって、王権と議会の関係を正当化した。

また、私的所有権は、困窮者と政府への支援を条件にするのでなければ自然法上許可されないが、その理由は、神の〈計画〉を参照するときはっきりする。ロウスンによると、法にしたがう規則正しい世俗の統治（regular civil Government）の〈目的〉は、「平和と物質的豊かさ」（peace and plenty）にとどまらず、神に対するわたしたちの義務を遂行させ、おたがい同士誠実に正しく暮らせるようにすることである。「世俗国家は、人びとを永遠の存在［魂の救済］に向けて準備させるように組みあげられなければならない。そうでなければ、王国は、盗賊の巣窟、悪魔の寄り合いにすぎない。」（Exam : 12）。（［　］は引用者）

そしてまた、立憲主義が破綻し、不正な事実上の権力が成立しても、そこには摂理がはたらいており、現世の幸福を超えた神の遠謀がある。

国民教会の桎梏　ところで、摂理における「救済」は、キリスト教的意味での救済であり、宗教的価値である。ここに、キリスト教徒以外の人びと、無神論者など、摂理によって展開する終末史観を共有しない人たちもふくめた良心の自由という問題が生じる。

「古来の国制」論は、イングランド「国民」の権利だけを射程に入れた議論であったが、これを批判するロウスンの議論も、キリスト教世界の外には広がりにくい一面をもっている。

ロウスンは、いかなる政府も「宗教を組織・支援・促進する権限をもたない」としながらも、キリスト教における真の宗教だけは、例外であるとする（Exam：190）。また、世俗の政府は、宗教をめぐる騒擾を予防し、国家の平和を守るかぎりで、宗教に介入できるともいわれる。そこには、良心の自由の完全な放任は弊害を生じるというロウスンの理解があった。「かよわき良心に恵みを与えると称して、万人の自由を放任するような寛大さが是とされたが、それ以来、イングランドがキリスト教国になってこのかた目にしたことのないほど多くの分裂・分断が発生した。」（Politica：259）。これは、教会と国家の分離を主張するバプティストへの批判である。[191]

ロウスンは、良心の完全な放任に反対し、それを国民教会によって統制することに賛成する。ロウスンによれば、「教会と国家は、ふたつの異なるコモンウェルスであり、前者は聖なるもの、後者は世俗のものである。もとより、両者は同一の人びとから構成される。」（傍点は引用者）[192]。国家と教会は、別の原理に基づく政治共同体であるが（別の箇所では、two distinct bodies politic（Exam：140）といわれている）、構成員は同一である。構成員の範囲を国家と同じくする教会は、国民教会である。

この国民教会は、独自の裁判権をもち（Exam：201）、「破門」の判決をくだすことができる。破門は、聖餐の儀式から排除したり、キリスト教徒としての資格を剝奪する。破門の理由はさまざまであるが、当時の教会法の解説書によれば、「教会が決定した普遍的信仰や善良な作法を害する傾向の意見をもち、また、同様の傾向の教義、命題、結論を、大学において（停止の勧告を受けたのちも）主張するすべての者」が、その対象になるといわれる。[193] 学校教育においても同様なことがいわれ、そこではとくに、「異端」を支持することが破門の理由としてあげられている。[194] 異端は、「教義の純粋性」（Exam：201）をこわすものであり、国民教会の一体性を保つためには、排除されなければならなかった。

抵抗の位置　このような国民教会は、同一の構成員からなる世俗国家に抵抗する拠点にならない。

彼ら［教会会議の構成員］がキリストに背くことになるという理由で世俗権力に従わないとき、身柄の自由・生命・資産を奪われるかもしれないが、彼らはキリストのために辛抱づよくその苦しみを受けるべきである。このようなばあい、教会は、祈り・涙を流すことはできるが、抵抗したり反抗したりすることはできない。なぜなら、キリスト者は、キリスト者としては、いかなる人間に対しても、つまり、自分たち自身の構成員、まして世俗の最高権力者に対しては、剣の権利をもっていないからである。もし世俗の最高権力者に抵抗するのであれば、キリスト者は、別の観点に基づいて（under another notion）それをおこなわなければならない。そうでなければ、侵害者となり、弁明の余地を失う（Exam：140）。（［　］と傍点は引用者）

ここで、ロウスンは、キリスト者としてではなく「別の観点に基づいて」ならば抵抗することはできると示唆している。その「観点」がなんであるかは明言されていないが、それは、国民教会の枠を超える論理を提供するものでなければならないであろう。

これまでにみたところでは、そのような観点は、ふたつある。ひとつは、中世アリストテレス政治学として考察した議論であり、ロウスンのばあい、「四〇個のカウンティ」論であった。それは、信託理論に基づく「自由の原初状態への回帰」の論理であった。

もうひとつの観点は、そのような回帰をうながす超自然的な力、すなわち、作為としての摂理である。それは、人間の「自然理性」にはたらきかける神の主権である。教会の権力は、神から「信託」されたものであるから[195]、信託目的の範囲外のこと——このばあいは「正義」の実現——に関しては、神の権力が直接的に行使されると考えられる。

こうした神の主権の直接的行使と、「四〇個のカウンティ」（共同体＝人民）による憲法制定権力の直接的行使のあいだには、信託という制度上の対称性にとどまらない、密接不可分な関係があるように思われる。「四〇個のカウンティ」による憲法制定権力の直接的行使は、それが弱く不完全な人間の所業ゆえ、多数者の専制でないとはいいきれまい。だからこそ、その憲法制定権力の正統性が、究極的には、神の主権——自己立法に自己拘束される絶対的権力——によって保証されなければならない[196]。

このような立憲主義と摂理の思想の結びつきは、ロックのばあいには希薄である。ロックは、同じく信託理論によりながらも、各人が無国籍である自然状態を想定し、「共同社会」の政治権力の正統性を、個人の自然権から導く。そして、抵抗権——「根源的な自由を取り返す権利[197]」——について、つぎのように論じる。「果たして自分は、……至高の裁判官［神］に訴えることができるかどうか、については、各人が自分で判定する」（［　］と傍点は引用者[198]）。

これに対して、ロウスンは、自然状態を否定し、歴史的所産としての「共同体」から国家の樹立を構想する。だが、ロウスンの「共同体」には「自然法」が妥当し、また、ロウスンにおける歴史は、善事を遠謀する神の力によって展開し、ある意味では国民史を越える普遍的枠組みをもっていた。ここに、「古来の国制」論を超越する視座がある。しかし、抵抗という問題に関して、ロウスンは、不作為としての摂理と国民教会という考えかたに立って、ロックよりも慎重な態度をとった。

（1）G・バージェス「ポーコック、時間、古き良き国制」（佐々木武訳）『思想』No. 1007（二〇〇八年三月号）一四–三八頁。

（2）A. Sharp（ed.）（1998）*The English Levellers*, Cambridge U. P., p. 119.

（3）B. Tierney（2001）*The Idea of Natural Rights : Studies on Natural Rights, Natural Law, and Church Law 1150–1620*, William

B. Eerdmans Publishing Company, p. 212.

（4）ロウスンが憲法を「自覚的な代表体の行動」の所産とみているのか、歴史的慣行の所産とみているのかは分明ではないという指摘がある。安藤高行『一七世紀イギリス憲法思想史』（一九九三年）法律文化社、一四六頁。

（5）愛敬浩二は、ロウスンの立憲主義と「古来の国制」との関係について「ロウスン的な抵抗権論に依拠して混合政体論を論証すると、制度としての『古来の憲制』をも乗り越えてしまう」と述べている。愛敬浩二『近代立憲主義の原像』（二〇〇三年）法律文化社、一二八頁。なお、ロウスンの抵抗権については本章第七節、混合政体論については本章第五節3を参照。

（6）G. Lawson（1996）*An Examination of the Political Part of Mr. Hobbs His Leviathan*, Routledge/Thoemmes Press, p. 116. 原典は一六五七年刊。以下、Exam の略記で本文中に表記する。

（7）G. Burgess（1992）*The Politics of the Ancient Constitution : An Introduction to English Political Thought 1603-1642*, Mcmillan, chap. 5.

（8）H. J. Berman（2003）*Law and Revolution* II, The Belknap Press, p. 251.

（9）*Ibid.*, pp. 238-248, 252.

（10）G. Lawson（1992）*Politica Sacra et Civilis*, C. Condren (ed.), Cambridge U. P., p. 28. 以下、Politica の略記で、本文中に表記する。

（11）ジュリアン・H・フランクリン『ジョン・ロックと主権理論』（一九八〇年、今中比呂志・渡辺有二訳）御茶の水書房。今中比呂志『英国革命と近代政治原理』（二〇〇〇年）大明堂。

（12）B. Tierney（1982）*Religion, law, and the growth of constitutional thought 1150-1650*, Cambridge U. P.

（13）マルシリウスは、共同体の一部である有力な階層を市民ととらえ、この一部の市民を共同体の全体と同一視したが、このような見かたがロウスンに継承されているという。C. Condren（1989）*George Lawson's Politica and the English Revolution*, *Cambridge* U. P., p. 90. しかし、このようなマルシリウス理解に対しては批判がある。それによれば、コンドレンは、マルシリウスを伝統的な中世アリストテレス政治学からの逸脱者と解しており、適切でないとされる。James M. Blythe（1992）*Ideal Government and the Mixed Constitution in the Middle Ages*, Princeton U. P., pp. 199-202. ブライズのマルシリウス解釈への留保として、土橋茂樹「James M. Blythe : Ideal Government and the Mixed Constitution in the Middle Ages」『中世思想研究』三八号（一九九六年）一四八頁。また、コンドレンによる中世思想の理解が抵抗理論を適切に理解していないと批判するものとして、R. Ashcraft（1991）'Conal Condren, George Lawson's "Politica" and the English Revolution', 23 *Albion*, p. 535.

（14） 今中比呂志『イギリス革命政治思想史研究』（一九七七年）御茶の水書房、二九七頁。

（15） James H. Tully（1981）'Current Thinking about Sixteenth- and Seventeenth-Century Political Theory', 24 *The Historical Journal*, pp. 480-483. タリーによるロウスン解釈については、今中・前掲注（11）四〇-四五頁。

（16） フランクリンは、神の摂理から生ずる不正な事実上の権力への服従をロウスンがみとめた点について、「市民の本源的自由に関する彼の見解と一致しない」と述べている。フランクリン・前掲注（11）一〇六頁。

（17） Condren, *supra* note 13, pp. 174-175. コンドレンによるロウスン解釈については、今中・前掲注（11）四五-六五頁。

（18） Condren, *supra* note 13, p. 176.

（19） つぎの文章もホッブズ的といえそうである。「共同体は、整然と配列された軍隊のようでなければならず、そうであればこそ、最高権力は、共同体を奮い立たせ、命令をくだす。そのとき、この偉大な団体からいっそう規則正しい運動が、全体としても、各部についても、生じ、いっそう脇目も振らず、平和、敬虔、誠実に向かう。」（Exam：11）。この文は、政府権力と共同体との関係を述べたものであるが、やはり、立憲主義は、当然の前提であって、政府権力は制限され、「整然と配列された」状態に置かれている（put in array）軍の背後にも、「法の支配」があると理解されるべきである。なぜなら、ロウスンの課題のひとつは「最高権力は、どの程度、絶対的、つまり、法の上にあるのか」を検証してホッブズを批判することだからである（Exam：10）。

（20） Tierney, *supra* note 12, p. 98.

（21） *Ibid.*, pp. 91-98. ビソルドはボダンの絶対主権論の批判者であった。Tierney, *ibid.*, p. 84.

（22） *Ibid.*, p. 87.

（23） *Ibid.*, pp. 96-97. フランクリンによると、物権的主権は、国王と人民のあいだで分有されるものであって、これらの協同者が決裂するときには、実力行使も容認される。フランクリン・前掲注（11）八九-九〇頁。

（24） フランクリンによると、物権的主権の概念を共同体と関連付けたところに、ロウスンのオリジナリティがあるとされるが、それは『聖俗統治論』においてである。フランクリン・前掲注（11）九〇-九四頁。

（25） この概念区分がホッブズ批判の文脈で直接言及されるのは以下のところである。Neither hath he［Hobbes］taken notice of the difference between Real and Personal Majesty；or of the Natural or Ethical subject of Supremacy, or of the exercise thereof by certain persons, and the constant inherency of it in a certain subject.（Exam：35）

（26）原文は以下のとおり。In all States we must distinguish between the constitution and the administration, or as others use to express themselves［Inter Statum & exercitium.］

（27）原文は以下のとおり。we must distinguish between the Sovereign for the Constitution, and the Sovereign for Administration.

（28）原文は以下のとおり。we must distinguish between power of constitution in constitution, and in administration；and also take special notice that there is no power which can govern without consent not only of man, but also and especially of God, who either in justice and severity, or in mercy does change and alter the Kingdoms of the world at will and pleasure.

（29）リチャード・バクスターは、ロウスンが methodical head をもち、政治学の学識において秀でていると述べて賞賛している。A. H. Maclean（1947）“George Lawson and John Locke”, 9 *Cambridge Historical Journal*, p. 72.

（30）Tierney, *supra* note 12., p. 87.

（31）Blythe, *supra* note 13.

（32）土橋茂樹「十三・十四世紀におけるアリストテレス『政治学』の受容」上智大学中世思想研究所編『中世の社会思想』創文社（一九九六年）一七三-二〇〇頁。これは、一三世紀におけるアリストテレス『政治学』復活の意義を認めつつも、それに劇的なインパクトを与える通説を批判する。

（33）A・P・ダントレーヴ『自然法』（久保正幡訳、一九六七年）岩波書店、第二章。

（34）Q. Skinner（2008）*Hobbes and Republican Liberty*, Cambridge U. P., p. 47.

（35）中世ないし近世のアリストテレス主義からのホッブズ批判をあつかったものとして、M. Goldie（1996）‘The Reception of Hobbes’, in J. H. Burns（ed.）*The Cambridge History of Political Thought 1450-1700*, Cambridge U. P., pp. 589-615.

（36）J. G. A. Pocock（1989）‘Civic Humanizm and Its Role in Anglo-American Thought’, in *Politics, Language, and Time*, The University of Chicago Press, pp. 80-103.

（37）*Ibid*., pp. 85-88.

（38）*Ibid*., pp. 90-91.

（39）ブライズは同書で主に一三世紀から一四世紀にかけての理論家をあつかっているが、それらは多様であり、中世アリストテレス政治学の特色は三つに限定されないであろう。ここではさし当たり、法の重視という点では、Thomas Aquinas、政治共同体の構成員の資格を広く捉えるという点では、John of Paris、政府と政治共同体の概念区分という点では、Nicole Oresme を念頭に置いている。Blythe, *supra* note 13, chaps. 3, 8, 12.

（40）Condren, *supra* note 13, pp. 96–98. フランクリンの批判によれば、コンドレンは、「市民」を理性的な少数者に限定し、人民全体の役割を過小評価しているとされる。これに対するコンドレンの応答は、理性的少数者と人民全体のあいだに代理関係を認めたうえで、この代理関係をレトリックの一種に還元し、理性的な少数者の法的ないし政治的責任を不問にしようとする。J. H. Franklin（1990）'Conal Condren, George Lawson's "Politica" and the English Revolution', 11 *History of Political Thought*, p. 539. C. Condren（1991）'Professor Franklin on George Lawson's "Politica" and the English Revolution–A Rejoinder', 12 *History of Political Thought*, p. 563.

（41）Condren, *supra* note 13, p. 98.

（42）M. Lobban（2007）*A History of the Philosophy of Law in the Common Law World, 1600–1900*, Springer, p. 66.

（43）ロウスンは、ホッブズのいわゆる法命令説を批判している。その典拠は、『ニコマコス倫理学』の第十巻第九章である。ロウスンはこの箇所を分析して実定法の八つの要素を析出する。①法はその内容じたいが正しいもの、つまり、「公共の善」を目的としていなければならない。②公共の善が何かということは、立法者の智恵と知性によって判定されるべきである。③こうして立法されたものは臣民に周知されなければならない。④法は、主権者が臣民を拘束する意思を伝える規律でなければならない。⑤法は、臣民の共同体全体を普遍的に拘束するものでなければならない。⑥法は実力の裏づけによって法的義務を強制する実効性をもたねばならない。⑦この実力の目的は、法を守るものを保護・賞賛し、法を破るものを処罰することである。⑧法による賞罰は、現世にとどまり、来世にはおよばない。

（44）「法の支配」は、じつはアリストテレス自身も説く。アリストテレスによると、権限をもつのが法律ではなく、多数者の意思であるような民主制では、一般的な法律が支配するのではなく、多数者の恣意が支配することになり、それはもはや、本来の民主制ではない。アリストテレス『政治学』（二〇〇一年、牛田徳子訳）京都大学学術出版会、一九四–一九五頁。

（45）J. P. Kenyon（1993）*The Stuart Constitution 1603–1688 Documents and commentary*, Second Edition, Cambridge U. P., p. 15.

（46）G. Burgess（1996）*Absolute Monarchy and The Stuart Constitution*, Yale University Press, p. 128.

（47）*Ibid*., 135.

（48）A. V. Dicey（1908）*Introduction to the Study of the Law of the Constitution*, 7th ed., Macmillan, pp. 191–2.

(49) 望月礼二郎「コモン・ロー考」『神奈川法学』第三〇巻第一号（一九九五年）五―六頁。また、「コモン・ローのシステムには不文法的法観念と法実証主義的観念という相矛盾する二つの要素が同居して今日にいたっている」ともいわれる。上掲論文一二頁。

(50) Burgess, *supra* note 46, 1996, pp. 134-135. おおむね同様な認識に立つのは、松井幸夫「一七世紀イングランド基本法観念の展開（1）――近代憲法観念生成についての一考察――」『法学論叢』九九巻五号、とくに六七頁以下。同論文は、歴史上の事件を通じて、「基本法」の観念が伝統志向を払拭していく過程を概観する。

(51) ポーコックの「古来の国制」論への批判の概要については、K. Sharpe（2000）*Remapping Early Modern England*, Cambridge U. P., p. 307-310.

(52) J. G. A. Pocock（1987）*The Ancient Constitution and the Feudal Law*, Cambridge U. P., p. 51.

(53) *Ibid.*, p. 156.

(54) J. P. Sommerville（1986）*Politics and Ideology in England 1603-1640*, Longman, pp. 89, 153-154.

(55) *Ibid.*, 80. サマヴィルの所論については、成澤孝人「イギリスにおける立憲民主政の起源？（1）――一七世紀憲法闘争再考――」『法研論集』八九号（一九九九年）二二一―二三二頁。

(56) Somerville, *ibid*. p. 89.

(57) *Ibid.*, p. 105.

(58) *Ibid.*, 106.

(59) Ch. W. Brooks（1998）*Lawyers, Litigation and English Society since 1450*, The Hambledon Press, pp. 216, 226-228.

(60) J. Greenberg（1989）'The Confessor's Laws and the Radical Face of the Ancient Constitution', 104 *English Historical Review*, pp. 611-637.

(61) C. C. Weston（1996）'England : ancient constitution and common law', in *The Cambridge Historical Thought 1450-1700*, J. H. Burns & M. Goldie（eds.）, Cambridge U. P., pp. 396-397.

(62) C. C. Weston（1965）*English Constitutional Theory and the House of Lords 1556-1832*, Columbia U. P., p. 31.

(63) *Ibid.*, pp. 25-26.

(64) C. C. Weston & J. R. Greenberg（1981）*Subjects and Sovereigns, The Grand Controversy over Legal Sovereignty in Stuart*

England, Cambridge U. P., pp. 1-7.

(65) Weston, *supra* note 61, p. 394.

(66) J. W. Tubbs (1998) 'Custom, Time and Reason : Early Seventeenth-Century Conceptions of the Common Law', 19 *History of Political Thought*, p. 406.

(67) *Ibid.*, p. 384.

(68) Burgess, *supra* note 7.

(69) G. Aylmer (1994) 'The English State Re-Visited', 7 *Journal of Historical Sociology*, p. 457 ; cf. W. B. Patterson (1994) 'Glenn Burgess, The Politics of the Ancient Constitution', 26 *Albion*, pp. 335-337.

(70) J. P. Sommerville (1986) 'History and Theory : the Norman Conquest in Early Stuart Political Thought', 34 *Political Studies*, pp. 249-261.

(71) M. A. Judson (1949) *The Crisis of the Constitution, An essay in constitutional and political thought in England 1603-1645*, Rutgers U. P., pp. 9-14.

(72) *Ibid.*, p. 53.

(73) Pocock, *supra* note 52, p. 39.

(74) Burgess, *supra* note 7, p. 4.

(75) Judson, *supra* note 71, p. 11.

(76) *Ibid.*, 96.

(77) Pocock, *supra* note 52, pp. 30-31.

(78) Burgess, *supra* note 7, pp. 11-18, 79-82.

(79) *Ibid.*, p. 82.

(80) J. W. Tubbs (2000) *The Common Law Mind, Medieval and Early Modern Conceptions*, The John Hopkins U. P., p. 130. 典拠は、*The Works in Verse and Prose, Including Hitherto Unpublished Manuscripts of Sir John Davies*, A. Grosart (ed.), Blackburn, 1869-76, vol. 2, pp. 251-2.

(81) Tubbs, *ibid.*, p. 154. これは、Dr. Bonham's Case (1610) での意見。この文章に続く部分は、「議会の制定法が共通の正義と理性（common right and reason）に反するばあい、あるいは、論理的に矛盾するばあい、あるいは、実行不可能なばあい、コモン・ローはその制定法を管轄下におき、無効であると判断する。」

(82) Pocock, *supra* note 52, p. 49.

(83) Burgess, *supra* note 46, p. 142.

(84) Judson, *supra* note 71, p. 56.

(85) Burgess, *supra* note 7, pp. 28-30.

(86) Pocock, *supra* note 52, p. 45.

(87) Burgess, *supra* note 7, p. 17. タブズも、コモン・ローが「歴史的進化」を遂げてきたことは多くのコモン・ロー法律家の信念であったという。Tubbs, *supra* note 80, p. 147.

(88) Burgess, *supra* note 7, p. 14.

(89) P. J. Croce（1995）*Science and Religion in the Era of William James : Eclipse of Certainty, 1820-1880*, The University of North Carolina Press, pp. 132-133.

(90) Burgess, *supra* note 7, p. 14.

(91) ヘドリィの「時の検証」が、変化する「慣習」と変化しない「自然法」を媒介し、慣習としてのコモン・ローを自然法と一致させると主張するのは、土井美徳「初期スチュアート期のコンスティチューショナリズム（二）――『古来の国制』論とコモン・ロー思想をめぐって」『早稲田政治公法研究』第五二号（一九九六年）。

(92) Tubbs, *supra* note 80, p. 150.

(93) Burgess, *supra* note 7, p. 86.

(94) *Ibid.*, pp. 30-37.

(95) *Ibid.*, p. 32.

(96) *Ibid.*, 37.

(97) *Ibid.*, pp. 52-53.

(98) *Ibid.*, 45 : Lobban, *supra* note 42, p. 14.

(99) Tubbs, *supra* note 80, p. 109.

（100） Tubbs, *supra* note 66, p. 393.
（101） *Ibid*., p. 384.
（102） Tubbs, *supra* note 80, p. 163.
（103） *Ibid*., pp. 159-160.
（104） Burgess, *supra* note 7, pp. 45-46. 典拠は、*The First Part of the Institutes of the Laws of England*, London, 1670, fol. 97 b.
（105） W. Blackstone（1966）*Commentaries on the Laws of England*. Book the First, London, Dawsons of Pall Mall, p. 70. 原著は一七六五年刊行。
（106） *Ibid*., p. 69.
（107） Th. Hobbes（2000）*Leviathan*, R. Tuck（ed.）, Cambridge U. P., p. 224 : J. Bentham（1928）*A Comment on the Commentaries : a criticism of William Blackstone's Commentaries on the Law of England*, Clarendon Press, pp. 188-189.
（108） Weston, *supra* note 61, pp. 387-388.
（109） 田中英夫編『英米法辞典』（一九九三年）東京大学出版会、六五九頁。
（110） Burgess, *supra* note 7, p. 68.
（111） *Ibid*.
（112） 同様な思考は、バークとブラックストンにもみられる。拙稿「一七世紀イングランドにおける『古来の国制』論――ジョージ・ローソンの憲法論を理解するために――」『香川大学法学部創設二十周年記念論文集』（二〇〇三年）成文堂、二七八-二八二頁。
（113） Burgess, *supra* note 7, p. 6. 典拠は、*Proceedings in Parliament 1610*, E. R. Foster（ed.）, New Haven, 1966, vol. 2, p. 191. このほか、古来の国制の機能を権力間にバランスをはかることであると論じるものとして、L. L. Peck（1996）'Kingship, counsel and law in early Stuart Britain', in *The Varieties of British Political Thought 1500-1800*, J. G. A. Pocock（ed.）, Cambridge U. P., pp. 94-95.
（114） Burgess, *supra* note 7, p. 167. クックもこの枠組みを受容している。石井幸三「コウクの法思想――イギリス近代法思想史研究（一）――」『阪大法学』第九二号（一九七四年）六七-六九頁。
（115） 田中・前掲注（109）九三頁。

(116) Burgess, *supra* note 7, pp. 141-142. 国王の違法な行為は無効とすべきだという「一般的理解」があり、これをバージェスは見逃しているのではないかという指摘もある。J. C. Malcolm (1999) 'Doing No Wrong: Law, Liberty, and the Constraint of Kings', 38 *Journal of British Studies*, p. 180.

(117) Tubbs, *supra* note 80, pp. 136-137. 典拠は、*A Complete Collection of State Trials*, London, 1809, vol. 2, p. 387. 引用文中、［ない］(not) の付加は多くの編者によって採用されている。Burgess, *supra* note 46, p. 82.

(118) Sommerville, supra note 54, pp. 103, 151-153. ベイト事件判決が国王の「主権」を表明したものとするLevackらへのバージェスの批判については、Burgess, *supra* note 7, pp. 165-166.

(119) もっとも、サマヴィルによれば、「古来の国制」論が敵対している初期スチュアート時代の「絶対主義的王制」の典型は、完全にフリーハンドのホッブズ的なそれではなく、何らかの制約を前提にしたものである。J. P. Sommerville (1996) 'English and European Political Ideas in the Ealry Seventeenth Century: Revisionism and the Case of Absolutism', 35 *Journal of British Studies*, pp. 168-194. そうだとすれば、王権の二重論も、そうした制約のひとつと理解することができよう。

(120) Sommerville, *supra* note 54, p. 260.

(121) Burgess, *supra* note 7, pp. 98-99.

(122) ここで注意したいのは、「国王によって創造された立憲王制」というタイプの「古来の国制」論があったというクリスチャンスンの指摘である。彼は、バージェスはこのタイプの議論を見逃していると指摘している。P. Christianson (1996) *Discourse on History, Law, and Government in the Public Career of John Selden 1610-1635*, University of Toronto Press, pp. 315-316, n. 70.

(123) P. Christianson (1993) 'Ancient Constitution in the Age of Sir Edward Coke and John Selden', in *The Roots of Liberty: Magna Carta, Ancient Constitution, and the Anglo-American Tradition of Rule of Law*, E. Sandoz (ed.), University of Missouri Press, pp. 102-104.

(124) *Ibid.*, p. 99. バージェスは、議会がコモン・ローを変更する権限をもっていたとするが、そうした変更は、アリストテレスに由来する「政治的賢慮」によって抑制されていたという。Burgess, *supra* note 7, p. 27.

(125) Pocock, *supra* note 52, pp. 306-307.

(126) C. C. Weston (1993) 'Diverse Viewpoints on Ancient Constitutionalism', in *The Roots of Liberty: Magna Carta, Ancient*

Constitution, and the Anglo-American Tradition of Rule of Law, E. Sandoz（ed.）, University of Missouri Press, pp. 245-246.

(127) Burgess, *supra* note 7, p. 58.

(128) *Ibid*., p. 66. セルデンは、サクソン民族のもとで、議会の原型である Wittena gemotes とともに、国王と家臣とのあいだに封建関係が成立したという。*Ibid*., p. 65.

(129) Christianson, *supra* note 122, p. 17.

(130) J. Selden（1683）*The Reverse or back-face of the English Janus*, London, p. 127.

(131) Christianson, *supra* note 123, p. 115.

(132) Judson, *supra* note 71, pp. 86-87.

(133) ホッブズは、「理性に反するおこないは、それがどれほど頻繁に繰り返されようと、また、どれほど多くの先例があろうと、理性に反していることに変わりはない」という。*The English Works of Thomas Hobbes of Malmesbury*, 2nd reprint, 1966, Scientia Verlag Aalen, Germany, vol. iv, p. 108. しかし、ホッブズのばあい、慣習の合理性に関する判断は、立法者の仕事だといわれるから、ロウスンの考えかたとはまったくちがう。T. Hobbes（2000）*Leviathan*, R. Tuck（ed.）, Cambridge U. P., pp. 184-5.

(134) R. Filmer（1652）*Observations Concerning the Originall of Government, upon Mr. Hobs Leviathan, Mr. Milton against Salmasius, H. Grotius De Jure Belli*. 本文は *Early Responses to Hobbes*（1996）Routledge/Thoemmes Press の Lawson の巻に所収。

(135) *Ibid*., pp. 33-34. cf. Lobban, *supra* note 42, pp. 62-3.

(136) Filmer, *ibid*., p. 50.

(137) *Ibid*., p. 31.

(138) 拙稿「自然法論における伝統と近代」『リバタリアニズムと法理論』（法哲学年報二〇〇四、二〇〇五年）有斐閣、一八一–一八八頁参照。

(139) 「中世の論者は dominium という語を統治権と所有権の両方を意味するものとして用いた。したがって、dominium の起源に関する典型的議論では、統治権と所有権というふたつの権利は、同じ源泉から生じる力としてあつかわれた。」Tierney, *supra* note 3, p. 171.

(140) ロウスンは、dominion が所有と統治という二重の意味をもつことから、人間に対する神の支配をも説明している。(Exam : 150-151)

(141) エドマンド・バーク『フランス革命の省察』(半澤孝麿訳、一九九七年) みすず書房、一一三頁。

(142) Pocock, *supra* note 52, pp. 121-123. また、スペルマンの封建制についての考察が歴史意識に影響を与えるのは一六七五年以降であるともいわれる。

(143) Burgess, *supra* note 7, p. 65.

(144) O. W. Holmes Jr. (1881) *The Common Law*, Macmillan & Co., p. 238.

(145) これは、年書 (ヘンリ六世) 第一九判決。A・V・ダイシー『憲法序説』(伊藤正巳・田島裕訳、一九八三年) 学陽書房、一七五頁参照。

(146) J. Whitehall (1680) *Behemoth Arraign'd : or, A Vindication of Property against a Fanatical Pamphlet stiled Behemoth : or, the History of the Civil Wars of England, from 1640-1660*, London, p. 71.

(147) ここでは、ブライズにしたがい、「混合国制」の語を用いるが、ロウスン自身は、mixed commonwealths, mixed state, mixed sovereignty, mixture という語を用いている。

(148) Weston, *supra* note 62, p. 16.

(149) Weston & Greenberg, *supra* note 64, pp. 38-39.

(150) *Ibid.*, pp. 44-45.

(151) J. G. A. Pocock and Gordon F. Schochet (1996) 'Interregnum and Restoration', in *The Varieties of British Political Thought 1500-1800*, edited by J. G. A. Pocock, Cambridge U. P., p. 154 ; Lobban, *supra* note 42, pp. 73-4.

(152) Weston, *supra* note 62, p. 45. パーカーは、国王の信託違反を判定するのは共同体全体であるとしながら、けっきょく、共同体を代表する議会に絶対的権力を与えた。Lobban, *ibid.*, pp. 74-77. そこには、共同体の議会に対する優位はみられない。

(153) 日本イギリス哲学会編『イギリス哲学・思想事典』(二〇〇七年) 研究社、一八七-八頁。

(154) Blythe, *supra* note 13, p. 26.

(155) *Ibid.*, p. 27.

(156) Pocock, *supra* note 52, p. 310.

(157) Kenyon, *supra* note 45, p. 296.

(158) ストラフォードの弾劾については、Kenyon, *ibid.*, pp. 191-197. Ship money 違法の判決については、*The Constitutional Documents of Puritan Revolution 1625-1660*, 3rd ed. revised, S. R. Gardiner (ed.), Clarendon Press, 1947, pp. 189-192.

(159) Weston & Greenberg, *supra* note 64, p. 21.

(160) たとえば、ヘンリ八世が遺言による王位継承を立法化しようとしたことに関連して、「いかなる権力が国王あるいは議会の手に、そうする権利もないのに事実上 (de facto, and not de jure)、握られて行使されようとも、これを考察して先例としてあげる論者も、あるいはいるかもしれないが、しかしそのような例は無益である。」(Exam : 42) といわれる。

(161) この書物は一六四二年と一六四六年に英語に翻訳され、後にジョン・ロックもブラクトン、フォーテスキューとともに言及している。この『正義の鑑』はクックによって権威的な法文献にまで高められたとされる。深尾裕造「フォーテスキュとブルータス伝説――忘れられたイングランド國制起源論――」『法と政治』五一巻一号(二〇〇〇年)二四六-二四九頁。また、Klinger, S. L. (1952) *Goths in England*, Harvard に『鑑』の影響の考察がある。

(162) 賢人会議は、アングロ・サクソン時代の国王の諮問機関で、ノルマン征服後は、直臣会議の curia regis に変わったとされる。田中・前掲注(109)九一四頁。

(163) このラテン文は、一六四二年一一月の「宣言」に出てくるが、首長の名による国王の裁きを正当化するばあい、プリンの用法に、カウンティの名による裁きを正当化するばあい、バグショウの用法に沿った解釈といえよう。Weston & Greenberg, *supra* note 64, pp. 63-64, 75-76.

(164) このテーゼは、ローマ法起源のものである。Tierney, *supra* note 12, p. 80。このラテン文の命題は、教会統治にも適用されている (Politica : 167)。

(165) "a community is one person moral by fiction of law" (Exam : 21)

(166) 一四世紀、フランシスコ修道会は、所有権ではない「単なる使用」によって清貧生活を営めると主張し、現世の私有財産制度を否定するラディカルな態度をとった。いっぽう、教皇ジョン二二世は、私有財産制度は神が作ったものであるとして、修道会側を批判した。オッカムは、教皇を批判する立場から、「単なる使用」は、私有財産制度以前の「自然権」であると論じた。このようなオッカムの議論は、一二世紀以来の教会法学の所産であった。Tierney, *supra* note 3, Chapter Ⅵ.

(167) A. Smith (1982) *Lectures on Jurisprudence*, R. L. Meek et als. (eds.), Liberty Classics, p. 425.

(168) B. Worden (1985) "Providence and Politics in Cromwellian England", 109 *Past & Present*, pp. 58–60.
(169) K. Sharpe, *supra* note 51, p. 195.
(170) Worden, *supra* note 168, p. 92.
(171) A. Sharp, *supra* note 2, p. 120.
(172) *Encyclopedia of Religion and Ethics* (ed. James Hastings), vol. X, Edinburgh, 1918, p. 415.
(173) *Ibid.*
(174) M. Todd (1986) "Providence, Chance and the New Science in Early Stuart Cambridge", 29 *The Historical Journal*, p. 702.
(175) K. Thomas (1978) *Religion and the Decline of Magic*, Penguin Books, pp. 125–6.
(176) A. Smith (1984) *The Theory of Moral Sentiments*, D. D. Raphael et A. L. Macfie (eds.), Liberty Fund, p. 166. 田中正司『アダム・スミスの自然神学』(一九九三年) 御茶の水書房、一五九頁以下参照。
(177) Hobbes (1998) *On the Citizen*, R. Tuck & M. Silverthorne (eds.), Cambridge U. P., pp. 142–3.
(178) イギリスにおける「正統派ピューリタニズム」の予定説は、カルヴァンのそれとは異なり、救済において人間の意志的努力が奏功するとされた。大西晴樹『イギリス革命のセクト運動』(増補改訂版、二〇〇〇年) 御茶の水書房、第一章。また、エラスムスは自由を人間の意志力と定義し、この自由の行使のあり方が、神から救済を受ける条件になるという。A. Poppi (2000) "Fate, Fortune, Providence and Human Freedom", in Ch. B. Schmitt et Q. Skinner (eds.) *The Cambridge History of Renaissance Philosophy*, Cambridge U. P., pp. 661-2. 今中・前掲注 (11) 七七–八四頁。
(179) 神の自己拘束という考えは、イギリス国教会の多くの聖職者が支持していた。J. Parkin (2007) *Taming the Leviathan*, Cambridge U. P., p. 48.
(180) このようなロウスンの考え方は、神の「統治」を物権的基礎によって説明するグロティウスに近いように思われる。山田園子「普遍しょく罪説とイギリス革命 (六)」『島大法学』第三七巻三号三七–三八頁。
(181) 『検討』と同じ年に出版された書物につぎのような記述がある。「神が摂理として示した意思を実行するさい、神が根本的規範として示した意思から逸脱してはならない。というのは、あなたがたの行動の準則は、摂理ではなく、ことばだからである。ことばなき摂理は、疑いの余地があり、ことばに反する摂理は、危険である」。Worden, *supra* note 168, p. 91. 典拠は、Thomas Jacomb (1657) *The Active and Publick Spirit*, London, p. 45. Jacomb は、摂理の思想が急進化することを危惧しているようにみえるが、いっぽう、ロウスンは、摂理の思想に急進性と保守性の両面をみている。

(182) 自然状態論と社会契約概念は、スアレスなどジェズイットの理論家では結びついていないという指摘がある。H. Hoepfl (2004) *Jesuit Political Thought The Society of Jesus and the State, c. 1540–1630*, Cambridge U. P., pp. 231–232.

(183) G. Burgess (1986) "Usurpation, Obligation and Obedience in the Thought of the Engagement Controversy", 29 *The Historical Journal*, pp. 515–536.

(184) W. Paley (1806) *The Principles of Moral and Political Philosophy*, the 16th ed., vol. 2, London, p. 155.

(185) *Ibid.*, pp. 155–6.

(186) このような自由の観念は、一七世紀イングランドにおいては通説であった。Skinner, *supra* note 34, pp. 27–34.

(187) Paley, *supra* note 184, p. 162.

(188) *Ibid.*, p. 163.

(189) キリストの贖罪の意味については、それが万人の救済を約束する普遍的なものであるか、それとも、神によって選ばれた人たちだけの救済を約束する限定的なものであるかをめぐり、対立があった。イングランド教会は、両者を折衷した「仮定的普遍贖罪説」であった。山田園子「普遍しょく罪説とイギリス革命（七）」『島大法学』第三七巻四号二〇七–二四四頁。

(190) John Grote (1870) *An Examination of the Utilitarian Philosophy*, ed. by J. B. Mayor, Cambridge, p. 239–240. 一九世紀になると、ペイリーの道徳哲学にふくまれる自由意思、利己的個人主義の要素に批判が向けられ、その影響力は一九世紀半ばには失われた。とくに、歴史の展開原理として摂理に代わる議論を説いたダーウィンの『種の起源』（一八五九年）は、ペイリーの思想に決定的な打撃を与えた。P. Searby (1997) *A History of the University of Cambridge, Volume 3, 1750–1870*, Cambridge U. P., pp. 311–313.

(191) バプティストは一七世紀にイギリスで発生し、「良心の自由」と「国家と教会の分離」を主張したプロテスタントの教派。日本イギリス哲学会編・前掲注（153）四二四–五頁。

(192) 原文は以下のとおり。the church and state are two distinct common-wealths, the one spiritual, the other temporal, though they consist of the same persons (Exam：139)

(193) J. Godolphin (1687) *Repertorium CANONICUM：or, an Abridgment of the ecclesiastical laws of this realm, consistent with the temporal：wherein the most material points relating to such Persons and Things as come within the Cognizance thereof, are*

succinctly treated, 3rd ed., London, pp. 629-630.

（194）*Ibid*., p. 629.

（195）ロウスンは、教会の権力を以下の四つに分類する。神の普遍的権力、キリストの霊的な権力、キリストから委任された（delegated）普遍教会の権力、個別教会に信託された（trusted）権力（Exam : 200）。ちなみに、普遍的教会と個別的教会との関係についてロウスンは、前者を「実体」matter、後者を「形式」form であるとし、人は個別的教会の構成員である前に、まず普遍的教会の構成員である（実体は形式に先行する）という（Politica : 36-37）。また、「人が或るキリスト教社会の構成員でありうるには、それに先立ってキリスト者でなければならないことは論理必然だ」（Politica : 36）ともいう。

（196）コンドレンは、世俗国家の統治形態と教会の統治形態は、その非対称性にもかかわらず、共同体の利益を図るという点で同一の原理にたつという。Condren, *supra* note 13, pp. 47, 49. それは、「信託」の法理であるともいえるが、受益者はいずれのばあいも「共同体」であるとしても、信託設定者がだれかという点で、国家と教会ではちがってくるであろう。

（197）ジョン・ロック『統治論　第二篇――政府について――』（鈴木秀勇訳）、『世界大思想全集　哲学・文芸思想篇　8』河出書房（一九五五年）所収、一八六頁。

（198）上掲書一九九頁。ロウスンとロックの相違について、愛敬・前掲注（5）一九〇-二〇〇頁。ロックの理神論的側面について、L・スティーヴン『十八世紀イギリス思想史上』（一九八五年、中野好之訳）筑摩書房、一〇四-一一二頁。

第三章　一九世紀イングランドにおけるホッブズ再生の一背景

一　はじめに

ホッブズ全集が刊行されたのは、選挙権が拡大され、世論の影響力が強まる時期であった。本章は、トマス・ホッブズの思想が一九世紀のイングランドで再生した背景を、哲学的急進派と出版市場のありかたに着目して論じる。一九世紀のイングランドにおけるホッブズの再生には、議会制度の民主化を推進した哲学的急進派とよばれる知識人が関与していた。ヒナントによると、彼らによるホッブズの再生は、一過性のものではなく、その点で最初のものであった[1]。ジェイムズ・ミル、ジョン・オースティン、J・F・スティーヴン、フレデリック・ポロックなどが、ホッブズから大きな影響を受けたといわれる[2]。

とりわけ、主権理論についてホッブズの影響は大きく、ジェイムズ・ブライスによれば、主権理論は「ホッブズによって開始され、ジェレミー・ベンサムによってくり返され、ジョン・オースティンによって延々と陳述され、一九世紀の初めからほぼ七十五年間にわたりイングランドではかなり受けいれられた[3]」とされる。

また、これとはちがう影響のかたちもあった。J・F・スティーヴンは、ホッブズの説く自然状態＝無政府状態が自由の別名であり、この自由に任せることによって解決される問題もあるという[4]。スティーヴンによると、このような無政府状態には社会が存在しうるのに、ホッブズはそこに戦争状態をみてこれを常に敵視した[5]。スティーヴンのこうした立論には、自由放任主義への支持が現れている。[6]

さて、一九世紀前半、それまでホッブズの思想に封印をしてきた状況に変化があらわれたとき、ホッブズ全集は刊行された。しかし、一九世紀後半、この出版事業を支持した哲学的急進派の思想は、理想主義の立場から批判される。[7]これらの点について、第二節で、グロート兄弟の所論を中心に考察する。

ところで、ホッブズの再生が持続的な力をもつには、それを支持する読者の存在が不可欠である。たとえば、スティーヴンのホッブズ論は、評論雑誌に掲載されたが、読者に知識を伝える媒体や出版市場のありかたも、ホッブズの再生にとって重要な要素であったと思われる。[8]第三節では、ホッブズ全集がだされた当時の出版市場に目をむけ、ギルドの独占的支配と自由放任主義の対立を描き、また、ジャーナリズムの発展とともに思想が断片的な情報に変化していく点を指摘する。

二　ホッブズの思想への封印

ホッブズの思想の復活に積極的な役割を果たしたのは、ジョージ・グロートおよびその助言を受けてホッブズ全集を編纂したサー・ウィリアム・モールズワースである。[9]モールズワースは、政治家として閣僚の経験をもち、同時に、当時のリベラルな評論誌『ロンドン・レヴュー』を所有して、その編集にもかかわり、哲学的急進派と親交をもった。[10]

本節では、グロートがこのホッブズ全集のために書いた新刊紹介の文章をとりあげたい。グロートは、古代ギリシャ史を専門とする歴史家であったが、ロンドン旧市街の自宅を開放してベンサムやジェイムズ・ミルなどとともに哲学的急進派のひとりとして議論に参加していた。[11] モールズワースは、ホッブズ全集をグロートにささげ、その第一巻の冒頭にかかげた献辞のなかで、グロートの参加していたこの知的サークルにも謝辞を述べている。ホッブズの思想の再生の背後には、こうした特定の知的傾向をもった人びとがいた。彼らは、個人の自由・平等、特権階級の排絶を主張し、民主化運動を推進した。[12]

1　ジョージ・グロートの視角

モールズワース編纂のホッブズ全集がだされるまで、ホッブズの著作は希少であった。ホッブズの死後にだされた著作集として一七五〇年のフォリオ版（約縦五〇センチ横三〇センチの大型製本）があるが、この版の数はすくなく高価で入手がむずかしいとされる。それゆえ、一般の読者がホッブズの思想にふれる機会は、モールズワース版の出現までなかった。出版元のジョン・ボーンがだしたカタログには、「この真に偉大な作家の作品は、この上もなく有能な目利きによって最高の評価を受けているけれども、全集版は存在せず、単行本の作品は、一般読者の財布ではとても買えない」とある。[13] また、ホッブズについてのまとまった研究としては、ロバートスンの『ホッブズ』（一八八六年）を待たなくてはならなかった。[14]

こうした状況においてホッブズ全集の刊行は企画された。その第一巻『物体論』がだされたとき、グロートは、この企画を高く評価し、その意義について一文を書いた。[15]

グロートはこの論文で、ホッブズに対する聖職者の非難を問題にしている。聖職者は、すくなくとも一八七〇年頃まで教育システムの主たる担い手であった。[16] グロートは、聖職者が意図的にホッブズのテキストを教育システムから追放したと考えた。[17]

それでは、ホッブズの思想のどのような点が聖職者の反発を招いたのだろうか。以下で順次説明していくように、グロートは四点をあげている。もっとも、これら四点はグロートの新説ではなく、ホッブズの生きていた当時から指摘されている。[18]ここで重要なのは、グロートの指摘した点にモールズワース版が刊行されるにいたった理由、さらには、ホッブズの思想が再生した一般的な理由がそこに示唆されているということである。

聖職者の反発を招いたとしてグロートがあげる第一点は、ホッブズが教会権力を国家権力の下に従属させたということである。[19]これはホッブズのいわゆる主権理論の特質のひとつである。一六世紀の宗教改革ではローマ教皇の権力が否定され、そこへの上訴も禁止された。ホッブズの主権理論は、そうした宗教改革の流れをふまえつつ、宗教そのものがもつ政治性あるいは権力志向を暴露した。そのため、ホッブズの理論は、カトリックのみならず、イングランド国教会からも批判された。[20]

第二点は、ホッブズが聖職者を大学の教師としてふさわしくないことを明らかにしたことである。[21]この点についてグロートは、具体的にどのようなことをホッブズが述べているのかを示していない。しかし、ホッブズが、大学を世俗化すべきだと考えていたことはたしかである。聖職者が大学を支配しているかぎり、そこでは国王の法律よりも神の法が優先され、さらにそういう教育を受けた者により教会優位の教義が流布されることになる。この意味でホッブズは、大学が反乱の中核であるといっている。[22]

第三点は、ホッブズが個人の平等を説き、すべての特権的な階層あるいは団体を否定したことである。[23]これは、聖職者という宗教世界の特権階層だけではなく、法曹集団などにもあてはまる議論である。ここで問題にされているのは、基本的な人間関係のありかたである。ホッブズは、国家理論を個人と個人の闘争という自然状態からはじめ、個人間の契約の結果できた国家を一種の虚構と理解した。これに対して古くからある共同体的な団体は、その内部に伝統や身分秩序を温存し、個人を団体の内部に有機的に組みこんでいた。ホッブズは、絶対的権力の必要性を説き、その権力の形成過程において、個人を団体から引きはなし、国家権力の直接的なつくり手にした。

第四点は、ホッブズが人間の自然本性の利己的な側面を力説したことである。このような主張によって「人類の尊厳がそこなわれた」とされる。[24] ホッブズの「人間は人間に対して狼である」という見解は、キリスト教における隣人愛と対立する。

2　世俗化と民主化

上記のような諸点においてホッブズの思想は反発を受けてきたが、一九世紀にいたってホッブズの思想に適合的な社会状況が現われはじめた。そこに、ホッブズ全集が新たに編纂された時代背景を見ることができる。以下では上記の四点に対応させて、一八二〇年代から一八三〇年代にかけての社会状況を見る。

まず、第一の国家権力の優位、逆からいえば、教会権力の従属性については、教会裁判所の管轄権の見なおしがあげられる。国教会にあって国会に相当する教会会議は一八五二年まで約百五十年間にわたってその機能を停止していた。国教会の権力の一部は、教会裁判所をつうじて行使されていた。[25] 一六四一年にその管轄権が一時廃止されるまで、教会裁判所は、独自の法伝統を維持しながら活動を継続していた。[26] しかし、その後、教会裁判所の活動は衰退し、けっきょく、一八七〇年までには、ほとんどの管轄権を教会裁判所は失う。[27] 一八二〇年から一八三〇年のあいだについていえば、十分の一税が管轄事項ではなくなった。

こうした事情から、教会裁判所の管轄権を再考する王立委員会が設置され、一八三二年に報告書がだされた。[28] この委員会は、教会裁判所の数、裁判官の俸給、訴訟の種類と件数などを調査したのちさまざまな提言をしたが、なかでも重要なのは、裁判機構の改革に関するものであろう。同委員会は、教会裁判における最終の裁判所をヘンリ八世以来の授権裁判所から枢密院に変更すべきであるという提言、また、特別教区裁判所を全廃すべきであるという提言をしている。[29] 前者の提言は、一八五〇年頃から教義ないし典礼の正統性をめぐる訴訟というかたちで顕在化する国家と教会の対立の遠因である。[30] また、後者の提言は、中世的遺制を全廃し、裁判機構を近代化するという意味をもっており、大きくみれば最高法院法（一八七三年、一八七五年）の成立へと連なる動きであるといえよう。

つぎに、聖職者の反発を招いた理由としてグロートがあげる第二の点、ホッブズの大学批判に目をむけてみよう。グロートがホッブズの大学批判に注目し、それに反発した聖職者によってホッブズがイングランドの教育システムから排除されたと考える理由は、ホッブズの思想と大学の伝統的なカリキュラムとの不整合にあるように思われる。中世からつづく大学は聖職者の養成を担っており、一九世紀においても、そうした伝統的性格は残っていた。[31]

また、ホッブズの大学批判がグロートの目を引いた理由は、グロート自身がロンドン大学のユニヴァーシティ・カレッジの創設に深くかかわったこととも無縁ではないと思われる。このカレッジは、宗教的影響を排除しようとした大学であり、この点でイングランドの高等教育のありかたに大きな変化をもたらした。そうした世俗的性格を示すひとつのエピソードがある。同カレッジの哲学講座の教授職は、いかなる宗派の聖職者にも開かれるべきではないというグロートの主張により、同講座が空席のままユニヴァーシティ・カレッジは一八二八年開校した。[32] また、グロートが遺言によって創設した「心理学・論理学」の教授職は、いかなる宗教の司祭もその候補者として承認しないという性格のものであった。[33] ちなみに、前記『ホッブズ』を著したロバートスンはこのポストについていた。

つぎに、グロートのあげる第三の点、ホッブズが個人の平等を説き、伝統的団体の自律性を弱めたことに目をむけてみよう。すでにふれたように、ホッブズの自然状態における人間関係は、個人の拮抗・対立であり、そこには団体が自明のものとして存在する余地はない。存在するのは個人だけであり、各人をつなぐきずなは、これから作りあげられるべきものであり、所与のものではない。

こうした主張にふくまれる平等論をとりあげてそれをホッブズ不評の一因とした裏には、グロート自身の政治的主張があった。

グロートは一八三一年に議会改革についての論文をだしているが、そこでの論旨のひとつが個人間の平等である。(34) グロートは、社会全体の一般的な利益を中小の利益団体が阻害しているとし、そうした利益団体の影響力がなくなるほどに選挙権者の母体を拡大すべきであると主張する。そして、投票にさいしては、利益団体による私的な圧力がかからぬよう秘密投票にすべきであるとも主張する。これは、投票が純然たる個人の判断と責任においておこなわれることをねらったものであり、個人の平等という理念に適合する。しかし、一八三二年に成立した選挙制度改革法（国民代表法）は中流市民に選挙権を解放しただけで普通選挙にはまだほど遠いものであった。

さいごに、グロートがあげた第四の点、ホッブズが人間の自然本性の野獣的側面を力説したことにふれよう。ホッブズは、自己保存あるいは利己心の要求を人間の行動の中核においた。この主張はキリスト教的慈愛と対立するものであった。

こうした人間理解のためにホッブズの思想は、イングランドの教育システムから排除されることになったが、グロートはこうしたホッブズ批判を不当なものであると主張した。グロートによると、ホッブズが描く人間は、国家設立契約の締結の是非について功利の原理に照らし、みずからの理性によって判断する。グロートは、ホッブズが主体的・理性的な個人を描いたのであり、それはけっして人類の尊厳を傷つけるものではなく、むしろ人間の知性を表現していると反論する。

このように、グロートは、知性の概念を世俗化し、いままで聖職者や政治家から野卑であると軽蔑されていた一般民衆を知性的であるという。このように世界をひっくり返して見るというのは、ホッブズの手法でもあるが、それはたんなる空想ではなく、それに対応する現実が論者たちに洞察されていた。

グロートは、来たる一八三二年の選挙改革法をまえに革命の気配を感じていた。そして、一八三二年に先だつ約四十年のあいだに、ジャーナリズムの発達によって一般民衆にも政治的情報がゆきわたり、ひと握りの人間による政治的知識・感情の独占はくずれていると指摘した。[35] ピュリタン革命を経験したホッブズにしても、契約によって人間がつくる国家を「衰え死ぬ神」といい、また、「神の法」を、万人が自己保存原理から導きだしうる「自然法」と同一視することで、天上の国と地上の国を転倒させた。

ホッブズと哲学的急進派に批判的な論者は、つぎのようにいっている。「彼ら［哲学的急進派］は『良き統治を実現する手段は知性である』という点でホッブズに同意する。しかしそれは、教養ある階層の声を無教養な一票の支離滅裂な叫びによってかき消すことなのである[36]」。（［　］は引用者）

このように、ホッブズ全集が編集された背景には、世俗化と民主化の進行という社会状況があり、ホッブズの思想は、社会の革命的な気分を助長する要素をふくんでいた。ホッブズが説いた主権の絶対性は、一見すると革命あるいは無政府主義に対立するようにみえるが、その根底にある哲学は、従来の秩序、とりわけ、キリスト教的な秩序を切りくずす要素をもっていた。

モールズワースの編集が完結したとき、ある論者は、キリスト教的秩序を擁護する立場から、編者の企画を批判した。この批判のなかで論者は、ホッブズの唯名論は人間を不確実で流転きわまりない「夢の世界」におき、ホッブズの唯物論は、人間を工場の製作機械およびその作動原理である「法則」に隷属させると指摘した。[37]「夢の世界」にも「法則」の世界にも神が不在であるという点で、ホッブズの哲学はキリスト教的秩序に対する挑戦であると受けとめられた。もとより、こうした批判は一七世紀にもあり、この論者がホッブズの哲学に時代を超える性格をみとめたこともうなずける。すなわち、「『リヴァイアサン』は、その内容ゆえに、いかなる特定の時代にも属さない。それは、品位を欠く誤った仮定を基礎にしているとはいえ、アプリオリに社会秩序を構築しようという試みであり、社会主義者［ロバート・オウエン］の『新しい道徳世界』あるいはプラトンの『国家篇』と同様に、まさしく理念的なものである。」（［　］は引用者[38]）

3 ジョン・グロートのミル批判

以上のように、ホッブズ全集の刊行には、ジョージ・グロートのような哲学的急進派と呼ばれる人たちがかかわっていたのであるが、これに反対する立場からは、その刊行は歓迎されないものだった。モールズワース自身、一八四五年の国政選挙に立候補したとき、ホッブズ全集を編集したことが、対立候補から利用され、「ノー・ホッブズ」と攻撃された。編者もホッブズと同じように、信仰に欠け、専制政治を好むという言いがかりをつけられたのである[39]。

以下では、哲学的急進派に反対するひとつの哲学的立場を紹介する。ここでは、ジョン・グロートのJ・S・ミル批判をとりあげる。ジョン・グロートは、すでにみたジョージ・グロートの十九歳下の弟である。彼は、ケンブリッジ市郊外の教会区の牧師であり、一八五五年から一八六六年までケンブリッジ大学の道徳哲学講座の教授職にあった。彼はその死後グロート・クラブと呼ばれるようになる知的サークルの中心人物でもあった[40]。

ジョン・グロート（以下、兄と区別するためジョンと表記）は、一九世紀後半のイギリス理想主義の源流に位置する[41]。ギビンズによると、イギリス理想主義は、「社会的自己」を発達させることを人生の究極目的であると説き、功利主義と対立した[42]。ジョンにおける「社会的自己」はつぎのように語られている。

> 理性は知的な面において人間を相互に結びつける。妙な言い方かもしれないが、人間を非個人化する（deindividualize）といってよい。これに応じて真理は共有され、そのかぎりで相互の心は同化される。だが、誤りは個人のものである。知性について言えることは、道徳についてもまったく同様にいえる。徳性の成長は、徐々に行動の目的について人間を非個人化する。つまり、私的な目的を共通の目的と取り替え、個人の利益が本当に消滅してしまうほどに同感作用を推しすすめる。理性は万人にとって同一であり、理性の原理を道徳に適用することにより、自我（self）の概念は消滅する

（傍点部は引用者）[43]。

ジョンによると、「人間はその自由意思、理性、想像力をもつがゆえに行動の理想を形成」し、倫理学は、「人類の行動にとっての最良の理想」を探求する学問である[44]。また、倫理学は、経験科学とは異なり、「いま存在するもの（what is present）を超えていく概念」、「わたしたちがしなければならないこと」（what we ought to do）、「理想の領分に属する概念」を呈示するものであるともいわれる[45]。

ジョンは、このようなカント的二元論から功利主義を批判する。ジョンによると、道徳的原理は、当為の世界に属するもので直観的に把握され、事実の世界を観察することによって導きだされるのではない。これに対して、功利主義は、快楽の多寡という経験的事実に基づいて道徳的原理を実証的に示してみせる。ただし、ミルの功利主義は、「理想主義的」であり、カントの道徳原理などとも対立しないであろうといわれている[46]。

さらに、ジョンによれば、法概念の中心にあるのは、ホッブズやオースティンが説く命令理論の強制的要素ではない。「法に服する人びとは、おたがいに行動をとるとき、その理性と同意をつうじておおむね一致する方式に従うことを承認する（recognition）」[47]。「法は、社会の公的理性である」[48]。ジョンは、法に服する側の承認、参加、あるいは、「同意」、「同感」を強調する[49]。

ところが、ミルは、法命令説を受けいれたうえで、そこから「あるべき法」の観念が派生すると論じた[50]。そこにジョンは、矛盾を見いだした。「ミル氏は、自分のホッブズ主義を超克しようとし、また、彼がそうしなければならないのは当然であるけれども、しかし、彼がそれを論理的におこなうことができるとはわたしは思わない[51]」

ここに示されるジョンの法概念は、神学上の著作 *Essays and Reviews*（1860）をめぐる教会裁判への批判に現れている。同書はイングランド国教会の教義に反するという理由で告発され、アーチ裁判所は著者を有罪として一年間の聖職禄停止を命じた[52]。アーチ裁判所は、陪審を用いず、また、その裁判官は教会法の実務家であって、神学者ではなかった。ジョンは、教会裁判所の裁判官が国教会の宗教箇条に非神学的な解釈を施して、それを法的に強制したことに強く反対し、教会裁判所がおこなうこうした神学的意見の審査を「検閲」と呼んで批判した[53]。ジョンからみると、その手続には、教会や聖職者が参加しえず、その「法」は、承認しえないものであった。「わたしたちの神学上の相違は、法律家を介することなく、わたしたち自身で解決しよう。そして、わたしたちが間違っていると考える教説の非を明らかにしてその信頼性を否定しようと試みるときには、現世的な刑罰とはちがったやりかたをしよう[54]。」

三　テキストの出現と出版市場

以上のように、ホッブズ全集刊行の背景には、ホッブズの思想にみずからの理想を見いだしたジョージ・グロートのような改革推進者がいたのであるが、思想の再生とは、即物的にいえば、著作が市場で売買されたということである。ホッブズの影響も、このことなしには不可能であった。

一八世紀には、ホッブズはロックにとってかわられ、その思想は忘却されていた[55]。ロックの著作集は一八〇一年に十版を、また、『人間悟性論』は一八〇五年に二十一版を数え、その後もそれぞれ版を重ねていった[56]。こうした状況において、ホッブズの思想がふたたび影響力を取りもどすには、市場をつうじてその著作を容易に入手できることが不可欠である。そのための条件は、一八世紀末から一九世紀前半において急速にととのいつつあり、この事情を無視してはホッブズの再生を理解することはできないであろう。

一九世紀イングランドにおけるホッブズの影響を理解するうえで、その思想内容と時代の対応関係もさることながら、出版市場における自由放任の傾向とその延長線上にあるジャーナリズムの発達を無視することはできない。

たとえば、スティーヴンのホッブズに関する論文は、『土曜評論』という雑誌に、また、ホッブズの思想を色濃く反映しているといわれる彼の『自由・平等・博愛』も、もとは『ポール・メル・ガゼット』という雑誌に掲載された。スティーヴンは、しばしばホッブズの古めかしさにふれ、そのたびにその思想の「現代化」を試みている。それは、雑誌の読者のために二百年前の思想を「翻訳」することであるといわれる。(57) ホッブズの影響は、モールズワース編纂の全集の刊行とならんで、こうした雑誌上の「翻訳」にも負っていた。じっさい、この全集そのものは、私的に購入するには高価であった。(58)

1　規制から自由へ

さて、一九世紀におけるホッブズの影響を考えるうえで、ホッブズ全集が販売された市場の性格を知っておくことは重要である。ホッブズ自身は同時代にも大きな影響を与え、多くの支持者をもっていた。(59) しかし、一七世紀におけるホッブズの影響と一九世紀におけるホッブズの影響は、ちがった性質のものであったと考えられる。その理由のひとつは、一七世紀の出版市場は小さく、その読者もきわめて限定されていたのに対し、一九世紀の市場は規模も大きく、より多くの読者を対象としていたことに求められるであろう。

一七世紀と一九世紀の出版市場に規模のちがいをもたらした原因はいくつかある。本節でとくに注目したいのは、書物の出版・販売に直接かかわる業者の活動形態であるが、それを説明する前に、まず、ふたつの別な要因に言及しておきたい。

そのひとつは、読者の存在である。読者は出版市場における消費者であり、その消費者の質や量によって市場の規模が左右されるのはいうまでもない。一般の読者層が増えはじめるのは名誉革命よりあとのことであるといわれ、それ以前の読者は主として、宮廷関係者、聖職者、大学人といったエリートに限定されていた[60]。一七世紀におけるホッブズの支持者あるいは批判者もそうした階層の読者であった。

つぎに、出版市場の大きさを左右する要因として印刷技術の革新をあげることができる。一五世紀後半に活版印刷技術がイングランドに導入されたことは画期的な事件であったが、一七世紀と一九世紀の市場規模を比較するうえで重要なのは、産業革命である。印刷工場の原動力が蒸気機関になると、大量の印刷によって大量の需要に対応できるようになった。また、蒸気機関が水力によらず石炭によって作動することから、工場は河川流域から都市部に移転することができ、鉄道網の拡大と相まって、生産者と消費地との距離も縮まった[61]。

さて、一七世紀と一九世紀の出版市場に規模のちがいをもたらしたさらなる原因は、書物を供給する側の人間関係のありかたである[62]。

一六世紀および一七世紀のイングランドにおいて書物の出版・販売は、印刷出版業組合と呼ばれるギルドによって規制されていた。このギルドは、所属している業者に書物の出版・販売を限定することで、海賊版や輸入本を国内市場から閉めだし、みずからの利益を独占していた。こうした独占権を保持するため、ギルドは、やがて政府から特許状をもらい、一種の国家警察のような機能をはたすようになったといわれる。すなわち、ギルドは、宗教的異端の書あるいはギルドの構成員以外のものにより出版された書物を摘発してそれを焼却し、特許状の規定を逸脱して出版行為をした者を投獄する権限を与えられた[63]。また、輸入される書籍荷物の開封には、国教会とギルドの代表者の立ち会いが義務づけられた[64]。

こうしてギルドは、特権を国家によって保障されたが、それと引き換えにみずからの自由を制限することになった。とりわけ、政府によってギルドにおける印刷機械および活字鋳造業者の数はきびしく制限された[65]。こうした制限が市場規模の拡大に足かせとなった。

ホッブズが政治学の著作を書いたのは、こうしたギルドとその背後にある国家の規制が一時的に弛緩した時期と重なるが、それは言論・出版の自由の到来を意味するわけではなかった。たしかに、一六四一年に星室裁判所が廃止されたことにより、印刷業者の数と力は増大したといわれる。(66) また、教会裁判所の廃止、国教会の首長である国王の不在が、宗教的な寛容をある程度実現する要因になった。しかし、新たに執筆された書物に対する管理は、一六五〇年代にきわめて厳格になったといわれる。(67)

『リヴァイアサン』は、一六五一年の初版からまもなく印刷不許可となり、前記印刷出版業組合による摘発がおこなわれ、その結果、『リヴァイアサン』をオランダで印刷したのち本国にもちこむケースも生じた。(68) こうした事情をふまえ、スティーヴンはつぎのようにいう。「一七世紀の前半、どれほど多くの知性が、その時代の宗教や哲学、とくに、キリスト教哲学に徹底した反対をして幽閉されなければならなかったか。この事実を認識することなしにその書物［『リヴァイアサン』］を読解することはできない」(69)。

王政復古とともに教会裁判所も復活し、ギルドをつうじて出版・販売業者に加えられる国家の規制も、一六六二年に「印刷許可法」(13 & 14 Car. 2. c. 33) によって再開された。しかし、じっさいには、この制定法は、一六七九年ごろにはすでに機能しておらず、ギルドの力も王政復古後は低下した。(70) この法律は、一六七九年に正式に失効したのち一六八五年に延長されたが、一六九五年に廃止された。それは、ギルドの特権がもはや国家によって保護されなくなったことを意味した。このような境遇にあったギルドは、一七一〇年の著作権法（後述）の成立過程でロビー活動を展開して一定の成功をおさめ、この法律をギルドの伝統的な商慣習の再認であるとみなした。(71)

このように、ギルドの特権は国家の後ろ盾を失ったが、それは、出版業者間にあったギルド的結束の消滅を意味するわけではない。その後もギルドの構成員には仲間意識が生きつづけたのであり、それが個人主義的な自由放任の思想と対立することになる。

一八世紀初頭におけるイングランドの出版市場を支配していたのは、わずか百人にも満たないロンドンの有力な業者であった。[72] 彼らは仲間の何人かと共同で同じ一冊の書物を出版し、著作権を共有した。これにより、その書物の出版にともなう経済的リスクを軽減すると同時に、その書物をギルドの登録簿に登記することによって、そこから得られる利益を独占した。[73] こうした書物は、Chapter Book、のちには Trade Book と呼ばれ、たとえば、サミュエル・ジョンスンの『イングランドの詩人の生涯』の出版にはロンドンの有力業者六十人が参加している。[74]

2　著作権をめぐる論争

上記のような共同出版事業は、ひとつの重要な基礎のうえに成り立っていた。それは、著作権の永続性に対する信念である。[75] 著作権の永続性は、一種の商慣習のようなものとして業者のあいだで信じられており、コモン・ローにより保障された権利であると考えられていた。それゆえ、著作権はほかの財産と同様に、相続の対象であった。上記のように、著作権はほかの同業者と共有されているばあいが多かったから、家業の継承者は、相続した著作権をつうじて出版の共同事業に参加できた。[76] このように、著作権の永続性という観念は、出版市場の独占を正当化していた。

ところが、そうした永続的な著作権を否定する判決が貴族院でだされた。一七七四年のドナルドスン対ベケト事件の判決がそれである。この判決は、著作権の共有をつうじて結束していた出版業者の関係を希薄なものにし、かわって出版市場における個人主義、自由放任主義の傾向を加速するきっかけとなった。

ドナルドスン対ベケト事件の概要は以下のとおりである。[77] 問題となったのは、エディンバラの出版業者ドナルドスンが一七六八年にだしたトムスンの詩集『四季』の著作権である。この詩集にふくまれている作品は一七二九年に出版されていたが、ドナルドスンは、すでに著作権は消滅していると判断し、上記詩集を出版した。この判断の根拠となったのは、一七一〇年の著作権に関する最初の制定法「学問を奨励するための法律」である。これによれば、この制定法以後、新たに出版されるものについては、その出版から十四年で著作権は消滅し、著者が生存しているばあいには、さらに十四年の延長が認められるというのであった。したがって、上記トムスンの詩集の著作権は、最長のばあいでも一七五七年に消滅しているはずであるというのがドナルドスンの見解である。

一方、ベケトは、著作権は制定法に基づいた権利ではなく、コモン・ローによって保障された権利であり、それは永続的なものであると主張した。一七六九年にベケトは、上記詩集にふくまれている作品の著作権を、一八世紀後半に活躍した当時を代表するロンドンの出版業者アンドリュー・ミラーの遺族からオークションをつうじて購入した。しかし、当時のこうしたオークションは、地方の業者などを排除しておこなわれており、ロンドンの一部の有力な出版業者に対する反感が高まっていた[78]。

判決においてコモン・ロー上の著作権の永続性は否定された。著作権は、コモン・ロー上存在するとしても一七一〇年の制定法によって有効期間が限定されたのだと理解された[79]。これにより、ギルド的独占はその基礎を失い、自由放任主義が加速された。すでに出版市場には大量の消費者が出現しており、出版業者はきそって消費者の嗜好の動向を察知し、彼らの欲求を満たす作家を発見しようと努めていた[80]。ミラーなどもそうした出版業者のひとりであったが、彼は共同事業による出版もしていたから、ギルド的な体質もそなえていたと考えられる。

他方、ドナルドスンは、そうした体質から自由なスコットランドの進取的企業家であった[81]。スコットランドとイングランドは一七〇七年に連合したが、法と宗教については従来どおり固有のシステムが維持される一方、経済的には完全な統一が実現された[82]。このような状況下においてドナルドスンは、スコットランドで印刷した安価な書物をイングランドの市場で販売し、ロンドンの出版業者の共同体と鋭く対立した。

モールズワースがホッブズ全集を刊行した時期の出版業界も、基本的には自由放任主義であったということができる。たしかに、書籍の廉売を抑制するため、旧来の出版業者が中心となって「出版業者協会」が一八二九年に組織され、新興の安売り業者に対し制裁が加えられたという事情はある。しかし、この対立も価格統制を不当とした一八五二年の決定により、自由放任主義の勝利というかたちで一応の決着をみる。(83) この決定がくだされた事件では、上記出版業者協会とそれに反発する廉売業者とのあいだで、協会規約の妥当性が問題となった。その規約によれば、協会は書物の小売価格を統制でき、それに違反する小売業者は書物の供給を停止された。決定では、こうした規約は自由な取引を阻害するものと判断された。(84)

この事件の一方の当事者であるチャップマンは、上記出版業者協会を皮肉ってつぎのように述べている。「価格統一の立法をしようという試みは、東方のちっぽけな独裁者にみられがちな無知の産物のひとつである。こうした無知な試みが、ロングマン氏やマリ氏のような人たちの実務的な知識に指導されているイングランド人の集まりで信奉されるとは考えがたい！(85)」。ここでいう「東方」とは、チャップマンの店舗が位置していたロンドン西部から見たロンドン旧市街を示している。ロンドン西部に住む出版業者は、大衆向けの文学などを主にあつかっており、学校のテキストや学術書をあつかっていた旧市街の出版業者と対照をなす。(86) また、「イングランド人の集まり」とは出版業者協会のことであり、その中心メンバーがウィリアム・ロングマンとジョン・マリであった。ちなみに、協会の規約に関するこの決定には、ジョージ・グロートが加わっていた。

さいごに、モールズワース版ホッブズ全集の出版元であるジョン・ボーンについて付記しておく。(87) ボーンは、ドイツ生まれの製本業者であり、一八世紀末の混乱を避け、一七九五年にロンドン西部に移住した。彼は、やがて古書をあつかうようになったが、大陸的視野をもって需要の動向を探っていたようである。長男を一八一四年から一八三〇年にかけてフランス、オランダ、ベルギーに派遣して買い付けをしている。また、次男には家業を手伝わせるのに先だち、ゲッティンゲン大学で教育を受けさせている。しかし、ボーンは息子たちとのパートナーシップを拒否し、ふたりの息子は各自で出版業を営むことになる。

ボーンは、一八四三年に八十六歳で死去した。この年、彼は自分の店で販売している書籍のカタログをだしている。そこには、四種類の装丁のモールズワース版ホッブズ全集がふくまれ、カタログには、全集の内容が紹介されたあと、ホッブズの思想の意義について長文の説明がつけられている。[88]

このカタログのはしがきは、ボーンのつぎのようなことばで終わっている。そこからは、異郷の地で長年ビジネスを続けてきたすえの感慨が伝わってくる。

ご当地の出版同業者とは、長年にわたって親しくつきあってきましたから、彼らへの誠意を込めてどうしても言っておきたいのですが、目下のカタログからいかなる注文が、彼らを介して当方に届けられても、直接当方に注文書が送付されるばあいと同じように、遅滞なく処理されるでありましょう。

この新しいカタログを店主八十六歳の誕生日にお目にかけるにあたって、わたしはもう一度、感謝を込めて心からお礼のことばをお返しし、半世紀以上ものあいだ、弊社に惜しみないご愛顧を頂戴したことに報います。今日まで、わたしが文芸のために力を注いでこられたのも、寛容な読者諸氏の親切な力添えがあったからであります。[89]

ボーンの死後、その財産はオークションにかけられたが、おそらくこのなかにホッブズ全集の出版権もふくまれていた。全集の出版元は、旧市街の有力業者ロングマン・ブラウン・グリーン＆ロングマンズに移っている。すでにふれたように、ウィリアム・ロングマンは上記出版業者協会の中心メンバーのひとりであった。ボーンの長男は一八五〇年に協会から廉売停止を強要されているが、そのときの協会の最高責任者がこのロングマンであった。[90]

3　ジャーナリズムの発展

さて、このように出版の世界において自由放任が主張されるようになると、知識も商品のひとつとして市場の原理にしたがって売買されるようになった。大衆に人気のある書物はよく売れ、値段も安くなる。出版物の形態についても手ごろな値段である新聞や雑誌が増えてくる。[91] これに対して、新たに校訂された古典のテキストなどはそのほとんどがドイツから輸入されるようになったといわれている。[92]

大学の出版局は、自由放任主義のなかで窮地に立たされていた。勅選印刷業者がもっていたスコットランドにおける聖書出版の独占権が消滅すると、スコットランドから安価な聖書が流入してきた。このため、ケンブリッジ大学出版局は、ほかの業者とパートナーシップを組むか業者に出版部を賃貸するかしなければ採算が合わないという状況に陥った。[93]

以下の記述は、出版市場におけるこうした変化を表現すると同時に、世論を形成する力の所在について起こった変化を明らかにしている点で興味ぶかい。大学はもはや言説の唯一の発信源ではなくなった。

> 叡知に満ちたフォリオ版製本は、俗世界とは縁のない大学や修道院の学究的著述にふさわしい型である。こうした書物は自由に出版されるとはいえ、その影響力は限られている。しかし、批評、雑誌、新聞がより迅速に生き生きと主張するとき、出版が自由であることによって社会生活を営む人びとの心、作法、行動、習慣がどれほど甚大な影響を受けるかは疑いようがないのである。[94]

J・F・スティーヴンは、「ジャーナリズム」と題する論文で、ジャーナリズムの発展を一九世紀における最大の歴史的事件のひとつととらえている。[95] その意味は、「世論と呼ばれる見えざる力」がジャーナリストと読者の相互関係から生まれてくるようになったということなのであるが、ジャーナリズムの発達をつうじて、ことばあるいは知識に対する新たな態度が助長されたことも見逃せない。

知識に対するこの新たな態度は、ジャーナリストと読者の双方にみられる。スティーヴンは、良いジャーナリストの能力を「迅速そしてほとんど無意識に、流れゆくその日その日の意見で心を一杯にし（fill）、その意見を精緻に結びあわせて魅力的な形態にし、とくに、ひとつの焦点に意見を収斂させる力」であるという[96]。これは、大学が知識に対してとる態度とは対照的である。大学での教育は、心を「形成する」（form）ものであり、心を知識で「一杯にする」ものではないとされた[97]。あとでふれるように、ここで「知識」というのはギリシャ語・ラテン語で書かれた古典をさす。そうした知識は日々うつろいゆく意見とはちがい、普遍的なものとされた。

知識に対する読者のかかわりかたもジャーナリズムの発展とともに変化してきた。読者は、知識の消費者となり、消費者の嗜好が重視されるようになる。それは、知識の内容についてのみならず、知識の表現形態についてもいえる。以下に示すスティーヴンの文章からも明らかなように、読者は消費可能なかたちで売られる知識を欲している。それはもはや難解な理論ではなく、いそがしい勤め人が時間をかけずにすぐ理解できるような情報でなくてはならない。このような知識に対する消費者の態度は、スティーヴンが指摘するように、生活の近代化とそれに即応したジャーナリズムの発達によって促進された[98]。

> 現代の人間は、巣箱のなかの蜂のように生きている。巧みに絶え間なく働いて小さな成果をうみだし、大抵はそれで成功をおさめている。このため人びとは、日々くり返される仕事と無関係なことに心をつかうことがほとんどなく、したがって、知的な生活は「ひき肉」に頼らざるをえない。つまり、彼らの食物は、口に入れる前に細かく切り裂かれ、即座に食欲をそそり消化を助けるほどに加工されていなくてはならない。新聞の論説はこうした需要に応えるために、

現在見られるような完成した姿に発達してきた[99]。

このようにジャーナリズムは、誌面をつうじてすぐに役立つ情報を提供したが、そこでは情報は商品であり、読むことは消費行為である。こうした理解は、大学における知識あるいは教育の観念と対立した。大学における教育の中心には、ギリシャ語・ラテン語で書かれた古典があった。一九世紀の初めから大学改革が叫ばれた理由のひとつは、こうした大学のカリキュラムにあった。スティーヴン自身も、情報の伝達（information）と教育（education）という区別を根拠のないものとして否定し、従来の大学教育のありかたを批判した[100]。しかし、大学における古典教育から得られる知識を商品として見たとき、その価値は低かったのかといえば、かならずしもそうではなかったというのも事実である[101]。

四　おわりに

本章の課題は、ホッブズの再生の背景を考察することであったが、ここでさらに、大学というもうひとつの背景的要素に突きあたる。ホッブズの著作が影響力をもつためには、それが活字となって出版市場に現われるだけでなく、それを受けいれる読者の存在が不可欠である。では、そうした読者の増大はどのようにして可能になるのであろうか。一般的にいえば、そうした読者を出版市場の拡大に合わせて量産する方法は、教育制度の拡充・組織化であろう。

教育制度といってもさまざまな段階があるが、ホッブズ全集のような書物の読者を開拓するのは、直接的には大学のような高等教育機関であると考えられる。じっさい、モールズワース自身も、ホッブズ全集の購入先として「イングランドの重要な作家の作品を収蔵していると称するイングランドのあらゆるジェントルマン、あらゆる人文教育機関、あらゆるカレッジの図書室[102]」を念頭においていた。

また、ホッブズ全集には英語によって書かれたものだけでなく、ラテン語による著作もふくまれていた。このことは、人口に占めるラテン語修得者数の割合を考えれば、知識の商品化という流れに逆行しているようにみえる。しかし、ラテン語教育、より一般的には、古典人文学がイギリス社会でどのような意味をもっていたのかを考えるとき、そうした出版事業への期待は理解することができる。

もとより、大学における古典人文学教育が、ホッブズの読者を直接的に増やしていたということではない。ジョージ・グロートが指摘していたように、ホッブズの思想に封印をしてきたのは、イングランドの教育システムである。とくに、教育システムの頂点に位置する大学は、近代の主権国家に先だって存在し、中世以来、聖職者の養成を担っていた。このような大学が指定するテキストは、主権国家の絶対性、人間の反社会性を強調するホッブズではありえなかった。そこに、モールズワースが私財を投じてホッブズ全集を刊行し、ジョージ・グロートらがロンドン大学を創設しなければならない理由があった。

（1）Ch. H. Hinnant（1980）*Thomas Hobbes, a reference guide*, G. K. HALL & CO., p. x. 哲学的急進派については、日本イギリス哲学会編『イギリス哲学・思想事典』（二〇〇七年）研究社、三八四‐三八六頁。

（2）Francis, Mark（1980）'The Nineteenth Century Theory of Sovereignty and Thomas Hobbes', 1 *History of Political Thought*, pp. 517–540.

（3）Bryce, James（1901）*Studies in History and Jurisprudence*, Oxdford U. P., p. 523. ブライスは、ホッブズの影響が一九世紀末には薄れてきたことを暗示するが、一方で、アイルランドの自治問題をめぐり、ダイシーやスティーヴンがイギリス議会の主権を擁護したことも事実である。この点についてはDicey, A. V.（1886）*England's Case against Home Rule*, 2nd ed., John Murray, London；MacColl, Malcolm（1887）'Professor Dicey on Home Rule', 51 *The Contemporary Review*, pp. 84-103；'Sir James Stephen on the Irish Bills Ⅰ', *The Times*, 29 April, 1886, p. 8；'Sir James Stephen on the Irish Bills Ⅱ', *The Times*, 1 May, 1886, p. 12.

（4）J. F. Stephen（1892）*Horae Sabbaticae*, Second Series, Macmillan & Co., pp. 64-65.

（5）*Ibid.*, p. 69.

（6）ヒナントは、スティーヴンのホッブズ論が、哲学的急進派にしたがいながらも、道徳的義務の源泉として「神の法」を位置づけた点に注目している。ヒナントは、スティーヴンをのちのテイラー、ウォレンダーのホッブズ解釈の先駆と位置づける。Hinnant, *supra* note 1, pp. x-xi. しかし、スティーヴンにおける道徳的義務の源泉は、神の法であるよりも、むしろ、慣習である可能性も否定できない。スティーヴンの思想については本書第四章の第五節と第六節であつかっている。

（7）*Ibid.*, p. x.

（8）日本イギリス哲学会編・前掲注（1）の「評論誌」（四四三-四四五頁）と「ジャーナリズム」（二四八-二五〇頁）の各項目を参照。

（9）Grote, Harriet（1866）*The Philosophical Radicals of 1832*, Burt Franklin, N. Y., 1970, pp. 41-45. なお、編集にはEdward Grubbeという法律家が助手をしていた。H. Grote（1873）*The Personal Life of George Grote*, 2nd ed., 2002, Thoemmes Press, p. 154.

（10）モールズワースがロンドン・レヴュー（のちにウエストミンスター・レヴューに吸収）を創設した目的のひとつは、無記名による秘密投票制の必要性を訴え、また、その他の改革的立法を実現することだったという指摘がある。Tho. Woollcombe（1857）*Notices of the late Sir William Molesworth*, London, p. 153.

（11）'George Grote', 135 *The Quarterly Review*, 1873, p. 109. グロートについてのより客観的な記述としては、Thomas, William（1979）*The Philosophic Radicals, Nine Studies in Theory and Practice 1817-1841*, Clarendon Press, pp. 406-438.

（12）哲学的急進派の思想にはふたつの対立する原理が含まれているといわれる。ひとつは、国家の立法による介入を通じて合理化を推進するという法実証主義的な原理である。もうひとつは、国家の干渉を受けない自由な各人の経済活動を調和させる自然法があり、その作用によって富を最大に引き出すことができるという自由放任主義である。Halevy, Elie（1972）*The Growth of Philosophic Radicalism*, trans. by Marry Morris. Augustus M. Kelley Publishers, pp. 487-514.

（13）*Catalogue of English Books, in all classes of literature, on sale by John Bohn*, 1843, London, p. 345.

（14）Robertson, George（1886）Hobbes, William Blackwood & Sons, London.

（15）Grote, George（1839）'Notice of Sir William Molesworth's Edition on the Works of Hobbes', in *The Minor Works of George Grote*, Alexander Bain（ed.）, 1873, pp. 59-72.

（16）Craik, Henry（1896）*The State in Its Relation to Education*, 2nd ed., Macmillan & Co., London, p. 15.

（17）Grote, *supra* note 15, p. 60. なお、村岡健治『イギリスの近代・日本の近代』（二〇〇九年）一〇–一四頁も参照。

（18）Bowle, John（1951）*Hobbes and his Critics, A Study in Seventeenth Century Constitutionalism*, Jonathan Cape, London, pp. 72-85, 114-133.

（19）Grote, *supra* note 15, p. 63.

（20）ホッブズとイングランド国教会の宗教思想における相違については、鈴木朝生『主権・神法・自由――ホッブズ政治思想と一七世紀イングランド――』（一九九四年）木鐸社、第二章を参照。

（21）Grote, *supra* note 15, p. 64.

（22）*The English Works of Thomas Hobbes of Malmesbury*, 2nd reprint, 1966, Scientia Verlag Aalen, Germany, vol. 6, pp. 234-236. ここでは特に長老派が批判されている。

（23）Grote, *supra* note 15, p. 64.

（24）*Ibid.*, p. 66.

（25）主教区における教会裁判所の裁判官は、主教によって任命され、裁判に関する権限を委譲される。この意味で教会裁判所は教会の権力を行使しているといえる。しかし、裁判官は法律の専門家であり、彼らが教会の権力を行使することについては批判的意見もあった。「聖職者は、自分とは異なる職業の人間によって統括される唯一の団体である」。Thomas Brett（1701）*An Account of Church-Government, and Governours*, London, p. 148.

（26）教会裁判所の管轄権廃止は16 Car. 1, c. 11によるが、民事事件の管轄権は対象から外された。Holdsworth, Sir William (1966) *A History of English Law*, vol. 1, Methuen & Co. Ltd., London, p. 611. この廃止以前の教会裁判所の活動については、R. H. Helmholz（1990）*Roman Canon Law in Reformation England*, Cambridge U. P.

(27) Waddams, S. M.（1992）*Law, Politics and the Church of England : the Career of Stephen Lushington 1782–1873*, Cambridge U. P., pp. 4–5.

(28) *The Specail and General Reports Made to His Majesty by the Commissioners Appointed to Inquire into the Practice and Jurisdiction of the Ecclesiastical Courts in England and Wales*（Parliamentary Papers 1831–1832/XIV).

(29) *Ibid*., pp. 5–8, 21–22. 特別教区裁判所についてはさしあたり Ollard S. L. Ed.（1912）*A Dictionary of English Church History*, A. R. Mowbray and Co. Ltd., London, pp. 453–455 参照。

(30) Ollard, *ibid*., pp. 157–159 ; J. F. Stephen（1864）'The Privy Council and the Church of England', LXIX *Fraser's Magazine for Town and Country*, pp. 521–537.

(31) 一例として、一九世紀なかばのケンブリッジ大学における古典人文学の学士（Bachelor of Arts）コースのカリキュラムを見てみよう。この学位は四年間のコースで、そのあいだに二回試験を受けなくてはならない。第一回目の試験は入学後1年半ほど経って行なわれた。その試験科目の内容は以下のようなものである。ギリシャ語原文の四福音書のうちの一つ、ペイリーの"Evidences of Christianity"、旧約聖書の歴史、ギリシャ語とラテン語の古典からそれぞれ一つずつ選ばれた作品の部分、ユークリッドの『幾何学原理』の第一書と第二書、算数の基礎的なルール、以上である。第二回目の試験は、数学の優等学位（Tripos）を目指すコースと、普通学位（Poll）のコースに分れる。普通学位のコースでの試験科目を列挙すれば、以下のとおりである。『使徒行伝』の前半あるいは後半および新約聖書の使徒の書簡の原文、ギリシャ語とラテン語の古典からそれぞれ一つずつ選ばれた作品の部分、ペイリーの『道徳哲学』の六書中三書、キリスト教の起源からニケイア公会議までの教会史、イングランドの宗教改革の歴史、算数の一般的ルール、代数学の基礎、ユークリッド『幾何学原理』の第三書および第六書の部分、応用力学と静水力学の基礎原理、以上である。*Report of Her Majesty's Commissioners Appointed to Inquire into the State, Discipline, Studies, and Revenues of the University and Colleges of Cambridge*（Parliamentary Papers, 1852–1853/XLIV), p. 20–22.

(32) Robertson, George Croom, VIII *D. N. B.*, p. 730.

(33) *Ibid*., pp. 733–734.

(34) Grote, George（1831）'Essentials of Parliamentary Reform', in *The Minor Works of George Grote*, A. Bain（ed.), 1873, pp. 1–55 ; Halevy, supra note 12, pp. 424–425.

(35) Grote, *ibid*., p. 4.

(36) 'Hobbes', 164 *The Quarterly Review*, 1887, p. 426.

(37) 'The Works of Thomas Hobbes, Malmesbury', 12 *The Christian Remembrancer*, 1846, pp. 99–113.

(38) *Ibid.*, p. 99 ; cf. Mintz, Samuel I.（1962）*The Hunting of Leviathan, Seventeenth-Century Reactions of the Materialism and Moral Philosophy of Thomas Hobbes*, Cambridge U. P., pp. 63–109.

(39) Woollcombe, *supra* note 10, pp. 11–12, 81–85.

(40) A. Sidgwick & E. M. Sidgwick（1906）*Henry Sidgwick A Memoir*, Macmillan, pp. 134–137. また、*D. N. B.*（1995）, Oxford U. P. の John Grote の項目を参照。兄ジョージとの比較については、J. R. Gibbins（2007）*John Grote : Cambridge University and the Development of Victorian Thought*, imprint-academic. Com, pp. 443–6.

(41) Gibbins, *ibid.* は、ジョン・グロートがイギリス理想主義に属するもっとも早い時期の哲学者のひとりであることを論じている。イギリス理想主義については、日本イギリス哲学会編・前掲注（1）一二一四頁。

(42) Gibbins, *ibid.*, p. 424.

(43) John Grote（1870）*An Examination of the Utilitarian Philosophy*, ed. by J. B. Mayor, Cambridge, p. 94.

(44) *Ibid.*, p. 172.

(45) *Ibid.*, p. 180. ここで「経験科学」というのは、a science of observation の訳。

(46) *Ibid.*, p. 274–6.

(47) *Ibid.*, p. 152.

(48) *Ibid.*, p. 155.

(49) *Ibid.* ここで、同意や同感は、しばしば無意識のうちに習慣化しているが、「実在する」ともいわれている。このような形態の法は慣習である。Gibbins, *supra* note 40, p. 362.

(50) Grote, *ibid.*, pp. 156–157.

(51) *Ibid.*, p. 158. 法命令説と道徳哲学を接合した別の例としてスティーヴンがいる。本書第四章第六節1参照。

(52) この事件については、S. M. Waddams, *supra* note 27, pp. 310–347 ; Ollard, *supra* note 29, pp. 208–209. 聖職禄停止（ab officio et beneficio）は、職務とそれに付随する現世的利益の授受を停止される教会法上の制裁。Ollard, *ibid.*, p. 178. アーチ裁判所 Court of Arches はカンタベリ大主教の管区裁判所。田中英夫編集代表『英米法辞典』（一九九三年）東京大学出版会、二二〇–二二一頁。ちなみに、J・S・ミルはこの判決について「全体としては広教主義に好意的であり、ウィリアム博士の友人たちにとって満足行くものであると聞いてうれしい」と述べている。Waddams, *ibid.*, p. 338. また、Williams のケースでの被告の弁護人はスティーヴンであった。*Ibid.*, p. 319.

(53) John Grote (1862) *An Examination of Some Portions of Dr. Lushington's Judgment of the Admission of the Articles in the Cases of the Bishop of Salisbury v. Williams and Fendall v. Wilson, with remarks upon the bearing of them on the clergy*, Cambridge, p. 51.

(54) *Ibid.*, p. 93.「現世的刑罰」によらない教義の審査について、ジョンは、「ある程度公平な神学的世論」を想定して、対象になる書物の十分な理解と、標準的な教義との比較の必要性を説く。*Ibid.*, p. 87.

(55) Stephen, Sir Leslie (1961) *Hobbes*, Ann Arbor Paperbacks, The University of Michigan Press, p. 69.

(56) Aarsleff, Hans (1971) 'Locke's Reputation in Nineteenth-Century England', 55 *The Monist*, no. 3, pp. 395-396.

(57) Stephen, *supra* note 4, pp. 6, 54.

(58) Woollcombe, *supra* note 10, p. 83.

(59) Skinner, Quentin (1966) 'Thomas Hobbes and his Disciples in France and England', 8 *Comparative Studies in Society and History*, pp. 153-167.

(60) O'Malley, Thomas (1986) 'Religion and the Newspaper Press, 1660-1685 : A Study of the London Gazette', in *The Press in English Society from the Seventeenth to Nineteenth Centuries*, Michael Harris & Alan Lee (ed.), Associated University Presses, p. 32.

(61) 'The Copyright Question', 69 *The Quarterly Review*, 1842, pp. 218-219.

(62) このような観点に立つ研究としては、John Feather (1994) *Publishing, Piracy and Politics An Historical Study of Copyright in Britain*, Mansell, London.

(63) 'The History of Bookselling in England', 174 *The Quarterly Review*, 1892, p. 167. ただし、検閲の権限はあくまで枢密院その他の官吏にあり、組合の警察機能を過大視すべきではないという見解がある。Feather, *supra* note 62, p. 17.

(64) Blagden, Cyprian (1977) *The Stationers' Company, A History, 1403-1959*, Stanford U. P., p. 121.

(65) *Ibid.*, pp. 122-125.

（66）*Ibid.*, p. 147.

（67）Feather, *supra* note 62, p. 41.

（68）Macdonald, Hugh & Mary Hargreaves（1952）*Thomas Hobbes A Bibliography*, The Bibliographical Society, London, pp. 28-29. 同書が引用する『リヴァイアサン』摘発に関する文書は一六七〇年のものである。

（69）Stephen, *supra* note 4, p. 22.

（70）Blagden, *supra* note 64, pp. 148, 165, 174.

（71）Feather, *supra* note 62, pp. 58-63.

（72）Belanger, Terry（1982）'Publishers and Writers in Eighteenth-Century England', in *Books and their Readers in Eighteenth-Century England*, Isabel Rivers（ed.）, Leicester U. P., p. 11. 当時の出版事情について、山田奨治『〈海賊版〉の思想』（二〇〇七年）みすず書房、第一章、第二章。

（73）ギルドの登録簿への記載は、一六六二年の The Printing Act で初めて制定法上の義務とされ、一七一〇年の著作権法においても著作権保護の要件とされた。それ以前はギルド内部の規則にすぎなかった。Feather, *supra* note 62, pp. 33, 44, 62.

（74）'The History of Bookselling in England', supra note 63, pp. 173-174. Chapter Book の呼び名は、St. Paul's Churchyard にあった 'Chapter Coffee House' にちなむ。ここでしばしば出版の企画について話し合われた。*Ibid.*, p. 181.

（75）一八世紀における著作権についての文献については、*The New Cambridge Bibliography of English Literature* II, 1971, C. U. P., pp. 283-290 参照。

（76）Belanger, *supra* note 72, p. 15.

（77）Donaldson v. Beckett, II *BROWN*. 129, in 1 *English Reports* 837 ; Feather, *supra* note 62, pp. 89-95. 山田・前掲注（72）第三章。

（78）Belanger, *supra* note 72, p. 15 ; Feather, *ibid.*, p. 66.

（79）この貴族院判決は著作権自体の存在を否定したのではなかった。Mark Rose（1988）'The Author as Proprietor : Donaldson v. Becket and the Genealogy of Modern Authorship', 23 *Representations*, pp. 66-70. ちなみに、この判決でマンスフィールドは沈黙を貫き、ブラックストンは、コモン・ロー上の著作権の存在を認め、かつ、それが制定法によって何ら制限されていないという立場をとった。ブラックストンの結論については、Milar v. Taylor, 4 *BURR*. 2411, 98 *English Reports* 259 参照。マンスフィールドもコモン・ロー上の著作権が制定法によって否定されていないという立場をとる。Milar v. Taylor, 4 *BURR*. 2395, 98 *English Reports* 250；James Oldham（1992）*The Mansfield Manuscripts and the Growth of English Law in the Eighteenth Century*, vol. 1, The University of North Carolina Press, pp. 724–729.

（80） 'The History of Bookselling in England', *supra* note 63, p. 183.

（81） Gray, W. Forbes（1926）'Alexander Donaldson and his Fight for Cheap Books', 38 *Juridical Review*, pp. 180–202. 山田・前掲注（72）七–一八頁。

（82） Levack, Brian（1987）*The Formation of the British State：England, Scotland, and the Union 1603–1707*, Clarendon Press, p. 138.

（83） Barnes, James J.（1964）*Free Trade in Books：A Study of the London Book Trade since 1800*, Clarendon Press, pp. 1–140.

（84） *Ibid.*, pp. 23–29, 182–187.

（85） Chapman, John（1852）'The Commerce of Literature', 57 *The Westminster Review*, p. 554.

（86） Barnes, 1964, *supra* note 83, p. 37.

（87） John Henry Martin Bohn（1757–1843）については、出版業者として成功した長男 Henry George Bohn についての記事等からわずかに知りうる。*The Athenaeum*, 30 August 1884, p. 277；2 *D. N. B.* pp. 766–768；Lister, Anthony（1988）'Henry George Bohn（1796–1884）Bookseller, Publisher and Controversialist, 15 *ABMR*, pp. 54–61.

（88） *Catalogue*, *supra* note 13, pp. 343–348. 四種類のモールズワース版とは、布製、子牛革製、板紙製大判紙版、モロッコ革製で天金がほどこされた大判紙版である。

（89） *Ibid.*, p. iv.「ご当地の出版同業者」（the Country Trade）とあるが、trade は、とくに、出版業者、書店経営者を指す。*OED* の trade の項には一七九一年の Boswell によるつぎのような用例が示されている。"As Physicians are called the Faculty, ... the Booksellers of London are denominated the Trade."

（90） Barnes, *supra* note 83, pp. 21–23.

（91） Heyck, T. W.（1982）*The Transformation of Intellectual Life in Victorian England*, Croom Helm, p. 33. 一口に新聞・雑誌といっても様々である。村上直之『近代ジャーナリズムの誕生　イギリス犯罪報道の社会史から』（一九九五年、岩波書店）はその第二章において、イギリスにおける近代ジャーナリズムの発展を、中産階級以上を対象とする合法的新聞が国家と市場を媒介として労働者階級を対象とする非合法的新聞を駆逐する過程として考察している。

(92)　'Eton School-Education in England', 52 *The Quarterly Review*, 1834, p. 140.

(93)　*Report, supra* note 31, p. 136.

(94)　'Law of Libel.――State of the Press', 35 *The Quarterly Review*, 1827, pp. 566-567.

(95)　J. F. Stephen（1862）'Journalism', 6 *The Cornhill Magazine*, July-Dec., p. 52.

(96)　*Ibid*., p. 56.

(97)　'Greek at the Universities', 134 *The Quarterly Review*, 1873, p. 460.

(98)　知識の商品化の背景のひとつとして、聖書の言葉を特別なものとしないでほかの書物の言葉と同列に扱うことを許した枢密院司法委員会の判決を挙げることもできよう。Stephen, *supra* note 30, p. 522；Leslie Stephen（1895）*The Life of Sir James Fitzjames Stephen*, 2nd edition, London, Chapter Ⅲ, Section Ⅶ.

(99)　Stephen, *supra* note 95, pp. 53-54.

(100)　J. F. Stephen（1856）'University Reform：――Cambridge', 2 *The National Review*, pp. 328-356.

(101)　古典人文学は、実際に役に立つ技術とは区別されたもので、すべての学識の根底にあるものと理解されていた。そして、こうした教養を大学で身に付けた後、ジェントルマンに相応しい職業につくことが期待された。その職業の代表的なものは、国教会の聖職者、法廷弁護士、内科医であった。村岡健次『ヴィクトリア時代の政治と社会』（一九九六年）ミネルヴァ書房、一二六、一四六頁。

(102)　Woollcombe, *supra* note 10, pp. 86-87.

第四章　スティーヴンによる刑事法の法典化

一　はじめに

1　課題の提示

ジェイムズ・フィッツジェイムズ・スティーヴン（一八二九–一八九四）が試みた刑事法の法典化は、四度法案になるが、いずれも不成立であった。本章の目的は、スティーヴンによる刑事法の法典化を社会的文脈——立憲主義と民主政の展開過程——と彼の法思想の両面から考察することである。

一般に、英米法圏における法典は、「過去の法を補足または明文化するもの」であり、「法科学」に裏づけられた完全性・整合性・明晰性をそなえるべきものというドイツ的な理解とはちがっていた。(1) スティーヴンの法典論は、イングランドの法伝統にこうしたドイツ的要素を加味するものだった。スティーヴンは、「イングランド法についての探求ほど多くの才能と学識が惜しげもなく注ぎ込まれたものはない。他方、一般法理学の分野ほどイングランドの学問的貢献がわずかなものもない」といっている。(2) ここには、スティーヴンが立とうとする「法の科学」の立場、さらに、そうした法の科学が大陸ほど発達しなかった「イングランドの特殊性」が示唆されているように思われる。(3)

スティーヴンによる刑事法の法典化の試みは、イングランドにおける法典化の本格的な試みと言われながら、これについての研究は多くない。[4] もっとも、スティーヴンに関する伝記的な研究では、彼の法典化の試みはかならず言及されている。しかし、そこでの法典化のあつかいは一面的であるように思われる。スティーヴンによる法典化の試みは、当時の道徳的価値観の危機を解決する手段のひとつとして扱われるにすぎない。[5] たしかに、一九世紀イングランドでは、民主化と世俗化の進行とともに、伝統的な道徳的価値が動揺し、法典化はそれに対処するひとつの方法だったと理解することはできる。[6] しかし、法は、道徳とは異なる次元で専門家によって形成・運用されるという側面をもつ。実際、法典化は、ある種の「法の支配」を要求し、法曹にもインパクトを与えた。法典化は、道徳に付随する問題として扱われるだけでは不十分である。[7] それはむしろ、立憲主義と民主政の展開過程に投じられた一石として評価されなければならないように思われる。

本章では、スティーヴンによる刑事法の法典化の試みを、法改革の諸政策、司法機構の強化、民主政の発展などとの関連において多面的に考察する。法典化の問題は、たんにスティーヴンの個人史の一コマとしてではなく、イングランドの社会的文脈を視野に入れて理解されなければならない。そのうえで、スティーヴンの法思想が法典化立法にどのようなしかたでかかわったのかを考察する。

2　各節の主題

第二節では、一八七八年の国会審議の冒頭に示された起草の経緯を取りあげる。スティーヴンはみずからの法思想の表現として法典化を試みたともいえるが、それは、法律の管理、法学教育などとも関連の深い「政策」であった。スティーヴンは、インド総督府立法委員、判例報告委員会、法学教育評議会のメンバーを経験しているが、彼にとって法典化は、法改革を目的とするひとつの政策であった。

第三節では、じっさいの国会審議の内容を検討する。いったん国会に出された法案は、国政の歴史に引き込まれる。議論の焦点は、民主政と司法の関係（一八七九年の審議）とアイルランド問題（一八八三年の審議）である。前者は、法典化が「国会の主権」と「法の支配」という二つの原理に与える影響にかかわる。ダイシーは、裁判所の法的役割を国会に従属する立法であるとし、これら二つの原理を両立するものとして描いた。(8) しかし、この図式では、両原理の緊張関係は見えにくい。(9) 後者のアイルランド問題は、帝国統合の手段として法典化が試みられてきたイギリスの歴史にかかわる。(10)

第四節では、スティーヴンの法典概念を分析する。国会審議には、いくつかのタイプの法典観が見られ、それぞれの観点からスティーヴンの法典化案に批評が加えられた。また、国会の外部からは、イングランド首席裁判官コウバーンが、スティーヴンの法典化案を「不完全」であると批判した。スティーヴンはこれに応答したが、そこには、司法裁量のありかたや、法と道徳の関係についての所見がふくまれている。

第五節では、スティーヴンが法典の「完全性」を保証するために用いた方法――法の科学――を考察する。ベンサムはイングランドの法改革の要として理解されているが、(11) その法思想が法典化をじかに推進したわけではない。(12) じっさいは、内田力蔵が指摘するように、法典論の正統はオースティンであった。(13) スティーヴンが法典化に用いた手法は、オースティンの分析法学である。しかし同時に、スティーヴンは、メインの影響を強く受け、歴史法学の手法も重視した。

第六節では、スティーヴンに見られる一八世紀以前の法思想を考察する。それは「法の科学」の用途を方向づける。「法の科学」は一九世紀の新しい法哲学であったが、分析法学の源流にはホッブズが、歴史法学の源流にはバークがいる。スティーヴンは、ホッブズとバークから大きな影響を受けた。また、スティーヴンは、一八世紀スコットランドの同感理論に対しても独自の理解をもち、この点で、ベンサムとオースティンから距離をおく。

二　法典化の機縁

本節では、スティーヴンの起草した法案が、国会へどのようにして提出されることになったのかを見ておきたい。スティーヴンはこの起草を私人としておこない、国会の議論に参加していない。国会での議論は、スティーヴンの個人的な意図とは無関係に進行していく。

国会審議の考察から明らかになるのは、スティーヴン個人の法思想ではなく、法典化という試みがもつ社会的インパクトである。こうした社会的インパクトについては次節で考察する。その前に本節では、スティーヴンの「私的な」試みがどのようにして「公的な」試みになっていったのかという点を理解しておきたい。

1　起草の経緯

スティーヴンによる法典化の試みの性格が、「私的な」ものから「公的な」ものへと変わった事情は、起草の経緯に見いだすことができる。その経緯については、一八七八年の第一読会で法務総裁（Sir John Holker）が説明している。そこで強調されているのは、スティーヴン個人の才能である。スティーヴンの『イングランド刑法摘要』（一八七七年）という一冊のテキストが、刑事法の法典化の実現を政府に確信させたと賞賛されている。[14] じっさい、スティーヴンはこの自著をベースにして法典化法案を起草した。

ここで疑問に思われるのは、そうした個人的に起草された原案が政府に採用されるというのが立法プロセスの常態であったのかどうかという点である。

法案の発議権は国会議員にあり、政府の提出する法案もその資格においては個人の国会議員が提出するものと同じである。しかし、政府の法案が成立する可能性は高い。その理由のひとつには、議院内閣制のもとで与党から支持を得られるということがある。さらに、政府提出の法案は内容的に完成度が高かったということもある。完成度が高ければ国会審議で揚げ足を取られることも少なく、スムーズに通過するからである。

では、だれが政府の法案を作成するのか。それはスティーヴンのような個人に依頼されるというかたちをとるのであろうか。以下では、ふたつの政府機関――政府起草官と制定法委員会――に言及し、スティーヴンによる法典化草案の起草の特色を示す。

（i）**政府起草官**

政府の法案を作成するのは、原則的には大蔵省所属の政府起草官である。それゆえ、スティーヴンが政府案を作成したというのは、異例であったように思われる。

政府起草官については、みずからもこの官職を経験したイルバートが『立法の方法と形式』（一九〇一年）で詳説している[15]。それによれば、政府起草官は一八六九年に設置された、大蔵省に所属する官吏である。これが設置された背景には、各省庁による立法活動の活発化がある。

政府起草官が設置される以前には、各省庁によって発案される重要な法案は、内務省に所属する起草官によって作成されていた。しかし、法案の数が増えてくると、各省庁は自分たちの職員を使って、あるいは有給の法務職員を雇って法案を作成しはじめた。この結果、経費が増大しただけでなく、法律の文言、形式、構成がまちまちになった。また、内閣の監督が及ばず、それぞれの省庁がつくる法案が相互に対立・矛盾することが多くなった。さらに、大蔵省の監督が及ばず、法案の成立によってどれほどの費用が必要になるかという財政的な考慮の働く余地がなかった。このような弊害を取り除くために設置されたのが大蔵省に所属する政府起草官であった[16]。

初代の政府起草官はヘンリ・スリング（Henry Thring）であり、一八八六年まで在職した[17]。一八七八年の第一読会で法務総裁は、スティーヴンがこの政府起草官の助力を受けたと述べている。スリングもスティーヴンと同様に、法の簡潔化という政策の必要性を力説していたことは注意しておくべきであろう。スリングは以下のように書いている。

自由党議員も保守党議員も政策ネタを欲しがっていると言われるが、足元を見さえすればよいのである。両者ともども法の簡潔化という政策を採用すれば、その見返りをうけとるであろう。すなわち、法を遵守する度合いが高ければそれだけ人々は忠実なわけであり、さらに、法を遵守する度合いは、人々を統治しているルールを各人が理解し、その精神のなかに入っていくにつれて、高まっていく。法が不安定であれば、そこから疑問が生じ、疑問から不満、軽挙、恐怖が生みだされる。[18]

(ii)　**制定法委員会**

上記イルバートの書物のなかで注目したいもうひとつの点は、政府起草官をメンバーのひとりとする制定法委員会の存在である。

この委員会は大法官（Lord Cairns）の指示で一八六八年に発足し、制定法の整備、制定法の年代順一覧表・索引の発行、新しい制定法集の発行に携わっていた。たとえば、同委員会は一八六九年の会期末までに成立した制定法を対象としてその年代順一覧表と索引を発行した。また、一八六八年までに成立した制定法のうち、一八七〇年現在で有効なものだけを登載した制定法集を発行した。これは一八七八年に第一五巻をもって完結した。[19] このシリーズは、規模も小さく廉価であるが、廃止された制定法をふくまないので厳密な解釈を要求される裁判官や弁護士あるいは法制史家にとっては不十分なものであるとされる。[20]

ところで、興味深いのは、この制定法集に対してスティーヴンが加えた批判である。[21] スティーヴンはこのシリーズの有用性を認めつつも、それが制定法を年代順にならべた記録にすぎない点を批判している。スティーヴンは、複数の制定法の意味を簡潔な文章にまとめてひとつに書き直す必要を指摘している。これは、体系化という視点がこの制定法集に欠如しているという指摘である。

さて、この制定法委員会は、スティーヴンによる法典化法案の起草に消極的ないし否定的であったといわれており、ここにもスティーヴンの法案がもつ非政府的な性格を見てとることができる。

スティーヴンが法案を作成する前、制定法委員会は別の人物（R. S. Wright）に刑事法の法典化を依頼することにし、この人物はそのための報告書をすでに提出していた。しかし結局、スティーヴンの政府に対する強い働きかけにより、みずからが起草することになった。制定法委員会の当初の意向は実現しなかったのである。[22] この委員会のメンバーのひとり（Sir Francis Reilly）は、スティーヴンに刑事法の法典化法案を起草させることに反対する委員がいることを大法官に告げている。[23]

制定法委員会がスティーヴンによる法典の起草に反対していた理由のひとつは、法典化の方法に関係する。制定法委員会がそれまで手がけてきた仕事を見ればわかるように、同委員会は、既存の制定法の整理を重視しており、現行法の整理と改正を別個の作業として位置づけていた。そして、法典化の基本的性格は、現行の制定法の整理ないし統合と同じものであって、改正をふくまないと理解された。[24] また、法典化は基本的に制定法を対象としており、コモン・ローは除外された。

これに対して、スティーヴンは、現行法の整理・統合と改正を一挙に実現しようとし、さらに、コモン・ローと制定法の両方を法典化の対象にした。[25] このようなスティーヴンの試みは、漸進的で実務的な制定法委員会のやりかたと対照的であり、後年、初代政府起草官スリングはスティーヴンの法案を「野心的な企画」であると評した。[26]

法典化を実現するしかたにみられるこのような違いは、法典とはいかなるものかという法典概念のちがいとともに、立法プロセスに対する認識のちがいからくるように思われる。

イルバートが述べているように、国会審議の過程、とりわけ、第二読会に続く委員会審議で、法案は原形をとどめないほどまでに変形される可能性がある。そこでは、法案は逐条的に議論される。起草者は、そうした利害対立によって引き起こされる法案の変形すらも予想して法案を作成しなくてはならない[27]。このような国会での審議を考慮するとき、政党間の利害が絡むような条項は回避するほうが法案は成立しやすい。また、既存の法の整理・統合を内容とする法案は、形式上の整備にとどまるから、現行法の改正が盛り込まれた法案よりも、論争は少なく通過しやすいのである[28]。

このような実務的な配慮がスティーヴンの法案には足りない。スティーヴンのやりかたは、国会をもたないインドでは可能であったが、イングランドでは不用意であったように思われる[29]。

2　自己評価——法文献の整備と法学教育の文脈

上記のように、スティーヴンによる法典化の試みは、政府起草官や制定法委員会とはちがったルーツをもっており、政府の法案としては異色であったように思われる。

しかし、スティーヴン自身は、みずからの試みをイングランドの法改革のコンテクストに位置づけ、その正当性を主張している。スティーヴンはこうした自己評価を「私的な試みによる法の改善」(一八七七年)という論文で展開した[30]。これが書かれたのは一八七八年の法案が提出される前年であり、スティーヴンによる政府への働きかけに促され、刑事法の法典起草がスティーヴンに依頼された時期と重なる[31]。この小論でスティーヴンは、法典化が「私的」なかたちで試みられていながら、それがどのような「社会的」意味をもっているのかを明らかにしている[32]。

この論文でスティーヴンは、法典化あるいはその骨組みを提示する摘要の作成を、「法文献」の整理として位置づけた。この点は、政府起草官スリングのいう「法の簡潔化という政策」と共通しており、また部分的には、上記の制定法委員会のおこなった仕事とも重なっている。

しかし、スティーヴンにおける「法文献」の整理は、制定法に限定されるものではなく、また、その意義も、法学教育をふくめた、より広い文脈で評価されている。スティーヴンの自己評価は、判例報告委員会のメンバー、インド総督府立法委員、あるいはまた、法学教育評議会のメンバーとして、みずからが活動した経験をふまえていると考えられる。

以下では、法文献の整備と法学教育を中心に、スティーヴンがみずからの法典化をどのように位置づけていたのかを考察する。

(i)　法文献の整備

スティーヴンが法典化あるいは摘要の作成を法文献の整備の一環として捉えるとき、イングランドの法律家は歴史上類例を見ないほど膨大で多様な法的問題に直面している、という現状認識があった。[33]

このような状況が生まれた原因のひとつは、イギリス帝国の拡大である。帝国の統治には法令集が不可欠であり、植民地ごとに異なる法令をまとめるべきであるといわれている。[34] とりわけ、植民地に派遣される裁判官は能力的に劣っていたといわれ、植民地の法が多様であるとき、イングランド法しか知らない裁判官の困難は倍増する。[35] たとえば、イギリス領ギアナは、オランダの裁判所と国会によって変容されたローマ法を使用していたが、イングランドでローマ法研究が復活するのは一九世紀半ば以降であり、それ以前のローマ法の講義は名目的なものにすぎなかった。[36]

法文献の整備にかかわる提言は、インドにおけるスティーヴン自身の経験から出ている。スティーヴンは、インド総督府立法委員の任期中、契約法や証拠法に関する規定を体系化した。しかし、そうした規定は基本的にイングランド法であり、現地の慣習法ではなかった。スティーヴンがおこなった法典化は、帝国統合をはかる役割を担っていたとも考えられる(37)。

インドにおけるスティーヴンの前任者サー・ヘンリ・J・S・メインは、スティーヴンがまとめた証拠法についてつぎのようにいっている。

証拠に関するルールは、人間の本性と行動についての概ね正しい命題の上に打ち立てられている。しかし、あるシステムをイングランドから、インドのように倫理的・精神的にかけ離れた国へ移し替えるとき、特定の社会的状況については概ね正しいすべての命題が、別の人々・別の社会的状況についても同じ程度に正しいと言えるかどうか。われわれにそれはわからない(38)。

この言明のなかに、メインの歴史法学からみた分析法学への批判を読みとることは容易であろう。しかし、スティーヴンも歴史法学から大きな影響を受けていることは後述するとおりである（第五節2）。

また、スティーヴンは、判例報告委員会のメンバーとして活動した経験から判例集の重要性を指摘するとともに、一歩進んで、いわゆるリーディング・ケースの公的な選別・集成の必要性を提言している。

判例報告委員会は、すべての裁判所のすべて判決を正確に記録し、それを廉価で発行することを目的として一八六五年に設立された。それ以前は、出版販売業者が商業ベースで判決集を発行していたが、それらは高価で質的にも一定しておらず、また、不定期の発行であった。こうした難点を改善するために、法学院、事務弁護士協会などの団体、法務総裁、法務次長によって運営される判例報告委員会ができたのである(39)。

判例報告委員会が登載する判例は網羅的であったが、スティーヴンは、それとは別にケースを選別して集成する必要性を説いた。つまり、廃止された制定法に基づく判決や覆された判決、あるいは権威のない判決などを取り除き、一般的な原理あるいはルールに関係するケースを選別し、不要な事実の部分を削除して掲載してはどうかというのである。(40) このように判決が一定の原理やルールを表現したものであるという理解は、いわゆるリーディング・ケースの考えかたである。(41) スティーヴンの提言は、こうした試みを私人によってではなく判例報告委員会のような公的な機関によっておこなってはどうかということであった。

以上のほかに、スティーヴンは年書の翻訳、行政命令の集成など、当時まだ実現していなかった事業についてもその必要性を認めていた。(42) 年書の翻訳については、一八八七年に設立されたセルデン協会によって実行に移された。また、行政命令の集成については、一八九〇年以降、関連制定法と対応するかたちで毎年発行されはじめた。一八九〇年より前の行政命令については *The Statutory Rules and Orders Revised* というタイトルで刊行された。(43)

(ii)　法学教育

法文献の整備において指針となった法的知識の体系化は、後述する「法の科学」というスティーヴンの長年の関心に根ざすものであるが、法学教育の問題とも深いかかわりをもつ。スティーヴンは法学教育評議会のメンバーであり、法学院で証拠法を講じたことがある。

法学教育評議会とは、一八五二年に四つの法学院が法学教育を活性化するという目的のために共同で設立したものである。(44) この設立に先立つ一八四六年、イングランドに法学教育が無いことを批判する報告書が出されていた。そこで確立すべきであるとされた法学教育は、実務的な技術の習得ではなく、法の理論的な把握、基本原則についての「哲学的な」学習であった。(45) このような提言に応えるかたちで上記評議会は設立された。

スティーヴンの考えかたは一八四六年の上記報告書に近い。(46) スティーヴンによれば、大学あるいは法学院で教えられるのは法の体系的知識であることが望ましく、それは実務に携わるまえの最良の準備である。[47]

実際、スティーヴンが証拠法を講じたときに使用したテキスト『証拠法摘要』は、証拠法を体系化するための草稿（一八七二年に依頼されて書いたものの、けっきょく国会に提出されずじまいになっていた）であった。このテキストの序文でスティーヴンは、当時の法律に関するテキストとみずからのテキストを比較している。スティーヴンによれば、従来のテキストは、膨大な判決の寄せ集めであり、索引としてしか機能しておらず、また、そこで扱われている主題とは直接関係しない記述を多くふくんでいた。[48] これに対してスティーヴンのテキストは、厳密に主題の範囲を確定し、それをルールの体系として提示した。[49]

このように法的知識の体系性がことさら強調される背景としては、大学におけるカリキュラムの中心がいわゆる一般教養的なものであり、法学じたいの存在感が薄かったこと、また、法は体系的知識ではなく、法廷技術として徒弟関係のなかで伝授されるものだったことがあげられるであろう。[50]

三　法の支配と国会の主権

前節では、法務総裁の説明を参考にしながら、スティーヴンによる法典化案の特色を明らかにした。本節では、スティーヴンの法案が国会にどのような論争を引き起こしたかという点について考察する。

スティーヴンの法典化案は、一八七八年、七九年、八〇年、八三年に国会に提案されている。このうち、スティーヴン自身の法典概念を理解するうえでもっとも参考になるのが七九年案とそれをめぐる国会審議である。そこでは、法典化案の「革命的」性格が浮き彫りにされ、法案に対する不安が表明されている。[51]

スティーヴンの法案は、国会でどのように受けとめられたのであろうか。この問題の考察をつうじて明らかになるのは、スティーヴンによる法典化がもった社会的意味である。もともと「私的な試み」として構想されたスティーヴンの法案は、個人的な意図から切り離され、国会とその環境によって評価を左右される。すでに見たように、スティーヴンはみずからの法典化を法文献の整備と法学教育の文脈上に位置づけていた。しかし、国会ではそれとはちがう扱いをされる。

では、いったいどのような環境によって国会の議論は方向づけられていたのか。国会をとりまく環境といっても一八七九年のそれと、一八八三年のそれとでは大きなちがいがあることに注意しなければならない。

以下では、まず、八三年法案をめぐる議論を瞥見し、つづいて、七九年法案をめぐる議論を検討する。

1　国会の環境と議論の焦点――一八八三年法案のばあい

まず、一八八三年における国会の議論とその環境を見ておきたい。本稿では八三年法案について深くは立ち入らないが、そこでの議論は、国会がいかにその環境から影響を受けるかを示す好例である。また、帝国統合という視点が、一九世紀のイギリスにおいても有効であることを示唆している点で、八三年の国会の議論は有用である。

八三年法案は、それまでに出されたスティーヴンのいずれの法案とも異なっている。まず、法案を提出した政府がちがう。一八八〇年、第二次ディズレイリ保守党から第二次グラッドストン自由党に政権が移っている。このときの法案提出者は、それまでスティーヴンの法案に反対していた法務総裁（Sir Henry James）である。また、八三年法案は、それまでの法案とは異なり、刑事法の実体的部分を除いた手続法の部分だけであった。さらに、その内容についても七九年法案と同一でないという批判があった。

しかし、もっとも重要なちがいは、法案の中身よりも、むしろ国会をとりまく状況であったといえよう。

八三年法案をめぐる国会審議には、アイルランド自治問題の影響が見られる。法案の対象地域には、イングランドだけでなく、アイルランドもふくまれていた。そのため、アイルランド選出の議員は、この法案がアイルランド抑圧の新たな手段になるのではないかという危惧を表明した[52]。もとより、この法案が成立すればアイルランドのみならずイングランドにも適用される。したがって、アイルランド選出の議員だけが不安を感じるのは奇妙である。しかし、そうした不安の背景には、イングランドによる数世紀の抑圧の歴史に加え、八〇年から八三年のあいだに起こったアイルランドをめぐる政治的事件があった[53]。

ここで注意したいのは、アイルランドが法典化案の適用対象地域に組み入れられたのは七九年法案からであり、八三年法案が初めてではないという点である。それにもかかわらず、七九年の国会審議ではアイルランド抑圧の不安はほとんど表明されていない。むしろ逆に、法典はそうした抑圧を取り除くであろうと期待すらされていた[54]。その理由としては、切迫した状況が表面化していなかったこともあろうが、七九年法案は八三年法案とは異なり、実体法の部分をふくんでいた点があげられよう。イングランドと同一の刑事実体法が適用されるようになれば、イングランドに苦しめられていたアイルランドの状況も改善されると考えられたのである。

これに対して、八三年法案は手続法の部分だけしか含んでいない。そのため、適用されるべき実体法が抑圧的な特別刑法である可能性は十分にあり、じっさい、一八八二年の「犯罪防止法」（Prevention of Crime (Ireland) Act）の成立は、そのような不安をもって見られている[55]。

アイルランド支配という観点から見ると、八三年法案は法典による帝国統合の試みということができるであろう。もちろん、七九年法案にもそのような面がある。しかし、これらふたつの法案がもたらす帝国統合は、対照的な効果をもつように思われる。上記のように、七九年法案はアイルランドの議員から歓迎された。また、カナダ、ニュージーランド、オーストラリアのいくつかの州など、イギリス旧植民地でスティーヴンの法典化案は採用された[56]。法典は、単一の法文化圏が存在することを目にみえるかたちで示す。

これに対して、八三年法案のばあいには、帝国統合における法典の役割の影の部分が強く意識されている。アイルランドとイングランドが同一の手続法をもったとしても、ふたつの国では法の効果は異なったものになり、アイルランドにとって法典化はむしろ有害であるという主張が国会で展開されている。

> 古い格言では、あらゆるイングランド人の家は各自の城であるが、この法案のもとでは各人の家は昼夜を問わず警察の捜査を受ける。また、この国の人びとの記憶を超えた慣行では、各人は有罪を立証されるまで無辜であると考えられているが、この法案の一般的効果によって、各人は自分でみずからの無辜を立証するまで有罪と考えられるのである。(中略)もっとも、イングランドには自由な言論および効果的な世論という防波堤があるとはいえよう。しかし、アイルランドにはそのいずれも存在しない。アイルランドの世論は、法の運用あるいは判決に関して効果をもたない。庶民院あるいはアイルランドの裁判所に対して世論がなにかを要請すれば、それだけいっそう確実に拒否される。また、いかなる問題についてであれ、アイルランドの世論がまとまっていればいるほど、イングランドの世論は堅く結束してそれに譲歩しない。アイルランド人は世論という防塁をもたないのである。また、アイルランド人は言論の自由による保護を受けない。というのは、そのような言論の自由はアイルランドにはないからである。公に言論活動をする人がいても、政治問題をあつかうなら、かならず、いい加減な法務総裁によって、たくまれた陪審の前に引き立てられ、扇動文書作成の罪で有罪にされるだろう。つまり、この法案はアイルランド人の自由を守る最後のとりでを剥奪するのである。(57)

2　司法機構の強化と民主政の発展

つぎに、七九年案をめぐる国会の議論とその環境を検討する。七九年の議論の背景は、八三年のばあいほど際立っていない。しかし、長期的な視野に立つと、そこには司法機構の強化および民主政の発展という背景が見えてくる。

司法機構は、一九世紀をつうじて様々なレベルで漸進的に強化されてきた。[58] たとえば、上位裁判所の統合が実現する一方、下位の裁判所では、治安判事の管轄権が拡大し、カウンティの治安判事に法的助言を与える資格が厳格になった。[59] また、内務大臣の監督を受ける警察の成立により、訴追の主体として捜査力をもった警察が前面にでてきた。警察は組織の近代化とともに、その職務内容を公共の安全から社会生活全般へと広げていった。[60]

このように裁判あるいは訴追にかかわる活動が専門化し、集権的な傾向を帯びはじめていた。スティーヴンの法案は、このような傾向をさらに促進する要素をふくんでおり、それが批判の理由となった。

ところで、司法機構における専門化・集権化と並行し、国会の民主的性格が強化されていた。これは、民主政の発展を示すひとつの契機であり、七九年の法典化の議論を理解するうえで重要なもうひとつの背景である。

国会の民主的性格を格段に強めたのは、一八六七年の選挙制度改革法である。この法律によって有権者の数が飛躍的に増え、国会の民主的な基盤は強化された。当時の法学者アンスンは、「一八三二年から一八六七年までの内閣は、投票者控え廊下（division lobby）の決定を待ったが、一八六七年以降は通常、仮設投票所（polling booth）の決定を受け入れる用意をしている」と述べている。[61] 六七年以前における国会制定法は、国民の意志というよりもむしろ行政府の命令に近いものであった。それは一部の者だけに理解できる専門的で難解なものでも差しつかえなかった。[62] しかし、議員が、観念的にではなく実質的に国民の代表になると、専門的だからといって法案の討議をおろそかにすることはできない。じっさい、前記の八三年法案が、専門的な法案をあつかうために新設された常設委員会に送られるとき、本会議の権威が低下するという意見があった。[63]

スティーヴンも国会が民主的な基盤を固めていたことは認識していた。しかし、彼は国会の民主化に否定的な評価を与え、専門家の優位を説いた。スティーヴンが専門家のモデルとしたのは裁判官であった。これは、数の支配に対する賢者の判断の優位と理解することができる。[64] スティーヴンによれば、民主化とは政党が国会の中心になっていくということを意味した。しかし、そこでは政治が勝敗を競うゲームになり、法案は政治の駆け引きの道具になる。また、政権の交代により、公務の継続性が阻まれる。[65]こうした政党政治の欠点を補うために恒久的な専門家組織の必要が説かれる。[66]

以上のような民主政の発展を考慮するとき、七九年法案の国会審議の特色はよく理解できる。前年の七八年法案は、撤回されたのち、次期国会での成立を目指して、王立委員会で再検討されることになった。この委員会のメンバーには、スティーヴンをふくむ四人の上位裁判所の裁判官が選ばれた。このようなイギリス法の権威たちによって吟味された法案が、大衆の代表である議員から抵抗を受けたのである。なぜ国民の代表である庶民院が裁判官という法律専門家の助言を聞き入れなければならないのかという感情的な反発、あるいは、王立委員会の裁判官たちは裁判官としての分限を越えて立法をおこなったという非難があった。

このような国会審議のありさまをスティーヴンはつぎのようにいっている。「議員のひとりひとりは賢いが、国会全体は一匹の愚鈍なロバである。議員は下劣な口論をしてはしゃぎ、才能を浪費している。この議員たちは、みずからが適切にもバカにしている彼らの選挙区民と同じレベルの知性にまで落ちようと試みているのであり、それは大成功している」。[67]

国会の反発の原因は、法案が上位裁判所の権威によって提出されたことにあった。しかし、それは体裁の問題にすぎない。反発の原因はもっと実質的なところにあった。それは、スティーヴンの法典化案が現行法の変更をふくんでいたことに求められる。

法務総裁は、これらの変更点を七八年および七九年の第一読会で列挙し、法務総裁自身、それらの変更を「根源的な変更」と位置づけた。[68]およそ現行法の変更は、たんなる既存の法の整理・統合とは異なり、国会で新たな議論を呼び、法案の通過を難しくする。前述のとおり、一八六九年に設置された政府起草官や一八六八年の制定法委員会はこのことを認識していた。しかし、スティーヴンの法案、とりわけ七九年法案の「根源的な変更」は、上位裁判所の権威という体裁と相まって大きな反発を招いた。

以下では、七九年法案にふくまれる現行法の変更を三つの項目に分けて説明する。こうした変更により、刑事裁判のシステム化が徹底し、民主的性格を強めた国会とのあいだに摩擦を生じたのである。

(i) 裁判所の管轄権の整備

七九年法案に見られる変更は、司法機構の強化を特色とし、ある意味で「法の支配」の条件整備であった。すでにふれたように、司法機構の強化は一九世紀をつうじて徐々に進展していたが、「最高法院法」(Supreme Court of Judicature Acts 1873 & 1875) の成立はそのひとつの到達点であった。この法律によって「全能なるひとつの管轄権」が確立したといわれるが、(69) それ以前の裁判管轄のありかたは複雑・多様であった。まず、コモン・ロー裁判所とエクィティ裁判所が並立し、教会裁判所の管轄権を部分的に継承した離婚裁判所および遺言検認裁判所、さらに、海事裁判所があった。このように林立する裁判所の管轄権を統合しようというのが最高法院法の眼目のひとつであった。その結果、三部構成の高等法院と上訴裁判所である控訴院が設置された。

こうして管轄権の統合・序列化がおこなわれたが、このことは、地方の多様な判決によって法の確実性ないし安定性が損なわれることを防止する。ある論者は、最高法院のように「監督権限とその権限を行使するのにもっともふさわしい知性がなければ、法典の欠如によってすでに十分曖昧な我々の法は、ほどなく混沌と化す」と指摘した。(70)

上位裁判所を強化したもうひとつの制定法として、一八七六年の「上訴管轄権法」(Appellate Jurisdiction Act) をあげることができよう。これにより貴族院の裁判は、常任上訴貴族、大法官、ほかの貴族で上位裁判所の裁判官経験者のうち三名が担当しなければならなくなった。こうして最高裁判所としての貴族院の質的向上が図られた。(71)

七九年法案は、以上のような司法機構の統合・序列化をさらに促進する変更をふくんでいた。

まず、刑事事件における控訴院の設置である（五三八条）[72]。当時の控訴院は、民事事件の上訴裁判所であった。また、同じ条項で、刑事事件について控訴院から貴族院への裁量上訴も規定された[73]。当時のイングランドには、原則的に刑事事件の上訴システムはなかったのである[74]。

また、有罪判決が確定した後、評決が不当であるか、新たな証拠が出てきたばあいに、控訴院で再審理を可能にする規定が設けられた（五四四条）。従来、内務大臣の指示により再調査は可能だったが、それは公開の裁判所でおこなわれる証拠の再吟味とはちがう性格のものであった。このほか、スティーヴンは、四季裁判とアサイズ（正式巡回裁判）の実施時期がかみ合っていないという批判をしている[75]。

(ii)　裁判所の権限の強化

法案反対の理由のひとつは、裁判所の権限を強化する変更にあった。反対派の議員が「革命的」と評した変更のうち、とくに議論されたのは、刑事被告人が自分の事件で証人適格を認められ、尋問の対象になることであった（五二三条）。法案の反対者は、被告人の不利益を指摘し、被告人にとって反対尋問は精神的拷問である、あるいは、証言の拒否は陪審に有罪の印象を与えると批判した。また、裁判所の証拠調べ能力の増大が臣民の自由を脅かすという批判もあった[76]。

また、直接批判されてはいないが、下位の裁判官である治安判事の権限の強化にも注目したい。治安判事は、犯人が見つからず、被告人が確定しない段階で、証人に宣誓させて証言を得る権限を与えられた（四五〇条、四五二条、四五四条）。しかし、宣誓をさせて証言を得るとは、神にかけて真実を述べることを強要することであり、本人の自発性を重視するという理由から宣誓は従来用いられていなかった[77]。

刑事被告人に証人適格を認めるという変更は、裁判所に新たな権限を与える別の変更とも関連している。それは、裁判手続を刑事から民事へ切り換える権限を裁判所に与える規定である（四七五条）[78]。たとえば、裁判所はニューサンスの事例で、刑事手続から民事手続に切り換えて審理することができ、これにより、被告人は、自分の利益のために証言する資格を得る。(79)

このほかにも裁判所の権限を強化する変更がある。裁判所は名目的な処罰にとどまる案件であると判断するばあい、評決なしに被告人を免責できる（一三条）。この点は、裁判官によって濫用される危険があると批判された。(80)

(iii)　訴追のシステム化

司法機構の強化として裁判所の統合・序列化および裁判所の権限の増大傾向をみたが、さらに訴追段階における集権化・専門化の傾向にも注意する必要がある。この傾向を端的に示すのは刑事事件における公訴化であろう。イングランドにおける刑事訴追の原則は私人による訴追であり、誰がどのような犯罪を告発してもよかった。この私人訴追の原則によれば、犯罪者の処罰がなされるかどうかは訴追者の能力と熱意に左右されることになり、必罰は期しがたい。(81)

これが公職者による訴追へと変化する。一八七九年の「犯罪訴追法」（Prosecution of Offences Act）は、イングランドに初めて公訴官を設置した。公訴官は、私人、警察、および、法務総裁とともに訴追者の一部であり、公訴官それじたいの役割はそれほど大きくはなかった。しかし、その存在は、すでに進行していた私人訴追から公職者訴追への移行を象徴するものであった。(82)

七九年法案が、このような公職者による訴追を促す法改正をふくんでいたことは注目されてよい。

まず、「嫌がらせ訴訟防止法」（Vexatious Indictment Acts）が実質的にすべての事件に適用されるよう変更された（五〇五条）。元来、この制定法は、偽証や名誉毀損など特定の犯罪について、裁判官、法務総裁、法務次長、あるいは、治安判事の許可がなければ、正式起訴の手続を開始させない趣旨のものであった。七九年法案はこの法律をすべての犯罪に適用可能にした。これは、私人訴追の原理から帰結する訴訟の自由に対し、抑制的にはたらく変更であるといえよう[83]。

ところで、七九年法案は、犯人の逮捕および処罰を迅速かつ確実にするための変更をふくんでいた。ここにも、公職者による訴追システムの確立を促進する要因がある。従来、管轄の異なる場所での逮捕には、当地の治安判事から許可を得なければならなかったが、その必要をなくした（四四三条）[84]。また、従来、犯行地以外では裁判が開けなかったので、逃亡先のカウンティで受けた裁判が無効になるおそれがあった。そこで七九年法案は、権限のない治安判事の作成した証言録取書と正式誓約書の有効性を認めた（四四六条）[85]。

このほか、判決が出される前であれば、法務総裁は訴訟手続の停止を命令できた（五三七条）。この規定は法務総裁を「あらゆる訴追の主人」にするものであると批判された[86]。

四　法典の「完全性」をめぐって

前節では主として七九年法案の国会審議を検討し、スティーヴンによる法典化の試みを、民主政の発展および司法機構の強化という社会的文脈に位置づけた。スティーヴンの試みは、「法の支配」の条件整備にかかわる変更をふくみ、国会の反対にあったが、さらに後述するとおり、法曹の反発を招いた。

ところで、かりに法案が「根源的な変更」をいっさいふくんでいなかったとしたら、ちがう結果になったであろうか。たしかに、法典が現行法の実質に変更を加えず、表現形式だけを変えるのであれば、現実の利害関係は維持され、現状についての反省的な議論は起こらなかったかもしれない。

しかし、そのばあいには、現実の利害関係とは次元のちがう問題、つまり、法典とはどのようなものであるべきかという問題がクローズアップされるであろう。それは、法典の理念についての議論である。

じっさい、法典の理念にかかわる議論は、民主政と司法とのきしみの問題に混じって、でている。それは、法典が「不完全」であるという批判である。

では、なにを規準にして完全であるとか不完全であるということができるのか。七九年の国会審議には、スティーヴンの七八年原案について、「立法者ではなく浅学者のものであり、実務家よりも大学教授にふさわしい」といった非難が見える。(87)この発言には、実務家のいう完全性の規準と大学教授のそれとはちがうのだという含意がある。

この後者の「大学教授の規準」は、「法の科学」ということができるであろう。「法の科学」は、一種の「完全性」を担保するはずのものである。ところが、国会では法典化案の「不完全性」が批判の論点になった。

法典の完全性に関する議論をたどっていくと、スティーヴンにおける「法の科学」とはどのようなものかという問題に突きあたる。本節では、スティーヴンにとって法典の「完全性」が意味することを明らかにする。

1　国会審議に現れる法典観

まず、国会でスティーヴンの法典化法案に加えられた「不完全」であるという批判を取りあげよう。国会での議論からは、以下の三つのタイプの法典観を引き出すことができる。

その第一は、法典の完全性を力説する理想主義的なタイプである。これによると、法典はローマ法大全のように完全なものでなくてはならず、そうでないなら、法典など作らないほうがましであるとされる。(88)このような理想主義は、現行法のより高度な完成を目指し、そのための法改正を積極的に肯定する。また、そうした変更の実施にあたり、イングランド以外の国々の法をできるかぎり参考にし、完成度の高いものにすべきであるといわれる。(89)ここには、コスモポリタン的な普遍志向がうかがわれる。このような法典観は、ベンサムにみられるものであるが、スティーヴンの法典化は、ベンサムのそれよりも現実主義的である。[90]

第二のタイプは、第一のそれの対極にある保守的な法典観である。それは、法典を現行法の体系化にすぎないと考える。この考えによれば、法典は現行法のたんなる「宣言」であり、「創造」的要素をふくまない。したがって、その規模も、拡大的ではなく、高い完成度も即座に要求されない。つぎの意見は、このタイプの法典観を表現している。「その法典案が提出された当初、それは既存の法律を法典化する（codify）ものであって、法律の内容そのものに根本的変更を加えるものではないと理解されていた。ところが、法務総裁の演説を聴いてみて、この法案が法典化（codification）ではなく、既存の法律の転覆であると得心しなかった者がいたであろうか[91]」。このような法典観は、ジョン・オースティンにみられるものである。オースティンは、法典化は法の形式的な変更にとどまり、内容の実質的な変更をともなうべきでないと考えた。[92]

第三のタイプは、上記ふたつの法典観の中間にあるといえよう。それによると、法典は一定の完成度を目指し、ある程度の法改正をふくむが、その射程ないし規模は現実の必要に限定される。こうした折衷的な性格は、七九年法案を説明した法務総裁の発言に現れている。法務総裁は、一方でこの法典が現行法の「立法的宣言」であるといいながら、他方でいくつかの「根源的な変更」をふくむという。[93]そこには、「宣言」的要素と「創造」的要素が混在する。

スティーヴン自身の法典概念は、第三のタイプであった。この法案がいくつかの現行法の改正をふくんでいたことはすでに述べた。そして、その射程もきわめて限定されていた。まず、それは刑事法の法典化を試みたものであり、ほかの法領域をふくまなかった。さらに、刑事法の分野でも、正式起訴によって訴追される犯罪とその手続に関する法だけがあつかわれた。スティーヴンの法典化案は、治安判事の小裁判所で審理される正式起訴によらない犯罪を原則的にあつかっていない。この点については次項でふれる。

このような折衷的性格のために、スティーヴンの法典化案は他のふたつのタイプの法典観から挟み撃ちにされた。前節でみたように、第二のタイプの保守的法典観からは、その革新的性格が批判された。こうした批判と妥協するかのように、法務総裁の法典理解も変わっていくように思われる。一八七八年の時点で法務総裁は、そもそも法典化とは現行法の「改正」を当然にふくむものと理解していた。しかし、改正点への批判が出るにつれ、次第に現行法の整理・統合という面に力点が置かれるようになる。じっさい、被告人の証人適格に関する改正について、法務総裁は七九年の時点で消極的であり、八〇年法案のときには改正点として言及しなかった。(94)

また、第一の理想主義的な法典観から、スティーヴンの法典化案は「不完全」であると批判された。たとえば、日曜営業を禁止する制定法がふくまれていないので不完全であるという批判が散見される。(95) しかし、すべての制定法を法典のなかに組み込むことは実際上不可能であり、取捨選択が必要になるであろう。そこで、スティーヴンがこの取捨選択にあたり、どのような規準を採用しているのかが問題になる。

2　イングランド首席裁判官への反論

では、スティーヴンの法典化案が「不完全」と批判されるばあい、その明確な理由はなにか。また、スティーヴンにとって法典の「完全性」は何を意味するのか。

この問題を考えるばあい、スティーヴンとイングランド首席裁判官コウバーン（Sir A. J. E. Cockburn）の関係は重要である。イングランド首席裁判官の地位は、「最高法院法」によって創設され、コウバーンはその初代である。また、その地位は裁判官の序列のなかでは大法官に次ぐ。

コウバーンは国会よりもいっそう徹底的に、スティーヴンの法典化案の「不完全性」を批判している。コウバーンは、七九年法案に対する批判を法務総裁に送った。これに応じてスティーヴンは、一八八〇年一月に同裁判官に対する反論を公表した[96]。スティーヴンの八〇年法案が提出されたのは翌月六日であるから、この反論は国会での審議を意識したものであろう。本項ではこの反論の考察をつうじて、上記の問題を解いていく。

ところで、コウバーンは、七九年法案への批判に先だって、スティーヴンによる法典化の試みを二度にわたり「妨害」している。まず、コウバーンは、一八七四年にスティーヴンが試みた殺人に関する法律の「法典化」に反対した。このときの反対の理由は、その「法典化」が部分的なものにすぎないというものであり、これがスティーヴンを触発して、より包括的な刑事法の法典化に向かわせたといわれる[97]。さらに、その五年後、コウバーンは七九年法案を検討した王立委員会に参加しなかった。この王立委員会は、スティーヴンをふくむ四人の裁判官によって構成され、法務総裁が述懐するように、コウバーンの参加が実現していれば、法案の権威はいっそう堅固になったはずである[98]。そして今、この七九年法案に対してコウバーンは、実務に携わる法曹のトップとして、公然と法案を批判したのである。

コウバーンが批判するのは、七九年法案にふくまれる以下のような「不完全性」である。第一に、用語と配列に関する技術的な不完全さである。第二に、法典化されていない制定法が依然として多く残されているという点である。第三に、法典化されていないコモン・ローが残っているという点である。第四に、正式起訴によらない犯罪訴追がふくまれていないという点である。

スティーヴンは、以上のような観点からなされた「不完全」であるという批判に対し、誌上で反論を展開するが、コウバーンの指摘したすべての点に答えているのではない。第一の技術的な不完全さについては回答していない。また、コウバーンは指摘していなかったが、法典化に対して当時一般的に加えられていた批判があり、これに対してスティーヴンは反批判を試みている。スティーヴンは、この一般的な批判に答えることもコウバーンへの回答になるといっている。それは、コウバーンを頂点とする法曹たちに向けられたものであるように思われる[99]。

まず、法典化に対して当時加えられていた一般的な批判に対して、スティーヴンがどのように回答しているのかを見ておきたい。

スティーヴンが法典化を実現しようとしたとき、その障碍のひとつは裁判官や法廷弁護士集団の反対であった。[100]コウバーン自身は言及していないが、裁判官たちは、コモン・ローの成文化によってその柔軟性が失われると考え、法典化に反対していた。スティーヴンが『証拠法摘要』の序文で指摘したように、実務家たちのあいだには抽象的な法命題に対する不信があった。[101]

そこで、スティーヴンは、「コモン・ローの柔軟性」とは何かと問う。スティーヴンによれば、コモン・ローの柔軟性は、裁判官がもっている「立法能力」である。コモン・ローは、こうした裁判官による立法活動をつうじて徐々に形成されてきた。しかし、裁判官の立法能力は国会のそれとはちがい、きわめて限定されたものである。それは国会の制定法によって制限され、さらに、すでに確定しているコモン・ローじたいによって制限される。コモン・ローには確定した部分と不確定な部分があり、裁判官は立法能力を後者の範囲内で、しかもすでに確定しているルールを発展させるようなしかたでしか行使できない。[102]

一八七九年の王立委員会の報告書は、もっとはっきりコモン・ローの柔軟性を否定している。そこでは、イングランド法の特色は柔軟性ではなく、極度な精密さ・明確性であり、「裁判官にはほとんど裁量の余地は残されていない」といわれている。[103]

右報告書で興味深いのは、このようなイングランド法の特色がフランス刑法典との比較で論じられていることである。そこでは、フランス刑法典が抽象命題からなる完全な体系だからといって、フランスの裁判官をまるで機械のように考えるのは間違いだといわれている。法文が抽象的な語によって書かれていることにより、裁判官の裁量の範囲は広く残されているのである。[104]しかし他方、法典の解釈に関連して、フランスの裁判官は先例に拘束されないが、先例に指導されるともいわれている。コモン・ローも大陸法も、司法裁量を制限するルールの体系であるという点でそれほど大きく違わない、というのがスティーヴンをふくむ王立委員会の理解である。(105)

さて、スティーヴンの反論の主要な部分は、法典が「不完全」であるという批判に応じた箇所である。先に述べたように、その不完全性はいくつかの点について指摘されていた。まず、刑事にかかわるすべての現行の制定法が法典のなかにふくまれていないと批判されていた。これに対してスティーヴンは、「犯罪」とはなにかという一般的問題を提起する。(106)

スティーヴンにとって防止すべき「犯罪」とは、なによりもまず、共同体の存立を脅かす類のものである。したがって、法典があつかう対象も、共同体を維持するために必ず防止しなければならない犯罪に限られ、このような観点から制定法は分類される。(107)

この基本線は、コウバーンのもうひとつの批判に対しても貫かれている。スティーヴンの法典化案は、正式起訴によらない訴追をふくまず、「不完全」であると批判されていた。正式起訴によらない裁判では、治安判事が陪審なしで判決をくだす。これは、比較的軽い処罰ですむ犯行のばあいに利用される手続である。(108)一方、正式起訴による訴追のプロセスは、「犯罪」の防止が共同体の維持に不可欠であることを示している。それは、大陪審が起訴か不起訴かを決定し、起訴のばあい、裁判所で小陪審が事実を認定して、それに裁判官が法を適用するというプロセスである。共同体の維持というスティーヴンの観点から見れば、一般住民が裁判過程にかかわっているのは、犯罪が共同体の平安を直接脅かす類のものだからであるといえよう。

スティーヴンはこの種の犯罪の例として、公的平和の侵害、公共の利益の侵害、個人の身体・財産・名誉の侵害をあげている。(109)こうした犯罪は、たとえば、繁殖期における海鳥の密猟などとは区別される。海鳥の密猟によって共同体の存立が危うくされることはないからである。

ところで、「共同体」がどのような人たちによって支えられていたかということは、スティーヴンの法思想を考える上で見逃せない論点である（第六節）。ここでは、小陪審の資格要件のひとつがその地方の選挙権者よりも多くの資産をもつことだったという点、大陪審のばあいも大同小異であったという点を指摘しておきたい[110]。法典によって保護される「共同体」は、経済的・文化的に仕切られた階層社会であった。

つぎに、コウバーンは、法典化されていないコモン・ローが存在しているので「不完全」だと批判していた。七九年法案では、成文化されてないコモン・ローによって訴追されることはないと規定され、先例は法源として否定された。ところが、犯罪に対する免責のルールについては明文がないばあいでも、先例を法源とすることができるとされていた。この一貫性の欠如が批判されたのである。

スティーヴンはこの批判に対し、免責のルールを厳格に明文化すると、社会の感情・世論が道徳的に容認するケースでも法律が免責しないという状況が生じる、つまり、道徳と法律の乖離・対立が生じる恐れがあるという。この回答の趣旨は、刑法は社会一般の道徳感情・世論からかけ離れては存立しえないということである。このようにいうスティーヴンの念頭にはマクノートン事件（M'Naghten Case, 1843）があったことであろう[111]。この事件で被告人は、当時の首相ロバート・ピールを暗殺しようとして誤ってその秘書を殺害したのだが、精神障害をもっているという理由で刑事責任を免除された[112]。次節でふれるようにスティーヴンは、精神障害者を処罰することは社会の道徳感情に反すると述べている。

コウバーンの批判に対するスティーヴンの回答から、スティーヴンなりの法典の「完全性」が明らかになっているように思われる。それは、ふたつの意味をもっている。

まず、コモン・ローの柔軟性が失われるという法典化反対の一般論に関連して、法典は裁判官の恣意のはたらく余地が少ないルールの体系であるという理解が示された。

もうひとつの意味は、道徳的価値の一般化である。スティーヴンは、コウバーンの批判にふたつの論点から応答した。まず、「犯罪」は共同体の存立にかかわるという点、もうひとつは、法は社会一般の道徳的感情に支えられているという点である。要するに、社会の存立に不可欠な道徳的価値は共有され、法典のなかに一般化されるというのである。

五　法典論の基礎にある「法の科学」

以上のように、スティーヴンにおける法典の「完全性」は、ルールの体系と道徳的価値の一般化というふたつの意味をもつ。法曹との関係でいえば、法典は、裁量の余地をあまり残さない裁判規範として、一般人との関係では、道徳的価値という人間的なものに支持される行為規範として描かれている。

本節では、これらふたつの意味における「完全性」が、スティーヴンにおける「法の科学」によって支えられていることを明らかにする。

前節でみたのは、スティーヴンがインドから帰国し、法典化作業にコミットする過程で表明された法典概念である(113)。スティーヴンの考えは、法典化を実現していくなかで、彼をとりまく環境との接触をつうじて徐々に形成されてきたようにもみえる。

しかし、インド渡航以前に「法の科学」が、法典化という実践的な課題とは別なかたちで、すでにスティーヴンにあり、その後の法典化の試みの基盤となった。本節では、インド渡航以前にスティーヴンが「法の科学」をどのように理解していたのかという問題をあつかう。

このことを知るためには、一八五八年に『エディンバラ・レヴュー』に掲載されたバックル批判が参考になる。[114]これはスティーヴンの論説のうちもっとも早い時期に書かれたもののひとつであり、たんに法の科学といったトピックにとどまらず、人間と社会について幅広く論じている。それはすでに、インドからの帰路に起筆された『自由・平等・博愛』の論調を示している。

1　価値の体系化――バックル批判

一九世紀のヨーロッパにおいて自然科学の発達はめざましく、その方法論は社会科学の分野にも波及してきた。ヘンリ・トマス・バックルの『イングランド文明史』(第一巻一八五七年、第二巻一八六一年)は、歴史の分野においてそのような自然科学化の試みをおこなうものであった。

バックルによれば、文明の進度は、気候や土壌といった自然環境、あるいは、知的水準といった社会環境によって決定される。それまで古事研究、年代記、物語として書かれてきた歴史は、自然科学にならって「科学化」された。バックルは、『イングランド文明史』のねらいをつぎのように述べている。「あらゆる人民の進歩は、物理世界を支配する原理――一般の呼称に従うならば法則――と同じ規則正しさと確実さをもつ原理・法則に規制されている。これらの法則を発見することが私の書物のねらいである」。[115]

このようにバックルの歴史学では、人間の行動は自然法則によって決定される。文明はいわば船なのであり、乗客は甲板の上で自由に動き回っているように見えるが、船の進路を変更することはできないのである。この決定論は、人間の自由意志を否定するものであるとして物議をかもした。[116]

スティーヴンは、バックルの歴史学を批判した。しかしそれは、社会科学の自然科学化に反対したからではない。自然科学のように確実な知識の体系化を目指すにあたって、バックルの方法が因果律を偏重し、価値の問題を排除する点をスティーヴンは批判したのである。

歴史の科学化というバックルの試みは、少なくともふたつの側面からスティーヴンにおける「法の科学」を刺激したように思われる。まず、バックルが歴史学というかたちで人間の行動をあつかっていたために、同じく人間の行動をあつかう法学の学問的性格が問われることになった。つぎに、バックルの主題は文明論であったから、スティーヴンの批判はその文明論にも向けられた。このバックル文明論への批判をつうじてスティーヴンは、「法の科学」があつかう対象の範囲を明らかにする。

(i)　学問的性格への批判

バックル歴史学の学問的性格を批判するスティーヴンの主な論点は、「法」(law) の概念と、統計の利用である。バックルの「法」は、いわゆる自然法則であり、一般にそれは、人間の自由意志を否定するものと受けとめられた。しかし、スティーヴンは、バックルの「法」は見かけほど強力ではないという。たしかに、バックルは「法」という語を強制的な支配力をもつものとして使っているようにみえる。しかし実は、バックルの「法」は、事実関係を説明する概念にすぎない。スティーヴンによれば、バックルの「'laws'」は、知性に認識され、その知性のためにのみ存在する。それは、そうした知性が将来の出来事についての意見を形成するために参照する定式にほかならない[117]」。つまり、それは、認識中心で観想的な「法」の概念だというのである。

スティーヴンは、このような観想的な「法」の概念を批判した。彼は、「法」はそれじたいで人間やものを支配する強制的な力をもたなければならないと考え、オースティンにならって法命令説を採用する。

［法は］制裁によって強制される命令であり、義務を押しつける。命令は強者から弱者に対するつぎのような告知である。すなわち、弱者がある行為をしないかあるいは差しひかえないとき強者は弱者に危害を加える、という告知である。

このようにいうとしても、法への服従は、意志に基づく行為として記述される事柄に属する。意志に基づく行為とは、人格の性情から生じる行為であり、本人が生き・意欲する主体として参加する行為である。[118]（［　］内は引用者）

このような法命令説における法の概念は、バックルの観想的な法の概念とは二つの点で対照的である。まず、バックルにおける「定式」としての法は、事物の関係を認識させる知的枠組みにとどまるものであり、現実に人間を行動に駆り立てる原因ではない。これに対してスティーヴンの「法」は、たんなる認識手段ではなく、人々の行動を規制し、社会の統合を実現する実践的なものである。

つぎに、バックルの自然法則は、ややもすれば自由意志と矛盾するかのように誤解されるが、スティーヴンにおける命令としての法は、それに服する人間の自由意志を否定するものではない。

以上の二点に関連して、スティーヴンは、以下の二点でバックルの統計利用を批判する。

第一に、統計は、物理世界の事象を理解するには適切であるが、人間の行動のように多様で複雑な現象をあつかうには不適切であると批判される。たとえば、天文学において統計資料から法則を導き出すことは比較的容易にできるが、歴史学のように人間の行動をあつかう学問では、統計から法則を見つけることはたいへん難しい。

そこでスティーヴンは、人間の行動をあつかう学問は、統計ではなく、人間の自然本性についての知識、つまり、「形而上学的、心理学的、倫理学的な」知識に基礎をおくべきだという。

これと対照的に、バックルは、人間の本性についての知識を「形而上学的」であるとして退け、その代わりに統計を用いた。バックルによれば、精神にかかわる探求のほとんどは、特定個人の知性を観察することによって得られた神学的あるいは形而上学的な仮説に基づく。バックルの方法は、人間の知性の個別的な考察を拒否し、統計から歴史法則を導出する帰納法であった。[119]

このようなバックルの見かたからすれば、スティーヴンの立てる人間本性についての命題は、直観的なものにすぎず「科学的」ではない。他方、スティーヴンからみれば、かりに統計から法則が導出されたとしても、その法則は事実関係の記述でしかなく、人間の行動に動機づけを与えない。

第二に、スティーヴンは、バックルが統計を確率として理解せず、因果律の割り出しに利用したのは誤解であると批判する。

バックルによれば、犯罪は、犯罪者個人の悪徳の結果であるというよりも社会環境の結果である。この社会環境の状態を示す統計から「法則」を導出することができ、その法則の必然的結果として犯罪が発生する。さらに、この「法則」によって人間の行動を「予言」することができる。

これに対して、スティーヴンは、統計の性格は確率であり、個々の行動を決定したり、予言したりすることとはまったく関係がないという。そして、さいころの例を引き合いに出す。「一万回投げて6の目が何回でるか1の目が何回でるかを正確に予言することはできるが、その都度のさいころの目が何であるかを予言することは決してできない。一般的な結果についての確実性は、個別の結果についてなんら結論を導かない[120]」。

さいころの例によるスティーヴンの批判は、「一般的な結果」について蓋然的な予言可能性を認めており、統計の意義を全面否定したものではない。この点には注意が必要である。同じ年に『クォータリー・レヴュー』に書かれたバックル批判には、スティーヴンのような視角が欠如している。その評者は、歴史を科学ではなく教訓として理解し、統計が教訓を学ぶのに役に立たないと非難する。さらに、そこには統計の性質についての考察がなく、統計によって人間は「宇宙の無力な片鱗」あるいは「巨大な機械のたんなる歯車」になると恐れられ、個人の責任を前提として成り立つ法システムの危機が訴えられる[121]。

では、「一般的結果の予言可能性は個別具体的な自由意志を否定しない」という洞察は、「法の科学」をどのようにして成立させるのだろうか。この点は、スティーヴンよりもむしろ、ポロックの説明によって知られる。

ポロックは、判例法における科学を説き、その本質を判決の予言であるという。ポロックは、判決の予言が成立する前提として、自然科学における自然の均質性にあたる、法の均質性をあげている。法の均質性とは、「同じ条件」のもとでは「同じ結果」が生じるという法の性質である。むろん、個々の事件は一回かぎりであり、まったく同一の事件は起こらない。そこでの「同じ条件」とは、予見される結果との関連で重要な意味をもつ抽象的命題であって、個々の具体的事実それじたいではない。「同じ結果」といわれるものについても同様である。[122] このようにポロックは、個別の判決と一般化された法命題を区分し、後者において予言可能性を説く。

ところで、この「法の科学」は、判例法の「法典化」に対するポロックの関心とも結びついている。ポロックは、『契約の諸原理』（一八七六年）を書くとき「インド契約法」（一八七二年）を手本にしたといっているが、この「インド契約法」は、スティーヴンがインド総督府立法委員のとき成立した制定法であった。その草案をつくったのはポロックであった。[123] 彼はこれをイングランドの判例法を法典化する際の道標と考えていた。[124]

(ii) 文明論への批判

以上、バックル歴史学の学問的性格に対する批判を検討し、そこからスティーヴンにおける「法の科学」の性格を明らかにした。それはたんなる対象を認識するための学問ではなかった。スティーヴンは、オースティンにならって法命令説を採用し、行動の理由――そこには形而上学的な命題もふくまれる――の呈示によって社会的統合が可能であると考えた。しかも、この統合は、蓋然的ルールによるものであるから、社会構成員の個別の自由意志と両立する。

では、このような「法の科学」は、具体的にどのような対象をあつかうのだろうか。

スティーヴンは、バックルの文明論を批判することをつうじて、「法の科学」の対象が、宗教的あるいは道徳的世界であることを強調する。後年のミル批判では、「人間は、幾時代にもわたり古い宗教を真正であると思い、生活を営んできた。様々な法と制度の基底にも、古い宗教に対する同じ思いがある」[125]といわれるが、このような視角は、すでにバックル批判にみることができる。スティーヴンは、法制度の根底に理性では割り切れない価値観があることをみて、そこに「法の科学」を応用しようとする。

さて、バックルの文明論を批判するスティーヴンの主張はどのようなものであろうか。

バックルにおける文明は、「主として知識の蓄積によって推進される、恒常的・均質的な進歩」である。[126]スティーヴンは、これを否定する。

バックルは、自然環境が文明の進度を決定するという立場をとるが、この自然は、たんに人間の物質的生活だけではなく、精神的生活をも規定する。バックルによれば、自然環境の厳しいところでは、人間は自然の脅威に圧倒され、自然現象を因果的に理解する知性が発達せず、そのような環境のもとでは、想像力が知性にまさり、文明の発達を妨げるといわれる。また、バックルは、ヨーロッパのばあいには、自然環境よりもむしろ社会環境が文明の進度を決定するとし、その要因として社会の道徳的水準よりも知的水準を重視する。

これに対して、スティーヴンは、文明の主たる推進力を知性ではなく「道徳」であるとした。そして、道徳は多様であるから、文明の進歩は恒常的でも均質的でもないという。

ここでスティーヴンが文明の推進力であるという「道徳」は、個人の良心とは関係がないものであり、むしろ、宗教によって規定される集合的心性である。

スティーヴンは、ヨーロッパ北部、インド、中国を比較して、各文明のありかたは一様でないと指摘し、その理由を「道徳」に求める。[127]ヨーロッパ北部のばあい、活動的な生活を送ることが神に仕える道であり、死後の復活により新たな生命が始まると信じられた。死は活動の終点を意味しない。これに対してインドでは、最高の幸福は永遠の死であるとされ、魂の消滅が切望された。中国では、現世を超えた配慮はなされず、人びとは礼節に従って生活し、死は従容として迎えられる。

スティーヴンは、このような「道徳」のちがいが知識・権力・富に対する欲望のありかたに差をもたらし、とくにヨーロッパ北部の「道徳」だけが、最大限に欲望をかき立て、知識・権力・富の蓄積を促したという。

このようにスティーヴンは、文明を推進する原因としての「道徳」を類型化し、そこから帰結する蓋然的結果を示す。

これに対して、バックルは、道徳、宗教、政治を科学の射程外におく。すでにみたように、バックルは統計を用い、ここから社会における'law'を自然法則と同じように導出した。しかし、世界観・死生観（バックルの語でいえば'system'）は、人間の行動を左右しない無力なものとして科学から排除される。バックルはいう。「高次の一般法則の力は、強力で抵抗できないのであり、生への愛着も来世への恐れも、その法則の作動を抑えることすらできない」[128]。こうして、人間の行動は、その世界観・死生観から切り離され、政治は人民の判断に従っておこなわれ、宗教は個人の良心にゆだねられるべきものになる。

他方、スティーヴンは、世界観、とくに宗教の重要性を強調する。スティーヴンからみれば、バックルは、価値の世界における科学の可能性を断念している。逆に、スティーヴンは、そうした価値の世界を科学の対象にする。

> 現実に作用している生活のルール、また、通常われわれのあいだで受け入れられている神学および道徳学上の原理、これらは科学的考察によって確定していないし、また、科学的言語で語られていない。しかし、そこには語るに十分な真理がふくまれている。おそらく人間の心が営みうるもっとも高度な機能をつかって、そのようなルールや原理を探求し再検討すれば、ルールを正確に呈示して公的および私的な生活を最大限に規制することができ、また、諸制度の基礎

としての原理を呈示して人間にもっとも不可欠で有益なものを与える。もとより、そのような制度の結果として一定の不寛容・偏狭さは避けられないのであるが、こうした悪は、ばあいによっては遥かに微少である。すなわち、こうした［政治・宗教に関わる］事柄において各人が完全に孤立して対処し、同類とのあいだに認める関係といえば損得・個人的好悪によるものしかないばあい、社会の大衆のあいだでは神の不在と神の恩寵の不在とが広く信じられるようになると思われる。[129]（［　］内は引用者）

さきにスティーヴンは、オースティンにならい、法とは制裁によって強制される命令であると述べていた。この点を考え合わせると、スティーヴンにとって、「法の科学」は、当該社会の存立基盤である宗教的あるいは道徳的価値をルールの体系として表現するものだといえよう。

このような「法の科学」は、後年、スティーヴンが試みた法典化の「完全性」――ルールの体系性と道徳的価値の一般化――を保証する方法である。

2　歴史法学の役割

前項でみたスティーヴンのバックル批判では、オースティンの分析法学の影響が目立っている。しかし、スティーヴンは、ケンブリッジ大学に在学中、イギリス歴史法学の先駆者メインの影響を強く受けたといわれる。[130]スティーヴンは、オースティンの分析法学とメインの歴史法学の相補性をいち早く指摘したひとりである。[131]これらふたつの法学は、相互に対立する側面をもっている。オースティンの分析法学は、法を主権者の命令ととらえ、義務と制裁という観点から法の一般的な説明を試みる。他方、メインの歴史法学は、法を歴史の所産と理解し、慣習も考察の対象に入れ、ほかの地域との比較という視角を重視する。

このようにふたつの法学の方法はちがうが、スティーヴンは両者を対立するものとはとらえない。スティーヴンは、「分析なき歴史はせいぜいたんなる好奇心にすぎず、歴史なき分析は盲目である」[132]という。「分析なき歴史」とは、社会的実践とは無関係な骨董趣味への批判であり、「歴史なき分析」とは、「どのような道徳理論とも合致する」[133]価値中立的な体系をいうのであろう。

では、スティーヴンにおいて、歴史法学と分析法学はどのようなしかたで補い合っているのであろうか。この相補性の理解をつうじて、歴史法学がスティーヴンの「法の科学」において果たした役割を考えたい。以下では、歴史法学を比較法学および実証科学というふたつの面からとらえ、それぞれの側面における分析法学との相補性を考察する。

(i) 比較法学としての歴史法学

メインの歴史法学は比較法学としての側面をもっている。[134] 同様にスティーヴンの「法の科学」も、イングランド法の「分析」でありながら、それをほかの地域あるいは文明のそれと比較し相対化する視角をもっている。このことは、スティーヴンが英仏の刑事法システムの比較を試みたことに現れているほか、「日本」と題された以下の小論にもはっきり読みとることができる。[135]

この「日本」という論説は、生麦事件をきっかけとする薩英戦争（一八六三年）について書かれたものである。この論説でスティーヴンが問題にするのは、イギリスと日本のあいだに締結されていた国際法（いわゆる不平等条約）が有効なものかどうかという点である。スティーヴンはこの条約を無効であると結論し、日本側が相手国の国民の安全を守らなかったという国際法違反の認定とそれに基づく報復は不当であると主張する。

このような結論を導くにあたり、メインの歴史法学とオースティンの分析法学の視角がそれぞれ反映していることは興味深い。

まず、江戸末期の日本人の風俗や道徳が注目されているのは、イングランドをふくむ西欧文明との「比較」という関心からは当然のことといえよう。そこでは、鷹揚な性道徳、酒好き、切腹などが言及され、また、江戸時代の人間があまり私有財産をもとめず、武士の生活もその他の身分のそれとあまり差がないと指摘されている。[136] こうした点は、キリスト教道徳、資本主義、ジェントルマン社会といったイギリスの状況と対照的であり、イギリスと日本は同一の共同体に属しておらず、したがって、両国間に国際法は成立しないのである。[137]

こうしたスティーヴンの理解は、オースティンの国際法概念によって補強される。オースティンによれば、国際法は実定道徳であり、厳密には法ではないが、当事国が同一の共同体に属しているときは、制裁により強制可能なルールである。[138] また、条約締結の主体は主権者でなければならないが、主権者が天皇か将軍かはっきりしないと指摘されている。[139] 主権者の確定性は、オースティンにあって法の成立要件のひとつである。[140]

以上のように、スティーヴンは日本とイギリスの間に国際法が成立する可能性を否定したが、そこにはメインとオースティンの方法論が応用されている。オースティンは、みずからの分析法学が「文明社会」にのみ当てはまる理論であることを認識し、メインは、文明の進歩の方向性を「身分から契約へ」ととらえた。スティーヴンは、分析法学を用いてよい条件が当該社会にそろっているかどうかを歴史法学によって確かめたのである。

(ii)　実証科学としての歴史法学

スティーヴンは、メインの歴史法学が実証主義にたち、その意味でも分析法学とともに「法の科学」を構成すると理解していた。このことは、スティーヴンがメインの自然法批判を評価している点に現れている。

メインは『古代法』で、ロック、ホッブズ、ルソーの社会契約論を非歴史的であると批判し、あわせて、自然法論の展開過程を歴史的に記述した。[141] この箇所の記述を評してスティーヴンは、メインは自然法理論の系譜を実証的にたどることによって形而上学的な自然法の存在を否定したという。[142] のちにメイン自身、ベンサムとオースティンの法哲学を実定法の科学として評価し、その際、両者がアプリオリな想定を排除した点に注目した[143]。メインも、オースティンとはちがった角度から法学の実証性を高めようとしていたのである[144]。

スティーヴンが歴史法学を実証科学として理解していたことは、メインの仕事に対する上の評価からうかがうことができ、また、大著『イングランド刑法史』の記述からも知られる。だがさらに、スティーヴンによる刑事法の法典化案（七九年法案）は、このような歴史法学に裏づけられていたことが注目される。

スティーヴンの法典化案は、自著『イングランド刑法摘要』から生まれたものであり、分析法学の成果であるといえるが、以下では、この法典化案にふくまれる規定が、実証科学としての歴史法学に裏づけられていることを示したい。これによって、分析法学と歴史法学との相補的な関係を具体的に示すことができるように思われる。ただし、以下の検討は限定的であり、文書による瀆神罪（一四一条）、および、刑事被告人の証人適格に関する規定（五二三条）のみをあつかう。

さて、法典化案には文書による瀆神罪の条項がある。スティーヴンは、文書による瀆神罪に関する法の歴史をふり返り、そこに瀆神的言論規制の中世的な形態と近代的な形態を見いだす。そして、そのふたつの形態のあいだに形式面での変化は生じたが、実質面での変化は起こっていないと論じた。

瀆神的言論規制の中世的形態とは異端摘発であり、近代的形態とは「キリスト教はイングランド法の一部である」という法原則である[145]。前者において規制の主体となったのは教会裁判所であり、後者においてはコモン・ロー裁判所のひとつ、王座裁判所である。スティーヴンの所見では、一七世紀末に瀆神的言論規制の管轄権が教会裁判所から王座裁判所に継承され、世俗裁判所が、教会裁判所に代わって「道徳の管理者」となった[146]。

スティーヴンが文書による瀆神罪の現行法を法典化案に組み込んだとき、道徳的犯罪の管轄権に関する右の歴史認識は、重要な役割を果たしたように思われる。

また、このスティーヴンの歴史認識は、刑事被告人に証人適格を認める法改正を支持したように思われる。

スティーヴンは、なぜイングランドでは刑事被告人が証人適格を認められないのかという問題について、ふたつの理由をあげている。(147) まず、ローマ法に対するイングランド人の嫌悪である。(148) つぎに、ローマ法の手続に従うイングランドの教会裁判所の「職権による宣誓」に対する嫌悪があげられる。この「宣誓」によって教会裁判所は、被告人に対して自己に不利なことでも正直にいわせ、その道徳的領域に踏み込んだのである。

「職権による宣誓」によって被告人に証言を強要することは、チャールズ一世のころから一般的ではなくなっていったが、スティーヴンの提案は、この教会裁判所の実務を復活させるというニュアンスをもっていた。それが臣民の自由の保護という見地から、国会では反対された。スティーヴンのこの提案の背後に、王座裁判所は教会裁判所から「道徳の管理者」としての性格を引き継いだという歴史認識があったと見ることもできよう。

六 「法の科学」の根底にあるもの

以上のように、スティーヴンは、歴史法学ならびに分析法学という「法の科学」の手法をつかって、イングランド社会の道徳的価値をルールの体系として表現しようとした。その結果としてつぎのような事態をスティーヴンは予想していた。

もとより、そのような制度の結果として一定の不寛容・偏狭さは避けられないのであるが、こうした悪は、ばあいによっては遥かに微少である。すなわち、こうした［政治・宗教に関わる］事柄において各人が完全に孤立して対処し、同類とのあいだに認める関係といえば損得・個人的好悪によるものしかないばあい、社会の大衆のあいだでは神の不在と神の恩寵の不在とが広く信じられるようになると思われる。[149]（傍点、［ ］内は引用者）

この記述は、デヴリンの論調を想起させる。たしかに、一定の道徳的価値が当該社会の多数者によって共有されており、それを「科学的」命題として表現することはできるかもしれない。しかし、なぜ、その命題を刑法、たとえば、文書による瀆神罪に転化して強制しなければならないのか。デヴリンの回答は、そうしなければ社会が解体するというものだった。[150]

スティーヴンにもデヴリンに見られるようなリーガル・モラリズムがあり、道徳的価値を刑法によって強制しなければ、なんらかの「悪」が発生し、それを避けるためには、少数者の犠牲もやむをえないと考えられているようである。

本節での問題は、「法の科学」そのものの方法論ではなく、それを少数者の犠牲において応用するときの「目的」である。この目的を決定するのは、「法の科学」ではない。その目的を左右するのは、思想とかヴィジョンといったものであり、スティーヴンのばあい、一八世紀以前の思想であった。この思想は、一九世紀の新しい「法の科学」の根底にあって、その用途を方向づけている。

1　歪曲された「同感」

バックル批判をつうじて明らかになったスティーヴンの主張は、「法の科学」を使えば社会の道徳的価値を蓋然的ルールとして表現することができるというものである。しかし、このようなルール化が誰によっておこなわれるにしても、ともかく道徳的価値が社会の構成員によって一般的に共有されているということが前提であろう。

では、社会の存立に不可欠な道徳的価値は、いかにして確立・共有されるのだろうか。この問題に対するスティーヴンの答えは、「同感」である。しかし、それは、後述のように、自律的な個人のそれではない。

同感理論は、アダム・スミスにみられるように、スコットランド啓蒙哲学にその想源をもっている。一九世紀イングランドにおける道徳哲学は、スコットランド啓蒙哲学に基盤をもつといわれ[151]、スティーヴンにもその影響を見ることができる。

また、同感をつうじて道徳感情が社会的に確立・共有されるという見かたは、当時の法と道徳の関係に符合している。ジャーナリズムの発展した一九世紀には、道徳が世論というかたちで比較的独立した客観的規範になって法と接合していた。それゆえ、一九世紀の法実証主義における法と道徳の峻別も標語にとどまったといわれる[152]。スティーヴンは、同感によって確立・共有される道徳感情の表現として法をとらえており、法と道徳の峻別という点で、法実証主義の立場を徹底しきれていない。後述のように、この点をホウムズはついた。

(i) **同感——法と道徳の結節点**

さて、同感理論によれば、犯罪は、同感をつうじて社会に共有される憤りの対象であるが、こうした見かたがミルの『功利主義論』にもある。スティーヴンはその考えに賛成しつつ、しかしそれがミルの『自由論』における個人主義と矛盾するのではないかと批判する。この批判で、スティーヴンは、個人主義（価値の多元性）よりも価値の共有という事態を重くみて、以下のミルの文章を肯定的に引用する。

> 正義の感情を構成する要素のひとつは、処罰してやりたいという欲望である。この点で、正義の感情は報復・復讐という自然の感情である。この感情が振り向けられる対象は、加害行為であるが、それは知性と同感能力のはたらきにより、社会一般の目をつうじて感じられる痛みとなり、また社会一般と共有される痛みに変えられている。この感情それ

じたいは、みずからのうちになんら道徳的なものをふくんでいない。道徳とは、自然の感情を社会的な同感の指令に追従させてその同感の下位にひたすら置くことである。自然の感情に従えば、われわれは自分とちがう他人の行為に対して見境なく怒る。[153]しかし、その自然な感情は、社会的感情によって道徳化されるときにかぎり、一般的な善と適合するように作用する。（傍点は引用者）

スティーヴンは、「社会的な同感」によって確立・共有される「正義の感情」の表現として刑事法をとらえている。このことは、以下のとおり、精神障害を免責理由にすべしというスティーヴンの主張に現れている。

殺人に関する法律の「法典化」についてまとめられた報告書（一八七四年）でスティーヴンは、ブラムウェルと自分の立場の根本的なちがいを法と道徳の関係のとらえかたに求めている。[154]

スティーヴンの考えでは、法律はそれを遵守する側の道徳的感情を土台にしている。つまり、非道な行為はけしからぬということが道徳レベルで理解されているかぎりにおいて、法律も遵守される。精神の障害者には、そのような道徳的感情は共有されていない。したがって、障害者を免責することなく処罰の対象にしたなら、法律は行為の道徳的な側面に触れないで行動の結果だけを判断の基準にすることになる。これは過酷であり、法律じたいが遵守されなくなる恐れも生じる。これに対してブラムウェルは、法律は恐怖によって一定の行動を無条件に禁止するものであるといい、徹底した法命令説の立場をとる。

以上のように、スティーヴンはミルと同様、正義の感情は「同感」をつうじて社会的に確立・共有されると理解する。しかし、両者は、そうした道徳感情を共有する人間の能力についてまったくちがう意見をもっていた。

スティーヴンは、ミルのいうような人間の道徳的能力、つまり、なまの自然な感情を社会的なものにまで高める「知性と同感能力」を否定はしないが、それを一部の人間にしか認めない。スティーヴンはいう。「わがままで、性欲に溺れ、不真面目、怠惰で果てしなく凡庸、そして取るに足らない機械的な作業のほんのわずかな仕事に夢中になっている男や女がどれほどいるか推測するがいい[155]」。

では、スティーヴンのばあい、どのようなしかたで、道徳感情は社会一般のものとして確立・共有されるのだろうか。

スティーヴンは、凡庸な人間が道徳的な判断力をもつためには、並はずれた道徳的感性をもった者がみずからの道徳を彼らに強制する必要があるという[156]。しかし、この強制が、それを受ける側から強制として感じられるかどうかは別の問題である。なぜなら、スティーヴンによれば、凡庸な人間たちも、たんなる動物として生きているのではない証として卓越した者の道徳を受け入れたいと願っているからである[157]。こうして獲得された道徳的能力は、「慣習」になるといわれ、批判的原理ではなく、「制度化」されたものとして描かれる[158]。それは、制度そのものに対して批判的に働く能力ではない。

このように、スティーヴンは、一方で、社会一般のものとして確立・共有された道徳感情が法の土台であることを認めるが、しかし、その確立・共有のしかたは、自律した個人間の同感ではなく、卓越した道徳的人格の受容である。この受容は、適切には、同感というよりも、むしろ自発的同化・帰依であるが、スティーヴンは、ミルを援用することで、それがあたかも同感の一種であるかのように描いている。

ここに見られるのは、「法の科学」の知見ではなく、一面、ホッブズ的とも見える人間と社会の原像である。

(ii)　ホウムズによる批判

ところで、同感理論は、法に道徳的要素を混入する面をもち、ホウムズによって批判されている。

スティーヴンは、重罪謀殺化原則の廃止を法典化案に盛り込んだ。この原則は、重罪（felony）の結果として偶然に発生した殺人が故殺ではなく謀殺として処罰されるというものである[159]。実際に殺意がないばあいには謀殺にすべきではないというのがスティーヴンの提案であるが、これは、「悪しき意思がなければ行為は罪とはならぬ」という法諺に沿うものでもあった。責任の基礎は、主観的な要素としての意図であった。

これに対してホウムズは、重罪謀殺化原則を立法者の言明としては正当なものであるという。重罪謀殺化原則は、立法者が重罪にともなう偶発的な殺人を抑止しようとする政策と理解され、つぎのようにいわれる。「法は行為者に責任を負わせるが、それは、行為者が予見する結果についてだけ可能なのではない。共通の経験によって予見されないとしても、立法者が懸念する結果について、法は責任を問うことができる」[160]。このホウムズの批判は、スティーヴンにおける法と道徳の不完全な分離を指摘するものであった[161]。

このようなホウムズの理解は、刑罰の目的を抑止であるとする考えかたともかかわっている。注目したいのは、そこで同感理論が批判されている点である。

刑罰の目的を応報にもとめる学説によれば、「侵害行為には刑罰で報いることがふさわしいという感情があり、これは公平な心の持ち主ならば本能的に承認する自明の感情」とされるが、これに対して、ホウムズは、ふたつの問題点を指摘する。まず、そのふさわしさの感情は、公平な第三者の社会的感情ではなく、当事者のなまの報復感情にほかならないということ、つぎに、法定犯である租税法違反は、自然犯のばあいとはちがって、処罰に値するという感情を掻き立てないということである[162]。前者は、同感理論のもつ道徳的側面への疑問、後者は、刑罰の目的を説明する理論としての一般性への疑問である。

一方、スティーヴンは、同感理論を肯定し、憤りの感情を刑罰の背後にみるので、応報説を支持することになるが、同時に、抑止説も支持しており、あいまいさを残している[163]。ちなみに、ベンサムは、同感理論をみずからの功利性原理の最大の敵として批判し、実定法から道徳的要素を完全に排除した[164]。オースティンも、同感理論をふたつの点で批判している。ひとつは、道徳感覚の発生は不随意的・本能的ではないということ、もうひとつは、道徳感覚はすべての人びとに共有される普遍的なものではないということである。[165] 同感理論は、実証主義的な法理論にとって一種の不純物としてとらえられている。

2　古い形態の「功利主義」

歴史法学は、分析法学と並んで、スティーヴンの法典化の方法であったが、彼の歴史法学は、進化論との提携を拒否した。そこにホウムズとのちがいがある。スティーヴンのばあい、法の変化に対する視点が、バークの議論によって弱められている。

(i)　法の進化

すでにみたように、文書による瀆神罪の規定は、形式の変化にもかかわらず実質的に変わっていないとされたが、このようなスティーヴンの歴史認識は、進化論的な法思考から挑戦を受けている。

一八八三年、世俗化運動の推進者であった被告人の編集する雑誌 Freethinker が瀆神的文書であるかどうかが争われた事件で、コルリッジ (J. D. Coleridge) は、社会的に容認できるしかたで論争されるなら、宗教上の基本的な教義への攻撃ですら、文書による瀆神罪にはならないと判示した。[166] この判決では、宗教的教義への批判の中身ではなく、それを論じる態度・言葉づかいが、瀆神的かどうかの決め手であるとされ、「キリスト教はイングランド法の一部である」というコモン・ローの原則は適用されなかった。

コルリッジは判決の理由として、環境の変化に伴う「法の成長」をあげた。すなわち、上記の法原則は、一七世紀後半のようにユダヤ教徒、カトリック教徒、非国教徒が宗教を理由として市民権を認められていなかった時代に適用されたものであり、一九世紀後半の宗教的寛容の時代にはそぐわなくなっているというのである。[167]

コルリッジのいう「法の成長」とは、国会の立法権力の所産である制定法のありかたではなく、いわば自然に生成するコモン・ローを形容したものである。同様な見かたは、ホウムズにもみられる。

実質という観点から見た法の成長は立法的である。……法は有能で経験豊かな人たちによって運用される。彼らは非常に多くの知識をもち、良識を三段論法の犠牲にすることができない。したがって、本書でこれまで述べ、また、これから述べるようなしかたで古いルールが生命を維持しているばあい、その時代にかなった新しい理由が古いルールを支持するために見つけられるということ、また、そのルールは、移植された新たな土壌から、しだいに新しい内容を、そしてついには、新しい形式を受け入れるということがわかるだろう。[168]

(ii) 新旧の功利主義

スティーヴンは、コモン・ローが環境の変化に応じて質的転換を遂げるという進化論的なとらえかたに反対した。スティーヴンは、さきの「法の成長」という見かたに対し、「裁判官は思潮の変化に応じて法を変更する権限をもっているのか」と反論する。ここでスティーヴンは、「成長」という観念が生物学的なものであり、法学のなかでは比喩にすぎず、明確な法原則がある以上、法を変更することができるのは国会だけであって、裁判官は法を適用するのみであるという。[169]

では、スティーヴンは、コモン・ローをどのようにとらえているのだろうか。コウバーンに対するスティーヴンの反論のなかに、コモン・ローの柔軟性にかかわる応答があった。そこでは、裁判官による法創造の余地はきわめて限定されていると論じられた（第四節２）。

スティーヴンにとって、コモン・ローは、硬直してはいないが、堅牢なルールである。このような見かたが、スティーヴンのなかに、バークを介して入っている。バークは、メイン以前の先駆的「歴史法学」、また、「歴史的功利主義」に立つといわれ、ホッブズと並んでスティーヴンに大きな影響を与えた[170]。

スティーヴンは、バークを「功利主義者」ととらえ、その基本原理を、「現に存在する事実から出発し、その事実に配慮してあらゆる方策を採る」と述べている[171]。この原理の具体的現れとして、先例に対するバークの敬意や取得時効の神聖視、そして、イングランドの「古来の国制」の偶像化・理想化があげられている[172]。

バークにみられるこのような思考は、一七世紀前半のイングランドにおいて有力であり、コモン・ローの性質と政治的機能にかかわっている[173]。それによると、コモン・ローは、人間の記憶を超えて継続する慣習であり、また、偉大な学識者たちが積み上げてきた智恵である。それは、一七世紀前半のイングランドでは国王権力に対する制約となりえたが、バークのばあい、取得時効と推定によって現状を維持する保守的な議論になっている[174]。

スティーヴンがこうした議論を「功利主義」と呼ぶとき、それは、ベンサムの功利主義からは区別されなければならない。ベンサムの功利主義では、個人が基礎的な単位とされ、その「最大多数」の快楽を導くものが正しい行動のルールになる。しかも、その最大多数の快楽が向かうところは、伝統と正反対でありうる。

他方、バークの観点からみれば、現在の体制は、取得時効により正当化され、最大多数の志向は、現在の体制を温存するものと推定される。これは、スティーヴンの大衆理解から遠くない。すでにみたように、スティーヴンによれば、没個性的な大衆は、卓越した道徳的人格への同化によって道徳的能力を獲得し、それはやがて「慣習」になる。このように、多数者がいだく現状への満足感を前提とする「功利主義」は、ベンサムのものではない。

七　おわりに

「法の科学」は一九世紀に生まれたが、それを用いたスティーヴンには、一八世紀以前に起源をもつ思想があった。それは、歪曲された「同感」概念と古いタイプの功利主義である。いずれも、社会の急激な変化（とくに民主化と世俗化の傾向）に対して抑制的にはたらくもので、「法の科学」の根底にあって、彼の法典化を方向づけた。[175]

　しかし、スティーヴンは、社会的変化に目をつむっていたわけではない。スティーヴンは、社会の発展について以下のような展望を描いている。

　社会はひとつの巨大な機械へと転換する。その機械がもつ複数の力はすべて公共権力と呼ばれるひとつの団体に集中される。それは立法府と行政府から成り、必要なばあいには兵隊と警官によって保護される。この公共権力が作用する方向は、法律によって確定される。そしてこの法律は、すべてのケースに適用され、その際の精確さと厳格さはますます妥協のないものになっていく。[176]

　スティーヴンの展望は、わたしたちが「近代化」と呼んでいる変化である。スティーヴンによる法典化の試みは、このような社会的変化をとらえた「根源的な変更」をふくみ、たんに古い法伝統を実質的に温存しながら外観だけを近代風に改めるものではなかった。

　しかし、スティーヴンは、概して個人の主体性に懐疑的である。それゆえ、このように「機械化」として比喩的に語られる「近代化」ないし「文明化」のなかで、個人の自由はかならずしも評価されないように思われる。この点で、J・S・ミルとは対照的である。[177]

ミルは、文明が進むにつれて個人の力は減少し、代わって大衆が力をもつという。[178]しかし、ミルは「個人から大衆へ」という文明の傾向をみとめつつも、それに批判的な態度をとる。この大衆化という文明の効果に対抗するために「文教化のシステム」が必要であるというのである。[179]ミルが提唱した「文教化のシステム」のなかには大学もふくまれる。当時の大学教育のあり方を批判してミルはつぎのようにいう。

［現在おこなわれている］教育の目的は、学生を訓練して何が真であるか何が正しいのかを判断できるようにしてやることではなく、学生に対してわれわれが真であると考えるものを真であると考え、われわれが正しいと考えることを正しいと考えるようにすることである。教えるということは、われわれ自身の意見を刷り込むことを意味し、われわれの仕事は思索者あるいは探求者をつくることではなく、弟子をつくることである。[180]（［　］内は引用者）

ミルの大学教育の見かたは、ドイツ型の大学観の影響を受けているといわれるが、それは、オックスフォードやケンブリッジでは一九世紀の末まで浸透することはなかった。[181]しかし、そうした古い大学においても、社会的変化に対応する必要性は感じられていた。メインはつぎのように述べている。

厳密な意味で専門的な教育は、一年でも二年でも早い時期に仕込むのがよいというわけで教育開始の年齢は下がる傾向にある。そうなれば、法学部は、大学とイングランドのバリスター団との関係をとりもつ唯一の要となることは確実であると思われる。……しかし、学問体系の全体を考慮に入れるとき、わたしはこうした結果をもたらす変化は望むべくもないのではないか、また、擁護することすら許されないのではないかと疑ってしまう。だが、ある一定の心性をつくるため、古典・数学・ペイリーの道徳哲学といった通常の訓練に代えて、大学が別の方法を提供しても、それを由々しきことだとする根拠にわたしはいままで出会ったことがない。[182]

メインは、従来の古典人文学とは違ったカリキュラムの導入を説いているが、しかし、大学は職業訓練の場ではない。[183] 大学固有の目的は保持したまま、それを実現する方法を変えようというわけである。

大学の目的に関するこのようなメインの考えかたを理解するには、当時の大学改革に目を向けなければならない。イングランドにおける大学改革の背景には、ドイツの大学の成功があった。当時、イギリスからも多くの学者・学生がドイツに留学した。「通常、良い書物はドイツ語で書かれている」とまでいわれ、[184] 新たに校訂された古典のテキストなどはそのほとんどがドイツから輸入されたといわれる。[185] 大学進学率にもイングランドとドイツでは大きな開きがあった。一八八二―一八八三年の段階でも、イングランドの大学生が人口に占める割合は、ドイツの比率の約半分にすぎなかった。[186]

イングランドとドイツにおける当時の大学は、さまざまな面でちがっていたが、単純化すれば、イングランドの古い大学のばあい、研究よりも教育が、専門的職業人よりも教養・見識あるジェントルマンの育成が重視され、いっぽう、ドイツではその逆であった。[187] ジェントルマンに必要な教養は、それなしには生きてゆけないようなものではなく、むしろ「余分」なものであった。[188] それにもかかわらず、こうした教養は、すべての職業の根底にある普遍的なものであり、やがては実を結ぶと考えられた。[189]

このようなジェントルマン教育の場は、「カレッジ」であった。カレッジは、同年代の人間が集団生活をつうじ、卒業後も続く団結力を培う場であった。[190] 大学の道徳的影響力の源泉は、教材ではなく、カレッジの規則とその共同体の制裁であった。[191] ここに見られる大学の理想像は、「知識の獲得という点では能率的に組織されていないが、学内共棲」の共同体である。[192]

大学改革には、カレッジという教師と学生の生活共同体を弱体化し、個々のカレッジを統括するユニヴァーシティ（全学）を強化する面があった。学生をカレッジから引き離してユニヴァーシティに所属させる一方、ユニヴァーシティに直属する教員（「公的講師」(public lecturer) と呼ばれる）を創設するという提言もなされている。[193] また、このような教員の創設は財源を必要とするが、応分の負担がカレッジに求められた。しかし、カレッジの財産はユニヴァーシティのそれとは別管理であり、しかも、その大半は、用途が信託設定者によってすでに決められている信託財産であった。[194] そのため、カレッジの財産を国の管理下で効率的に運用するべきだという意見もあった。[195]

こうした改革によって、中世的伝統を破り、開かれた大学を目指すというのである。国会でラッセル卿は、一連の改革を大学の「古来の基本構造」(ancient constitution) への復帰であると論じた。[196] だが、そこにはむしろ、ホッブズが描いた近代国家の形成過程に類似したシナリオが見られないであろうか。

（1）望月礼二郎「大陸法と英米法――ひとつの素描――」『法と法過程――社会諸科学からのアプローチ』（一九八六年、望月礼二郎・樋口陽一・安藤次男編）創文社、七三四-七三五頁。また、大陸法における古典的なイメージでは、裁判官よりも、法科学の担い手である法学者のほうに権威が認められる。上掲書七三八-七三九頁。この点に関連していうと、スティーヴンの法典化案に対し、実務家よりも大学教授にふさわしいものだという非難があった。本章一八八頁。

（2）J.F. Stephen（1861）'English Jurisprudence', 114 *The Edinburgh Review*, no. 232, p. 456.

（3）シュガーマンは、ウェーバーによる「イギリス的なるものの特殊性」の考察を手がかりとして「近代」という見方が一種のドグマであることを明示している。D・シュガーマン「法、近代、そして『イギリス的なるものの特殊性』――ウェーバーの精神にもとづいて――」『イングランドの法と社会――法の歴史社会学――』（法文化研究会編訳、一九九三年）一七-一一五頁。

（4）スティーヴンによる法典化の概観としては以下のものを参照。A.H. Manchester（1973）'Simplifying the Sources of the Law：An Essay in Law Reform', 2 *Anglo-American Law Review* 527-550：K.J.M. Smith（1988）*James Fitzjames Stephen, Portrait of a Victorian Rationalist*, Cambridge U.P., pp. 73-84.

(5) 伝記は、社会の動きと個人史とのかかわりを知る上で有益である。実弟レズリーによる伝記は、当時の知識人社会を背景に兄の人生が語られており興味深い。Leslie Stephen (1895) *The Life of Sir James Fitzjames Stephen*, 2nd edition, London.

(6) James A. Colaiaco (1983) *James Fitzjames Stephen and the Crisis of Victorian Thought*, Macmillan, pp. 199-205 ; Smith, *supra* note 4, pp. 83-84.

(7) スティーヴンは、責任ある自律的個人という人間性のあり方を刑事法をつうじて公共に広めたのであり、この点でヴィクトリア時代の刑事政策の潮流に属するという見かたがある。しかし、インドからの帰国後のスティーヴンの意見には衆愚論が目立つ。また、精神障害者の刑事責任についても寛容な態度をとるに至る。したがって、本稿で論証するように、刑事法の法典化についても、たんに自律的個人のモラルのシステマティックな強制という面からでは説明できないように思われる。Martin J. Wiener (1990) *Reconstructing the criminal : Culture, law, and policy in England 1830-1914*, Cambridge U. P., pp. 52-55, 89.

(8) A. V. Dicey (1908) *Introduction to the Study of the Law of the Constitution*, 7th edition, Macmillan, p. 58.

(9) ダイシーの「法的中央集権主義のパラダイム」に対する批判については、戒能通厚「イギリス司法の歴史的構造についての一考察」『英米法論集』(藤倉皓一郎編集代表、一九八七年) 一九一二四頁。

(10) B. Levack (1975) 'The Proposed Union of English Law and Scots Law in the Seventeenth Century', 20 *Juridical Review*, pp. 97-115.

(11) J・ベイカー『イングランド法制史概説』(小山貞夫訳、一九八二年) 五〇九頁。

(12) 一九世紀前半におけるベンサムの影響は法の理論的な理解のレベルにとどまり、実務レベルではコモン・ローの存在がベンサム流の法典化を妨げていた。Michael Lobban (1991) *The Common Law and English Jurisprudence 1760-1850*, Clarendon Press, pp. 185-222.

(13) 内田力蔵「コーディフィケーション (法典化) について」『比較法研究』第三二巻 (一九七〇年) 一三二、一四六一一四七頁。

(14) *Hansard*, 3rd ser., vol. 239, p. 1938. 当時の刑事法のテキストとしては、全三巻の Russell on Crimes があった。スティーヴンの『摘要』はこれよりもはるかにコンパクトで、その値段も約七分の一であった。John Hostettler (1995) *Politics and Law in the Life of Sir James Fitzjames Stephen*, Barry Rose, pp. 168-169.

(15) Sir Courtenay Ilbert (1901) *Legislative Methods and Forms*, Clarendon.

(16) *Ibid*., pp. 83-4.

(17) *Dictionary of National Biography* on CD ROM, 1995. Sir Henry Thringの項目参照。これはイルバートが執筆したものである。

(18) Henry Thring (1874) 'Simplification of the Law', 136 *The Quarterly Review*, p. 74 ; cf. Sir C. Ilbert (1899) 'The Improvement of the Statute Law', 189 *The Quarterly Review*, pp. 172-190.

(19) のちに一八六九年から一八七八年までの十年分についてさらに三巻が追加された。Ilbert, *supra* note 15, p. 66.

(20) *Ibid*., p. 25.

(21) J. F. Stephen (1877) 'Improvement of the Law by Private Enterprise', 2 *The Nineteenth Century*, pp. 201-202.

(22) Smith, *supra* note 4, pp. 78-79.

(23) M. L. Friedland (1981) 'R. S. Wright's Model Criminal Code : A Forgotten Chapter in the History of the Criminal Law', 1 *Oxford Journal of Legal Studies*, p. 321.

(24) 制定法委員会のメンバーのひとり、F. S. Reillyは、大法官に宛てた文書のなかで、「法典化」および「統合」では法の形式の変更のみをおこなうべきであるとして、法の内容の変更を試みるスティーヴンの法典案に反対している。Hostettler, *supra* note 14, p. 173.

(25) J. F. Stephen (1872) 'Codification in India and England', 18 *The Fortnightly Review*, p. 657.

(26) Friedland, *supra* note 23, p. 325.

(27) Ilbert, *supra* note 15, pp. 240-242.

(28) Thring, *supra* note 18, p. 63.

(29) もっとも、スティーヴンも委員会審議において原案が変形されるという認識は持っている。J. F. Stephen (1874) 'Parliamentary Government I', 23 *The Contemporary Review*, p. 10.

(30) Stephen, *supra* note 21.

(31) Smith, *supra* note 4, p. 269 n. 36 ; Friedland, *supra* note 23, p. 321.

(32) 一八七七年のこの小論では刑事法の法典化の前史については具体的に触れられていない。しかし、スティーヴンによる刑事法の法典化の試みに先立って、一八三三年と一八四五年の王立委員会は、刑事法の法典化を目指す十三個のレポートを出していた。Rupert Cross（1978）'The Report of the Criminal Law Commissioners（1833-1849）and the Abortive Bills of 1853', in *Reshaping the Criminal Law*, ed. By P. R. Glazebrook, pp. 5-20. 一八五〇年代の法典化の動きについては A. H. Manchester（1973）'Simplifying the Sources of the Law：An Essay in Law Reform：1. Lord Cranworth's Attempt to Consolidate the Statute Law of England and Wales 1853-1859', 2 *Anglo-American Law Review*, pp. 395-413.

(33) Stephen *supra* note 21, p. 199.

(34) *Ibid.*, p. 207.

(35) *Report from the Select Committee on Legal Education*（Parliamentary Papers, 1846/X）, p. xxxii.

(36) Stephen, supra note 21, p. 198. ローマ法の研究は一九世紀末頃にはアカデミズムの枠内で専門化されてゆくが、それ以前には法学教育、法典化、帝国拡大に伴う国際化など現実の社会的問題に直結していた。M. H. Hoeflich（1997）*Roman & Civil Law and the Development of Anglo-American Jurisprudence in the Nineteenth Century*, The University of Georgia Press, pp. 9-26, 74-85, 133-136.

(37) Smith, *supra* note 4, p. 135.

(38) Sir H. J. S. Maine（1873）'Mr. Fitzjames Stephen's Introduction to the Indian Evidence Act', 19 *The Fortnightly Review*, p. 65.

(39) Stephen, *supra* note 21, pp. 210-211. 望月礼二郎『英米法』〔改訂版〕（昭和六〇年）一〇九-一一〇頁。

(40) Stephen, *ibid.*, pp. 203, 206-7.

(41) イングランドではこの考え方は一八三〇年代から広まり、ジョン・ウィリアム・スミス（John William Smith）の *Leading Cases in Various Branches of the Law* は多くのイングランドの裁判官によって賞賛されたといわれる。本書は一八三五年から一九二九年までの約一世紀にわたり版を重ねた。ただ、それがどの程度「法の科学」と関連づけられて受容されたのかについては一九世紀初期と二〇世紀初期ではちがいがあるのではないかと思われる。A. W. Brian Simpson（1995）*Leading Cases in the Common Law*, Clarendon, pp. 4-6.

(42) Stepehn, *supra* note 21, pp. 206, 208.

(43) Ilbert, *supra* note 15, p. 42.

(44) Sir William Holdsworth（1965）*A History of English Law*, vol. XV, Methuen & Co. Ltd., pp. 237-239.

(45) *Report*, *supra* note 35, p. xxxi.

(46)　一八四六年のこの報告書以後、大学における法学教育においてオースティンの影響が強まったという指摘がある。Peter Stein (1988) 'Legal Theory and the Reform of Legal Education in Mid-Nineteenth Century England', in *The Character and Influence of the Roman Civil Law*, The Hambledon Press, London, pp. 231-250.

(47)　Stephen, *supra* note 21, pp. 214-5.

(48)　J.F. Stephen (1899) *A Digest of the Law of Evidence*, 5th edition, Macmillan, pp. viii-ix, xxi.

(49)　このように法を体系として記述するテキストは一九世紀後半に出版されはじめた。こうしたテキストが出現した背景には、法学者が大学教育の専門家としてみずからのアイデンティティを確立していく一方、法実務に携わるコモン・ロー法律家との共存を目指していたという事情があった。D・シュガーマン「法理論、コモン・ロー精神、そしてテキスト伝統の形成」『イングランドの法と社会――法の歴史社会学――』(法文化研究会編訳、一九九三年)一一七―一九七頁参照。

(50)　*Report, supra* note 35, pp. vi-vii, xlv. ドイツでは大学と実務との関係はイングランドよりもはるかに密接であった。石部雅亮「第二帝政期ドイツの法学教育」『法社会学コロキウム』(宮澤節生・神長百合子編集代表、一九九六年)一一―三〇頁。

(51)　*Hansard*, vol. 245, pp. 325, 326.

(52)　*Hansard* vol. 278, pp. 117ff.

(53)　一八八〇年から一八八三年までのアイルランドをめぐる状況の概略は以下の通りである。八〇年、ディズレイリ保守党内閣からグラッドストン自由党内閣へと政権が移る。翌年、グラッドストンは、アイルランド鎮圧法を制定する。この法律の内容は、アイルランドにおける治安妨害の被疑者を裁判なしに拘束する絶対的権限をアイルランド知事に与えるというものであった。この法律は、当時問題となっていた「土地戦争」を弾圧するために制定された。この「土地戦争」は、地代の引き下げと農民的土地所有権の確立を目的として、アイルランド全国土地同盟(七九年十月結成)によって展開されていた。「土地戦争」のさなか、この同盟の指導者のほとんどが逮捕されるという事件が八一年秋に起こる。そしてこの逮捕が転機となって、その八二年十月、アイルランド国民同盟が結成され、アイルランドの自治が目指されることになった。同年、アイルランドを対象地域とした犯罪防止法が成立する。安川悦子『アイルランド問題と社会主義』(一九九三年)一二四頁、三四〇頁以下。

(54)　「法務総裁は、擬制謀殺罪(constructive murder)を廃止すると提案したが、アイルランドの人々はそのような変更を長い間待ち望んでいた。アイルランドには、他の侵害を処罰するために擬制謀殺罪を適用されたケースが多くある」(Mr. Parnell)。*Hansard*, vol. 245, pp. 336-337. 重罪謀殺化原則の廃止については本文第六節1(ii)参照。

（55）*Hansard*, vol. 278, p. 161.

（56）Colaiaco, *supra* note 6, p. 205；Hostettler, *supra* note 14, pp. 197–198.

（57）T. P. O'Connor の発言。*Hansard*, vol. 278, pp. 148–9.

（58）教会裁判所の整備（Church Discipline Act 1840）、カウンティ裁判所の創設（County Courts Act 1846）、召喚令状による訴訟開始（Common Law Procedure Act 1852）などがその例としてあげられよう。W. R. Cornish & G. De N. Clark（1989）*Law and Society in England 1750–1950*, Sweet & Maxwell, pp. 38–45.

（59）Sir Thomas Skyrme（1994）*History of the Justices of the Peace*, Chichester, pp. 623, 632–633.

（60）County and Borough Police Act 1856 は、近代的な警察制度をイングランドに確立する端緒になったが、警察の実質的な組織化は七〇年代から始まる。それまで警官の離職率は高かったが次第に勤続の警官が増加した。また、内務省の地方警察に対する権限は限られたものだったが、検査官の派遣および財政補助をつうじて間接的に影響力を行使し、地方の警察機能の効率化を促した（Police（Expenses）Act 1874 により補助率は費用の五〇％に達した）。一方、警察の職務内容も拡大し、公共の安全を越えて社会生活全般に及んだ。動物の虐待者、許可なく犬を飼う者、初等義務教育法違反者、食物管理違反者、婚外子の扶養義務違反者の取り締まりなどである。この権限拡大は、中央および地方での立法の増加による。とくに、Summary Jurisdiction Act 1879 は、社会生活を規律する警察手続きを国家規模で体系化したとされる。David Taylor（1997）*The New Police in Nineteenth-Century England*, Manchester U. P., pp. 44–79, 89–97.

（61）Sir W. R. Anson（1896）*Law and Custom of the Constitution, part 2*, 2nd edition, Clarendon, p. 139.

（62）一九世紀半ば以後、法律の素人にも理解できるように、一般的な文言が多く使用されるようになった。これは、社会改革立法などの出現、あるいは、起こりうるすべての事態を予想できないという経験則によるとされる。望月・前掲注（39）一三三頁。こうした制定法の文言の一般化は、もっとも直接的には起草者の態度から説明できるであろうが、そうであれば、スリングの思想は無視できないと思われる。

（63）*Hansard*, vol. 278, pp. 154, 332–333, 335–337. 常設委員会は、技術的・専門的な法案の審議を円滑におこなうため、一八八二年に設置された六十人から八十人あるいはそれ以上の委員会である。このとき設置された常設委員会は、法務に関する法案を扱うものと産業に関する法案を関するものであった。Sir W. R. Anson（1897）*The Law and Custom of the Constitution, Part* I *Parliament*, 3rd ed., Clarendon, p. 257.

（64）J. F. Stephen（1874）'Parliamentary Government Ⅱ', 23 *The Contemporary Review*, pp. 173, 177；Smith, *supra* note 4, p. 109.

（65）Stephen, *supra* note 29, pp. 6–7.

（66）当時の恒久的な専門家集団である官僚的組織として、枢密院教育委員会下の視学官、工場監督官、救貧法委員、刑務所監督官などがある。こうした官僚機構の「近代性」を重視する立場からは、産業革命以後の社会問題を地方権力が処理しきれなくなったところに中央集権的官僚制が生まれてきたと説明される。岡田与好『経済的自由主義　資本主義と自由』（一九八七年）一四九、一七六、一九六–一九七頁。

（67）Hostettler, *supra* note 14, p. 189；*Hansard*, vol. 245, pp. 327, 333, 338, 339.

（68）*Hansard*, vol. 245, p. 311. スティーヴンが提起した刑事法上の主な改正点については、Leon Radzinowicz（1957）*Sir James Fitzjames Stephen 1829–1894 and his Contribution to the Development of Criminal Law*, pp. 25–26 を参照。

（69）F. W. Maitland（1885）*Justice and Peace*, Macmillan, p. 45；A. V. Dicey（1952）*Lectures on the Relation between Law and Public Opinion in England during the Nineteenth Century*, Macmillan, London, p. 208.

（70）Montague Cookson（1876）'The New Judicature', 25 *The Fortnightly Review*, p. 290.

（71）この制定法以前の状態について上掲論文は以下のようにいっている。「最終上訴裁判所としての貴族院は、意見の分裂・錯綜を公にさらし、このことによりその力を著しく損なっている。理論上、貴族院裁判官は前任者のすべての判決に拘束されるが、そのかわりみずからの判決は、立法府の介入によって覆されないかぎり無謬である。したがって、貴族院の裁判官が公然と互いに対峙しなければならないというのは理不尽きわまりない」。*Ibid*. p. 294.

（72）*Hansard*, vol. 245, p. 322. 刑事控訴院（the Court of Criminal Appeal）が一九〇七年に創設された。一九六六年以降は、この権限は控訴院の刑事部に引き継がれている。もっとも、上訴についてのスティーヴンの見解はその後否定的なものへ変わる。Smith, *supra* note 4, pp. 95–97. なお、七九年法案は、*Report of Royal Commission appointed to Consider the Law Relating to Indictable Offences with a Appendix containing a Draft Code embodying the Suggestions of the Commissioners*, George Edward Eyre and William Spottiswoode, 1879 に含まれている。本文中の括弧内に示した該当条文はこれを参照した。

（73）*Hansard*, vol. 245, p. 322.

（74）Maitland, *supra* note 69, p. 171.

（75）J. F. Stephen（1877）'Suggestions as to the Reform of the Criminal Law', 2 *The Nineteenth Century*, p. 740. この点は、一九七

一年の裁判所法によって解決された。同法により、四季裁判所とアサイズは廃止され、その代わりに刑事法院が創設された。

(76) *Hansard*, vol. 245, p. 341. 自分の裁判において刑事被告人に証人適格を認めるべきではないとするこれらの反論は新しいものではない。これらは、一八五八年にH・ブルームが同じ趣旨の法案を提出したとき以来、一八九八年のCriminal Evidence Actの成立まで繰り返されていた。そして、同法による改正が成功したのは、裁判手続における裁判官の権限の増大とそれに伴う被告の立場の弱体化に対する不安を抑えることができたからであった。C. J. W. Allen（1997）*The Law of Evidence in Victorian England*, Cambridge U. P., pp. 132-144, 152-161, 185.

(77) *Hansard*, vol. 245, p. 321；Allen, *ibid.*, pp. 124-125.

(78) *Hansard*, vol. 245, p. 321.

(79) *Hansard*, vol. 239, p. 1954.

(80) *Hansard*, vol. 245, pp. 1751-2.

(81) 内田力蔵「イギリスの検察官」『比較法研究』第三八巻（一九七七年）三五頁。

(82) 私人訴追においては裁判費用は訴追者の自己負担であったが、これが地方自治体によって負担されるようになった。犯罪の訴追は、中央政府の仕事ではなく、地方的な事務と理解されていた。しかし、一八四六年以降は自治体の負担を国家が払い戻すようになった。一方、警察は、従来治安判事が行使していた訴追機能を受け継いで、主要な訴追者になりつつあった。また、こうした警察の組織化が全国規模で義務づけられたことと並んで、全国の監獄の管轄が治安判事から内務大臣に移ったことも重要な変化である（Prison Act 1877, 40 & 41 Vict., c. 21）。内田・上掲論文、二七－二八頁、三四頁。Skyrme, *supra* note 59, pp. 644-645.

(83) *Hansard*, vol. 245, p. 321. スティーヴンは私人訴追の原則の不合理性を批判する。なお、ここで言及されている「嫌がらせ訴訟防止法」とは、22 & 23 Vic. c. 17, 30 & 31 Vic. c. 35, 44 & 45 Vic. c. 60である。J. F. Stephen（1883）*A History of the Criminal Law of England*, vol. 1, pp. 293-294.

(84) *Hansard*, vol. 245, p. 321.

(85) *Hansard*, vol. 245, pp. 320-321；vol. 239, p. 1953.

(86) *Hansard*, vol. 245, p. 1752. 五三七条の欄外注によると、法務総裁のこの権限は新しいものではない。新しいのは、法務総裁がこの権限を委任できるという点である。*Report, supra* note 72, p. 194.

(87) *Hansard*, vol. 245, p. 334.

(88) 「その法典は、イングランド刑法の完全な Corpus juris でなければならない。もしそれが完全でなければ無いほうがましである」（Sir George Bowyer）*Hansard*, vol. 245, p. 1762.

(89) *Hansard*, vol. 250, p. 1245–1246.

(90) Manchester, *supra* note 4, p. 540.

(91) *Hansard*, vol. 245, p. 325 ; cf. *Hansard*, vol. 245, pp. 315–316.

(92) ホランドの法典化のプロセスは、この法典観に近い。ホランドは、当時の制定法の三分類、つまり、「公的で一般的な」もの、「公的で地域あるいは個人に関わる」もの、「私的な」もののうち、「公的で一般的な」制定法を選び、さらにそこからイングランド市民と直接関係のある制定法を選び出した。そうすると、該当したのは一八六五年のばあいで制定法全体の約一割だけであった。こうした選別は、法典化にいたる第一段階と位置づけられている。選別の後、削除、分類、統合というプロセスが予定される。Thomas Erskine Holland（1866）'The Reform of the Statute Book', 6 *The Fortnightly Review*, pp. 327–340.

(93) *Hansard*, vol. 245, pp. 311, 315.

(94) Sir George Campbell はこの点を指摘してつぎのようにいっている。「法務総裁は、スコットランドがイングランドに対して優位に立つ被告人の尋問の規定についても言及しなかったが、この法案が最初に提出されたときはこの点は提案されていた」。*Hansard*, vol. 250, p. 1246. だが、実際にはこの点は法案に盛り込まれていた。Allen, *supra* note 76, p. 137.

(95) *Hansard*, vol. 245, p. 325, 346, 1766. 日曜営業を制限する制定法はチャールズ二世の時代にまで遡るが、一九世紀半ば、市場経済の発展を背景にした自由放任主義と伝統的なキリスト教倫理との対立から、日曜営業の制限が問題になっていた。G. R. Searle（1998）*Morality and the Market in Victorian Britain*, Clarendon, pp. 232–240.

(96) J. F. Stephen（1880）'The Criminal Code 1879', 7 *The Nineteenth Century*, pp. 136–160.

(97) Leslie Stephen, *supra* note 5, pp. 353–354, 379.

(98) *Hansard*, vol. 245, pp. 312–313.

(99) Cross, *supra* note 32, p. 10. なお、コウバーン自身は「完全な」法典の実現については賛成するという建前をとっている。Stephen White（1990）'Lord Chief Justice Cockburn's Letters on the Criminal Code Bill of 1879', *Criminal Law Review 1990*, pp. 315–317.

(100) Manchester, *supra* note 4, p. 547.

(101) Stephen, *supra* note 48, p. xxi.

(102) Stephen, *supra* note 96, p. 152.

(103) これはブラックバーンの意見である。かつてブラックバーンは法典化に反対し、コモン・ローの柔軟性を高く評価していた。*Report, supra* note 72, p. 8；Cross, *supra* note 32, p. 12；Manchester, *supra* note 4, p. 531.

(104) Report, *ibid*., p. 8. 同様な指摘が以下の論文に見られる。A. L. Goodhart（1934）'Precedent in English and Continental Law', 50 *The Law Quarterly Review*, pp. 50–51, 58–59, 63.

(105) メインもコモン・ローが大陸法の法思考へ徐々に接近していく可能性を示している。Hoeflich, supra note 36, p. 82. 英米法の国と大陸法の国における法典観念のちがいについては、Michel Berger（1977）'Codification', in *Perspectives in Jurisprudence*, Elspeth Attwooll（ed.）, University of Glasgow Press, pp. 142–159.

(106) Stephen, *supra* note 96, p. 145.

(107) このようなスティーヴンの分類基準は、イングランド法における自然犯（mala in se）と法定犯（mala prohibita）の分類とも対応している。前者は道徳的に批判に値する犯罪であり、後者は道徳とは本来関係ないが、制定法または判例法により禁止された犯罪を指す。田中英夫編集代表『英米法辞典』（一九九三年）東京大学出版会、五三六頁。

(108) イングランドの治安判事は行政的な機能と司法的な機能を合わせ持った支配者であり、彼らは教養と高い身分をもったジェントルマンであった。しかも、カウンティにおいては治安判事は法律の専門家ではなかった。もっとも、一九世紀はこうした治安判事を法律によって規制しその裁量の範囲を狭めるという方向に向かっていた。Skyrme, *supra* note 59, pp. 622–625, 634ff.

(109) Stephen, *supra* note 96, p. 146.

(110) Maitland, *supra* note 69, p. 165；J. F. Stephen and H. Stephen（1883）*A Digest of the Law of Criminal Procedure in Indictable Offences*, London, pp. 119–120.

(111) スティーヴンはマクノートン原則を拡大解釈して精神障害の認定範囲を広くしようとしたが当時は受け入れられなかった。Smith, *supra* note 4, pp. 68–70；Colaiaco, *supra* note 6, pp. 84–85.

(112) この事件の背景には、穀物法をめぐる争いがあり、被告は穀物法を支持するピールの政策に反対していた。Daniel N. Robinson（1996）*Wild Beasts and Idle Humours*, Harvard U. P. pp. 163–171.

(113)　インド渡航以前において、スティーヴンは、一八六一年の刑事法の統合立法を高く評価し、裁判官の法創造を積極的に認め、さらに犯罪の定義を広く理解していた。しかし、インドから帰国して後、スティーヴンはこれらの諸点について意見を変えている。Colaiaco, *supra* note 6, pp. 76, 93–94.

(114)　J. F. Stephen（1858）'Buckle's History of Civilization in England', 107 *The Edinburgh Review*, no. 218, pp. 465–512.

(115)　Alfred Henry Huth（1880）*The Life and Writings of Henry Thomas Buckle*, London, vol. 1, pp. 63–64. また、バックルは自分の方法について、政治経済学と統計学によって互いに孤立している自然の研究と心の研究を架橋するともいっている。*Ibid.*, p. 151.

(116)　Huth, *ibid.*, pp. 164–171；Colaiaco, *supra* note 6, p. 68. 日本においてバックルの文明史は『英国開化史総論』（一八七五年）、『英国文明史』（一八七九年）として翻訳されている。それは、国体史観が影響力を強めるまで、ギゾーの『欧羅巴文明史』とともに文明史観の到達点として広く読まれた。宮地正人「幕末・明治前期における歴史認識の構造」『歴史認識　日本近代思想大系13』（一九九一年）五二二–五三四頁。なお、福澤諭吉がバックルにおける決定論と自由意志論の議論を省略したというのは日本における「個人」の問題を考える上で興味深い。丸山眞男「『文明論之概略』を読む」（一）」『丸山眞男集　第十三巻』（一九九七年）二五二頁。

(117)　Stephen, *supra* note 114, p. 483.

(118)　*Ibid.*

(119)　Henry Thomas Buckle（1861）*History of Civilization in England*, vol. 1, 3rd ed., London, pp. 19–20；Huth, *supra* note 115, p. 177；Stephen, *ibid.*, p. 478.

(120)　Stephen, *ibid.*, p. 473；Buckle, *ibid.*, p. 27；Huth, *ibid.*, pp. 167–168. ミルによる自由意志の擁護は、スティーヴンのそれよりも積極的である。「性格は本人の環境・状況（本人の固有の体質を含む）によって形成されるが、本人自身が特定のしかたで性格を形成したいと望むことも上記のような環境・状況の一部なのであり、それはけっして微細な影響にとどまるものではない。……わたしたちは、もし意志するならば（if we will）、自分の性格を形成することができる。」J. S. Mill（1987）*The Logic of the Moral Sciences*, with an Introduction by A. J. Ayer, Duckworth, pp. 26–27.

(121)　'Buckle's History of Civilization in England', 104 *The Quarterly Review*, pp. 42–48, 1858.

(122)　Frederick Pollock（1882）'The Science of Case-Law', in *Essays in Jurisprudence and Ethics*, Macmillan, pp. 237–260.

(123) P. S. Atiyah, 'The Legacy of Holmes throughout English Eyes', 63 *Boston University Law Review*, p. 371, n. 159.

(124) F. Pollock (1876) *Principles of Contract at Law and Equity*, London, pp. vii-viii. スティーヴンとインド契約法とのかかわりについては、Smith, *supra* note 4, p. 281, n. 43. 同書によれば、ポロックは成立したインド契約法についていくつかの不整合を発見していたが、おおむねスティーヴンによるこの制定法を評価していたという。*Ibid.* p. 129. 法典化に対するポロックの好意的評価については、N. Duxbury (2004) *Frederick Pollock and the English Juristic Tradition*, Oxford U. P., pp. 27-28.

(125) J. F. Stephen (1874) *Liberty, Equality, Fraternity*, 2nd edition, Smith, Elder, & Co., London, p. 22.

(126) Stephen, *supra* note 114, p. 488：Buckle, *supra* note 119, pp. 108-110, 159-166. バックルのこの主張に対しては多くの書評が批判的であった。Huth, *supra* note 115, p. 148, n. 25. なぜ、バックルが道徳よりも知識を文明発展の推進力としたかについては、Huth, *ibid.*, pp. 144-145, 183-187.

(127) Stephen, *ibid.*, pp. 492-494.

(128) Buckle, *supra* note 119, p. 26：Stephen, *ibid.*, pp. 507-508.

(129) Stephen, *ibid.*, pp. 510-511.

(130) メインのスティーヴンに対する影響の大きさについて、父親に次ぐものであると実弟レズリーは評している。Leslie Stephen, *supra* note 5, pp. 101-102.

(131) Richard A. Cosgrove (1996) *Scholars of the Law*, New York U. P., p. 145：内田力蔵「メーン」『近代法思想の人々』(木村亀二編著、一九七一年)一三六頁。

(132) Stephen, *supra* note 2, p. 481.

(133) Sir H. J. S. Maine (1914) *Lectures on the Early History of Institutions*, 7th ed., John Murray, London, p. 368. メインは、歴史なき分析という批判をオースティンに向け、また、オースティンの法理学が問題にするのは個人による法の侵害であって、比較的小さな共同体の秩序全体の侵害ではないと批判する。しかし、メインはオースティンの想定する社会を歴史的発展の到達点と考えており、そのような社会の法分析としてはオースティンの法理学を評価する。R. C. J. Cocks (1988) *Sir Henry Maine, A Study in Victorian Jurisprudence*, Cambridge U. P., pp. 104, 121.

(134) Cosgrove, *supra* note 131, pp. 129-130：Stephen, *supra* note 2, p. 484.

(135) Stephen (1864) 'Japan', 69 *Fraser's Magazine*, pp. 101-117. 一八六三年の著作 *General View of the Criminal Law of England*

でスティーヴンは、フランス型の刑事訴追手続とイングランド型のそれを比較して、個人の権利保護という点で後者をより適切であるとしていた。Colaiaco, *supra* note 6, pp. 86–88.

(136) Stephen, *ibid.*, pp. 104-107.

(137) *Ibid.*, pp. 114-115.

(138) オースティンは国際法を本来的な意味での法とは理解しなかったが、国際法における義務および制裁を肯定しており、国際法を軽視したわけではなかった。八木鉄男『分析法学と現代』（一九八九年、成文堂）一一三頁。

(139) Stephen, *supra* note 135, p. 113.

(140) 八木・前掲注（138）一二〇-一二一頁。

(141) Stephen, *supra* note 2, pp. 476-8.

(142) *Ibid.*, p. 482.

(143) Maine, *supra* note 133, pp. 343-344.

(144) この点については、内田力蔵「サー・ヘンリー・メーンとイギリス法の『法典化』」『法改革　内田力蔵著作集第二巻』（二〇〇五年、信山社）一五五-一九〇頁に詳しい。この論文は、「ローマ法において、発展の一つの典型を示している法典法主義が、イギリスにおいても、もっとも十分に展開されている判例法主義よりも優れたものであるという評価がメーンにはある」（上掲論文一五六頁）という見かたにたつ。

(145) J.F. Stephen（1884）'Blasphemy and Blasphemous Libel', 41 *The Fortnightly Review*, pp. 291–292.

(146) 同様な見解として、W.S. Holdsworth（1920）'The State and Religious Nonconformity : An Historical Retrospect', 36 *The Law Quarterly Review*, pp. 352–353.

(147) Stephen, *supra* note 75, p. 751. ここで参照している論文は一八七七年に書かれたものであり、翌年に最初のスティーヴンの法案が出る。ところで、この七八年法案と七九年法案では、被告人の尋問という点についてちがいがある。七八年法案では被告人は「宣誓」によって証言を強制されてはならないと考えられている。Allen, *supra* note 76, p. 136. これはスティーヴンが現行法を重んじたということであり、ここで参照している一八七七年の論文の趣旨からいえば、七九年法案のほうがスティーヴン個人の考えに近い。

(148) メイトランドによれば、コモン・ローはローマ法および教会法と対抗関係にあり、実質的な影響をうけなかった。このような見方は現在でも概ね妥当であるとされる。R. H. Helmholz（1996）'The Learned Laws in "Pollock and Maitland"', in *The History of English Law : Centenary Essays on 'Pollock and Maitland'*, John Hudson（ed.）, The British Academy, pp. 145-169.

（149） Stephen, *supra* note 114, pp. 510-511.

（150） P. Devlin（1965）*The Enforcement of Morals*, Oxford U. P., pp. 9-10.

（151） Hoeflich, *supra* note 36, p. 84.

（152） Cosgrove, *supra* note 131, p. 109. ジャーナリズムの発展についてのスティーヴンの見解は、本書第三章第三節3参照。

（153） Stephen, *supra* note 125, pp. 146-7. スティーヴンのミル批判については、Leslie Stephen, *supra* note 5, Colaiaco, *supra* note 6, Smith, *supra* note 4 においてそれぞれ言及されている。邦語文献としては以下のものがある。松井透「J・F・スティーヴンの政治思想——自由の批判・帝国の擁護——」『思想』（一九六五年）No. 498、五一-六三頁。山下重一「J・F・スティーヴンのJ・S・ミル批判」『國學院法学』第七巻第一号（一九六九年）五三-九九頁。

（154） *Special Report from the Select Committee on Homicide Law Amendment Bill*（Parliamentary Papers, 1874/IX）, p. 50. ブラムウェルについてはさしあたり、Anita Ramasastry（1994）'The Parameters, Progressions, and Paradoxes of Baron Bramwell', 38 *The American Journal of Legal History*, pp. 322-373.

（155） Stephen, *supra* note 125, p. 34.『自由・平等・博愛』の論調は、「人間は完全になりうるということを信じないホッブズ主義」であるといわれる。Smith, *supra* note 4, p. 162. また、バックル批判には「人間はその本性からして隷属状態をこよなく愛する」というフレーズがある。Stephen, *supra* note 114, p. 483.

（156） Stephen, *supra* note 125, p. 18.

（157） *Ibid.*, p. 284.

（158） ミルは、こうした道徳の慣習化ないし精神の形骸化が起こるのは、自由な討議の機会が失われたときであるという。J. S. Mill（1859）'On Liberty', in *Essays on Politics and Society*, J. M. Robson（ed.）, University of Toronto Press, 1977, pp. 247-250.

（159） *Hansard*, vol. 239, p. 1946 : vol. 245, p. 319 : Smith, *supra* note 4, p. 62. 重罪謀殺化原則については、田中・前掲注（107）三四三頁。

（160） O. W. Holmes, Jr.（1881）*The Common Law*, Macmillan, p. 59.

（161） *Ibid.*, pp. 81-82.『コモン・ロー』の第一の目的は、法的義務が普遍的な道徳原理とはなんの関係もないことを論証することであった。松浦好治「法道具主義と人間の尊厳――ホウムズの法思想と現代――」『法思想史的地平』（今井弘道編、一九九〇年）一七三-一七五頁。

（162） Holmes, *ibid.*, pp. 45-46.

（163） Smith, *supra* note 4, p. 57 ; Colaiaco, *supra* note 6, pp. 80-83.

（164） ベンサム「道徳および立法の諸原理序説」（山下重一訳）『世界の名著38　ベンサム、J・S・ミル』（一九六七年）九四-一〇五頁。

（165） J. Austin（1998） *The Province of Jurisprudence Determined*, D. Campbell and Ph. Thomas eds., Ashgate, pp. 72-73.

（166） この事件は R. v. Ramsay and Foote（15 Cox C. C. 231）である。そこでの問題は、宗教あるいは教会への冒涜それじたいではなく、それが一ペニーという安い雑誌により素朴な言葉でおこなわれたということであり、事件の本質は階級的な抑圧であったという指摘がある。Joss Marsh（1998） *Word Crime, Blasphemy, Culture, and Literature in Nineteenth-Century England*, The University of Chicago Press, pp. 127-162.

（167） Stephen, *supra* note 145, p. 305. このときのコルリッジの判決意見は先例として、Bowman v. Secular Society, Ltd.［1917］A. C. 406 に踏襲され、最終的に「キリスト教はイングランド法の一部である」という原則の法的効力は否定された。一九世紀における瀆神罪の実状については、J・ハンバーガー「宗教と『自由論』」（山下重一訳）『國學院法学』第三〇巻第三号（一九九二年）二七-六七頁。

（168） Holmes, *supra* note 160, pp. 35-36.

（169） Stephen, *supra* note 145, pp. 310-311.

（170） J. M. Kelly（1997） *A Short History of Western Legal Theory*, Clarendon Press, p. 274 ; J. Z. Muller ed.（1997） *Conservatism : An Anthology of Social and Political Thought from David Hume to the Present*, Princeton U. P., pp. 8-9.

（171） J. F. Stephen（1892） 'Burke on the English Constitution', in *Horae Sabbaticae*, vol. 3, pp. 114-116.

（172） *Ibid.*, pp. 117-118.

（173） J. G. A. Pocock（1989） 'Burke and the Ancient Constitution : a Problem in the History of Ideas', in *Politics, Language, and Time*, The University of Chicago Press, pp. 202-232.

（174） もっとも、バークの思想は進化論的であるというハートの評価もある。ハートによれば、「幾時代もの智恵」というバークの考え方は、社会が必要に応じてその環境に適応することを意味している。H. L. A. Hart（1963）*Law, Liberty and Morality*, Stanford U. P., p. 74. 同じように、一七世紀における「古来の国制」という考えかたについても、一種の歴史的進化論ととらえる議論がある。これについては、本書第二章第四節1参照。

（175）こうしたスティーヴンの法典論の背後には、イングランド独自の自由に対する愛国主義的な誇りがあり、マコーリ、スタッブスなどの歴史叙述とも共通性があるという指摘がある。J. Stapleton（1998）"James Fitzjames Stephen : Liberalism, Patriotism, and English Liberty", 41 *Vivtorian Studies*, p. 259.

（176）Stephen, *supra* note 125, p. 249. スティーヴンはこうした中央集権化の傾向をバックル批判においてすでに「文明化」と規定している。Stephen, *supra* note 114, p. 506. また、オースティンも同様な見方をもっていた。John Austin（1847）'Centralization', 85 *The Edinburgh Review*, no. 171, p. 235.

（177）ミルは、法典化に賛成であった。コモン・ローという不文法が成文化され、法に確実性が与えられることに意識を認めたからである。J. S. Mill（1863）'Austin on Jurisprudence', in *Essays on Equality, Law, and Education*, John M. Robson（ed.）, University of Toronto Press, 1984, 188-193.

（178）J. S. Mill（1836）'Civilization', in *Essays on Politics and Society*, J. M. Robson, University of Toronto Press, 1977, pp. 121.

（179）*Ibid.*, p. 132.「文教化のシステム」は 'a system of cultivation' の訳語である。文明と対立する意味での文化の保持というのは、ミルとスティーヴンに共通の課題であったという指摘がある。Colaiaco, *supra* note 6, p. 8. また、M・アーノルドは、文化を機械文明と階級社会を克服する契機ととらえていた。Muller, *supra* note 170, pp. 167-186.

（180）Mill, ibid., p. 140. 当時の大学は伝統的価値をベースにした社会統合のための一手段であった。Stefan Collini（1991）*Public Moralists : Political Thought and Intellectual Life in Britain 1850-1930*, Clarendon, pp. 32-33.

（181）Sheldon Rothblatt（1997）*The Modern University and Its Discontents*, Cambridge U. P., pp. 22-27 : Mill, *supra* note 158, p. 261.

（182）*Report of Her Majesty's Commissioners Appointed to Inquire into the State, Discipline, Studies, and Revenues of the University and Colleges of Cambridge*（Parliamentary Papers, 1852-1853/XLIV）, p. 54-55. ケンブリッジでは、概して法学教育は弱体であったが、一八四八年以降、「道徳科学」学位課程の一部に、「法理学と歴史学」が入った。しかし、こうした改革は、法学教育についての展望というよりも、学内政治の所産であるという指摘がある。Ch. Brooks and M. Lobban（1999）"Apprenticeship or Academy : the Idea of a Law University 1830-1860", in *Learning the Law : teaching and the transmission of law in*

England, 1150–1900, J. A. Bush and A. Wijffels, Hambledon Press, pp. 359, 374–5.

(183) メインは、当時のイギリス法の現状を踏まえ、法学教育の重要性を説き、とりわけ、ローマ法の学習の意義を強調する。この点については、内田・前掲注（144）一六七–一八六頁。

(184) J. Seeley（1867）'Liberal Education in Universities', in *Essays on a Liberal Education*, ed. Rev. F. W. Farrar, Macmillan & Co., p. 176.

(185) 'Eton School——Educattion in England', 52 *The Quarterly Review*, 1834, p. 140.

(186) German：24187/45.25 millions；England：5500/26 millions, 'University Extension in England', 172 *The Quarterly Review*（1891）no. 344, pp. 400, 422.

(187) 'University Reform', 124 *The Quarterly Review*, 1868, no. 248, p. 387.

(188) 'The Oxford Commission', 93 *The Quarterly Review*（1853）no. 185, p. 174.

(189) *Ibid.*, 173

(190) 'University Reform', *supra* note 187, p. 391.

(191) S. Rothblatt（1976）*Tradition and Change in English Liberal Education. An Essay in History and Culture*, FABER AND FABER, pp. 134, 142.

(192) H. C. Barnard（1966）*A History of English Education*, University of London Press, p. 120.

(193) *Report, supra* note 182, pp. 81–85.

(194) A. I. Tillyard（1913）A History of University Reform from 1800A. D. to the Present Time, Cambridge, W. Heffer & Sons Ltd, p. 264.

(195) Bryce, James（1884）'An Ideal University', 45 *Contemporary Review*, p. 844.

(196) *Hansard*, vol. 131, pp. 894, 902.

第五章　日本国憲法における「信託」の含意
――「法人」からの離脱――

一　はじめに

戦後、日本の憲法に構造の転換が起こった。本章は、その転換の歴史的契機が日本国憲法の前文と第十章の「信託」であると理解する。

憲法学では国家法人論の限界が検証され、それを乗りこえる論理として国民主権を論じる諸学説が形成された[1]。しかし、国家法人論が、「法人」という基本的な法概念を枠組みにしていた点を考えると、国民主権論は、どのような法概念を枠組みにしているのだろうかという疑問がある。

通説的見解によれば、国民主権は、第一義的には、国民が「権力の正当性の根拠」であることを要求するのであって、国民にどのような性格の権力がどのような法原理に基づいて分配されるのかという問題には直接答えない[2]。もっとも、国民をもっぱら「権力の正当性の根拠」としてのみとらえ、「権力の主体」としてとらえない学説はないようである。しかし、どのような権力が国民になければならないかという点については諸説あり、「日本国憲法の国民主権の理解については、いまなお混沌とした状況にある」といわれている[3]。

本章は、主権のありかたを規定する法的枠組みとして「信託」を理解し、この土台に築かれた日本国憲法の立憲主義を論じる。この「信託」は、前文で「人類普遍の原理」として言及されているが、従来の解釈では、「権力の正当性の根拠」を国民に求めるひとつの政治理念に還元されているように思われる。

しかし、「信託」は、民主主義的な政治理念であるよりも、「法人」がそうであったように、むしろ、立憲主義の観点からあつかわれるべき法概念であるように思われる。こうした見かたは、第十章九七条の「信託」について散見されるが、「法学的詮索」であるとして退けられ、不明な点を残している。[4]

「信託」は、イギリス私法上の法概念であるが、一七世紀イギリスの憲法闘争において重要な役割をはたし、公法上の権力関係を規制する原理としてロックの政治哲学に導入された。[5] 私法概念としての信託については、国家に属する「法人格付与の機能」を代行し、「国家の絶対主義的な性格」を排除しうるものという評価がなされている。[6] これは、公法分野でロックの信託理論が果たした役割にもあてはまる。それは、フィルマーの王権神授論のみならず、ホッブズの国家絶対主義――それは法人理論によって支えられていた――を克服するものであった。[7]

日本憲法史において日本国憲法の「信託」がはたしている役割も、神勅主義はもとより、法人理論の克服であるように思われる。この点につき、本章は、主に一七世紀イギリスの立憲主義と近代日本の立憲主義を比較しながら論じる。

二　立憲主義的な憲法の意味

立憲主義の内容としては、人権尊重・国民主権・権力分立・法の支配があげられる。[8] 本節では、このような内容をふくみうる立憲主義的な意味の憲法が、公権力を制約する憲法であることをまず確認する。つぎに、そのような意味での憲法がどのようにして成立したのかを考察する。そのさい、とくに、権力の〈自己拘束〉の否定という点に注意を払いたい。また、本節末尾では、いくつかのエピソードにふれ、日本の近代化の特質を象徴的に示し、次節へのプロローグとしたい。

1　公権力への制限

「国の骨格、形をつくるのは憲法であり、立党の精神に立ち返り憲法改正に取り組む」。かつて、日本の首相はこう決意表明した。(9)

その前半にみえる「国の骨格、形」としての憲法は、国にまとまりを与える〈紐帯の総体〉というほどの意味であろうか。むろん、そこでの紐帯の内容は、国をどのような観点から理解するかによって異なってくるが、いずれにしても、紐帯の総体は、後述の〈立憲主義的な意味の憲法〉ではない。

つぎに、その後半部分、一国の憲法を一政党の「立党精神」によって変えることができるというのは、どういうことなのだろうか。

日本国憲法の前文には、敗戦を機に新しい日本を築くための立国精神が語られている。さきの首相の決意表明は、この立国精神を一政党の立党精神に訴えて変えようという趣旨にも理解される。しかし、「精神」の内容がなんであれ、国家内部の一団体が、国民全体の指針を左右することは、自明の理であるとはいえない。

戦後の立国精神の内容はさしあたり問題にしないが、一国の憲法の制定・改正にたずさわる議会は、その時々の議会とは異なり、超党的な性格を元来もつであろう。もとより、議会政治に政党は必要である。しかし、政党は、私益を追求して「徒党」になりえ、伊藤博文は、「政党は議会あればおのずから現わるる者なれども、今日わが国の現状のごとき者にはあらず。」と述べている。(10)伊藤の危惧は通常の政局では避けられないとしても、政治の前提である多様な利益を検討する共通の土俵、すなわち、憲法を制定あるいは改正する時に、私益が独占的にはたらくならば、多様な利益のなかから選択するという方法そのものが、政治の入り口で摘み取られてしまう。

こうした政党と国家の転倒は、古典的自由主義の終焉という以下のようなシュミットの診断を想起させる。一九世紀の国家は、「社会」の領域には干渉しないという態度をとり、ここから、「国家」の中立性が主張された。しかし、このような国家と社会の二元論は、政党の出現により否定された。政党は、固有の社会的利益によって形成され、それ自身の官僚的組織をそなえ、文化・教育・経済など従来は社会の領域であったものを自己の活動に取りこむ。政党は、その社会的・経済的圧力をつかい、非自律的大衆を呑みこんでいく[11]。

以上のようなシュミットの診断は、憲法が政党の綱領に近づくという帰結を導くように思われるが[12]、これと対照的なのがホウムズの見解である。ホウムズは、「憲法は心底異なる意見をもつ人間のためにつくられている」と述べ[13]、後年、同じ趣旨を、「思想の自由市場」に政府は介入するな、と表現した[14]。この「市場」は、さまざまな欠点や限界をもった人びとが意見を表明・討議する場であり、政府の独占的な権力がはたらくことを拒否する。このように政府を制約する憲法が、〈立憲主義的な意味の憲法〉である。

2　立憲主義の生成

では、立憲主義的な意味の憲法はどのようにして成立したのだろうか。それは、「国の骨格、形」という意味での憲法よりも新しい概念である。

この新しい憲法概念が旧い憲法概念から生まれるプロセスは、一七世紀のイギリスにみられる。

一一世紀のノルマン征服はイギリス社会の伝統的な仕組みを変えたが、この征服のインパクトを否定するフィクションがつくられた[15]。イギリス国家の統治形態は人間の記憶を超えた太古から連綿とつづいているという虚構がそれである。これが、「古来の国制」と呼ばれる憲法概念である。一七世紀の有力な議会指導者のひとり、ジョン・ピムは、つぎのように述べている。

> サクソン人統治下の法は、いまも明らかな形跡を残している。その法は、ノルマン征服を生き延びるだけの活力・実力を備えていた。いや、その力は、征服王に境界線・限界線を示すに足るものであった。征服王は勝利の当初、たやすく王位につけると楽観していた。しかし、王座を確保するには、和議によらねばならず、そのとき、王は、王国に古くから伝わる法と自由（ancient laws and liberties）を遵守する義務を、自分自身に課したのである[16]。（傍点は引用者）

「古来の国制」は、イングランドの慣習であり、伝統的な「国の骨格、形」といってよい。それは、国家を構成する諸身分のあいだに調和を保持する紐帯の総体であった。やがて、この紐帯は失われ、内戦が起こる。

さて、一見すると、この「古来の国制」は、征服王を拘束しているようにもみえる。しかし、問題は、その拘束のしかたである。さきの引用で語られていたのは、王が一定の「境界線」の内部で行動するよう〈自己拘束〉するということであって、「境界線」を根拠にして国民が王を拘束するという段階には至っていない。

君主の自己拘束が認められる以上、「古来の国制」における立憲主義は不完全である。君主の自己拘束は、拘束解除も君主の権限によってできるということであり、この権限を使用しないことは、ひとえに君主の人柄・徳にかかっている。これは、憲法問題に、一種の徳治主義をもちこむことである。したがって、「古来の国制」は、不徳の君主を戒める根拠になるが、王権そのものを制約する根拠にはならない[17]。じっさい、国王チャールズ一世は、「古来の国制」に訴えて自己の立場を正当化することさえできたのである[18]。

しかし、こうした慣習としての「古来の国制」は、外国人の国王を頂くという状況をきっかけとして、しだいに王権を制約するよりどころになっていった。イギリスでは、そうした状況が一七世紀に二度あり、「古来の国制」という旧い憲法概念が新しい憲法概念に変わっていく重要な契機となっている。すなわち、一六〇三年のスコットランドから来たジェイムズ一世、一六八九年のオランダから来たウィリアム三世の即位である。

ジェイムズ一世はイングランドの法律を知らないうえに、王権神授説を持説としていた。だから、イングランドの「古来の国制」を守れという要求がイングランドの法律家から出された。エドワード・クックは、臣民の生命や財産に関するイングランドの国法（コモン・ロー）をあつかえるのは訓練と経験を積んだ法律家であると述べた。これに対し、ジェイムズは憤然として、国王が法の下にあると述べることは反逆罪であるといった。これに応えたクックのことばは有名である。「国王はなんぴとの下にもあるべきでないが、神と法の下にあるべきである[19]」。また、クックは、『権利請願』（一六二八年）を起草した。

ウィリアム三世は、名誉革命においてイギリス議会の招請に応じたが、そこにはオランダの政略があり、また、王自身、実戦で指揮しており、『権利宣言』（一六八八年）を即位の条件とは考えなかった[20]。しかし、『権利宣言』は、そういう思惑を打ち消すかのように、イギリス人の「古来の権利」を宣言し、翌年、王位継承の規定とともに法律になった[21]。ここに、国王は法律によってつくられ、国民の権利によって制約を受けるという〈立憲主義的な意味の憲法〉が確立した。

以上のように、一六〇三年から一六八九年にあいだに、「古来の国制」の意味は、国王の〈自己拘束〉を脱し、国民による政府権力の制限という立憲主義的な意味に変化している。『権利請願』と『権利宣言』には、ともに「古来の権利」が列挙されているが、権利保障の形式に違いがある。前者は後者とは異なり、一般法律（public act）として承認されなかった。

このような変化の過程はけっして単線的なものではなかった。この期間は、内戦があった動乱期であり、「自然法」、「根本法」、「神の摂理」などの多様な法思想が交錯しながら、王の〈自己拘束〉を国民による拘束に変えた。その変化のありかたは、ホウムズが指摘したコモン・ローの性質に合致する。「ルールは古い形式であり、新しい内容を受け入れる器である。時の経過とともに、ルールは受け入れた意味に適合するため、みずからの形式それじたいを変形する。(22)」

すこし脱線するが、一六〇三年と一六八九年は、日本ではどのような年だったのだろうか。一六〇三年には江戸幕府が始まり、一六八九年には松尾芭蕉が奥の細道に旅立っている。三百ほどもある多様な「藩＝国家」が徳川幕府のもとで統括されはじめ、元禄二年、「耳にふれていまだ目に見ぬ境、もし生きて帰らば」と決死の覚悟で旅立つ芭蕉は、藩という「国家」を渡り歩く国際的な人物であった。(23)

一九世紀後半、このような幕藩体制は、内戦を経て崩壊した。そして、憲法の制定に先立ち、「日本国民」が、維新政府により意図的につくりだされた。安丸良夫によれば、近代日本国家の課題は、「人びとの伝統的生活体系の内部に深く立ち入ってそれを編成替えすることで、近代的民族国家をつくりだす」というものだった。そのために必要な絶大な権威が、天皇の伝統的カリスマに求められた。(24)

たとえば、明治二年（一八六九年）、政府は三千名以上のキリスト教徒をその居住地から追放し、英米仏独から抗議を受けた。岩倉具視は、各国公使との会談で、天皇のカリスマ的権威により国民をつくるためキリスト教が邪魔だと断言した。キリスト教徒だけが、天皇とその祖先神の権威を相対化していたからである。(25)

> わが国の政府は独裁専制で、その命令は絶対服従されるべきものです。王政復古はその基礎をミカドの権威への服従に置いたものです。ミカドの権威が維持されなければ、ミカドの政府もありえません。(26)浦上のキリシタンは数にすれば極めて少数でしかなく、彼らの見解は多数派のそれに譲歩すべきものです。

少数派の思想・信条や文化を犠牲にして「国民」の創出が成功すれば、それだけ日本各地の多様性が失われて全国は均質化する。同時に、芭蕉のような一種の「世間師」に代わって、先進諸国に行ける官費留学のエリートが権威をもった。[27]彼らは西洋の技術や制度を日本に持ち帰った。日本における「近代化」は「西欧化」になった。

三　明治憲法と法人理論

大日本帝国憲法（以下では明治憲法または旧憲法と呼ぶ）の制定は、日本の「近代化」の重要な局面であった。それは、立憲主義の確立を意味したが、本節では、まず、しばしば指摘される明治憲法の二面性（立憲主義と君権主義）を確認し、つぎに、こうした二面性に天皇機関説がどのように応答したのかを考察する。

本節の結論は、以下のとおりである。天皇機関説は、その法人理論によって天皇の超法性を否定する一方、いわゆる超政論の政治思想によって天皇の超政治性を是認した。しかし、超法性の否定と超政治性の肯定を同時に成り立たせるために、天皇機関説は、君主の〈自己拘束〉と〈責任免除〉の論理を必要とした。

1　明治憲法の二面性

明治憲法は立憲主義的な意味の憲法だったのだろうか。周知のように、明治憲法は、立憲主義的な要素と君権主義的な要素を並存させていた。明治憲法に内在するこうした二重の性格は、憲法制定の中心にいた伊藤博文の見解に見ることができる。

そもそも憲法を創設するの精神は、第一君権を制限し、第二臣民の権利を保護するにあり。ゆえにもし憲法において臣民の権理を列記せず、ただ責任のみを記載せば、憲法を設くるの必要なし。[28]

しかし、その一方で、伊藤は、皇室を憲法の機軸にするともいう。伊藤は、宗教を立憲主義の核心と理解し、その宗教の役割を皇室に求めた。[29]

わが国にありて機軸とすべきはひとり皇室あるのみ。これをもってこの憲法草案においては専ら意をこの点に用い、君権を尊重してなるべくこれを束縛せざらんことを勉めたり。[30]

このように対立する二つの面をもつ明治憲法を、立憲主義に力点をおいて整合的に解釈しようとしたのが、天皇機関説であった。[31]

2　自己拘束と責任免除

宮澤俊義は、天皇機関説の理解として、「固有の意味の機関説（科学学説）」と「広義の機関説（解釈学説）」を区別する。前者は、君主の超法的性格を否定する法技術である法人理論であり、後者は、天皇の超政治的性格を肯定したうえで、これを立憲主義の枠内に組みこもうとする解釈（天皇の権能を狭く、国務大臣の輔弼を広く解するなど）である。[32] 天皇の超法性を否定することは、明治憲法の立憲主義的な側面に対する応答であり、また、天皇の超政治性を是認することは、その君権主義的な側面に対する応答である。

しかし、そこには、明治憲法に内在するジレンマが映しだされている。超法性の否定は、君権主義との折り合いから〈自己拘束〉というかたちをとり、また、超政治性の是認は、立憲主義との折り合いから〈国王免責〉の原則を必要とした。

国家法人論は、国家をその構成員から独立した法人格をもつ株式会社のような組織と理解し、経営責任者の意思を組織全体の意思とみなす理論である。経営責任者もまた、組織の一部を構成し、組織の基本法（株式会社でいうと定款、国家でいうと憲法）によって拘束され、超法的な（統治関係を規定する法規範の外に立つ）存在ではない。このような立場から、天皇機関説は、国家を共同目的のもとに結合した団体とみなして、この団体じたいに統治権があり、天皇は団体の意思形成にあずかるひとつの機関であると説いた。

しかし、この法人理論のもとで、天皇は、法によってその地位を与えられるという意味で法に拘束されるわけではない（そもそも明治憲法には皇位継承にかかわる規定がない）。天皇は憲法に〈自己拘束〉される[33]。機関説における君主の自己拘束は、天皇の超法的性格を否定する論理であるが、「古来の国制」に関連してふれたように、君主の自己拘束は、拘束解除の権限を君主に認め、けっきょく、その権限を行使しないという保証を君主の人柄・徳に求めることになる。

ところで、株式会社のばあい、取締役を解任する権限が株主総会にあることから、国家との関係で株主総会にあたるものは何かという疑問が生じる。しかし、この疑問は、国家が人為的に設立されたものではなく、歴史的に形成された「有機体」に類するものだという立場をとることによって回避できる[34]。このような立論は、公正な利益の分配を要求する株主の存在を否定する代償として、国家は「社会心理」——一種の客観的正義——の要求である法律に拘束されるという「国家自己拘束」の考え方を必要としたように思われる[35]。これは、近代の法人国家にふさわしい最高の「道徳」であったが[36]、拘束解除の権限を国家自身に認めるものであるから、「国家絶対主義」を帰結する[37]。

つぎに、天皇機関説は、さきの法人理論とは別に、いわば経営者である天皇と政府の関係について、以下のような論理をもっていた。それは、天皇の超政治的性格を認めて、政治的責任については政府が一方的に負うとする〈責任免除〉の論理である。このような見かたの基底にあるのは、天皇超政論といわれ、維新当初から天皇親政論と対立してきた政治的イデオロギーであった。[38]

周知のように、超政論の代表的な論者に福澤諭吉がいる。福澤は、権力闘争に勝利した政党が立法をつうじて秩序形成する場を政治社会と理解し、そのうえで、天皇をそういう「殺風景な」ところから超越した不偏不党の「尊厳神聖」なるもの、「日本人民の精神を収攬するの中心」と位置づける。[39]

もっとも、福澤にとって「尊王心」は、国家経営の道具でもあって、「人生の勝つことを好み多きを求むるの性情」=「功名症と名づくる一種の精神病」を和らげる「緩和剤」である。[40] また、伊藤博文にとっても、皇室を機軸にすることは神道の国教化を意味しなかった。[41] しかしやがて、「祖宗の祭祀と天皇を中心とした権威と秩序は、個別宗教の権威や教義をこえた真実であり、批判を許さない国教である」という考えかたが強くなってくる。[42]

天皇超政論は、明治憲法第三条「天皇は神聖にして侵すべからず」に端的に現れているが、これは、いわゆる「王は悪をなしえず」の原則を表現したものである。[43] それは、〈国王免責〉の原則であり、[44] ロウスンは、この原則をつぎのように述べている。

> 王というは、成人になるまで国務大臣を介してなんだってすることができる未成年のようなものである。王は、法に従って行動することを要件としてのみ、権限や命令を大臣に与えることができるにすぎない。したがって、もし悪がなされるようなことがあるならば――その悪はじっさいなんとも多いのだが――それは国務大臣によってなされるのであり、王ではなく国務大臣がその悪について問責され、そのために糾問される。[45]

国王免責の原則は、法的責任の一般理論に風穴を開ける政治的イデオロギーであるともいえるが、[46]ロウスンの理解では、むしろ、立憲主義的な機能を果たしている。しかしそのためには、つぎのような一定の条件が必要である。この国王免責の原則は、元来、①王の違法行為をチェックし、②違法な国王命令の執行者の個人としての責任を問うものである。[47]ここでは、②の前提になる①の要素に注目したい。王の行為の違法性を判断するには、そのための基準が存在し、これが、議会・裁判所・国民のあいだで共有されていなければならない。たとえば、一七世紀イギリスにおいてマシュー・ヘイルは、民兵団の指揮権が国王大権であることを認めながらも、それは古法が示す以下の二要件に服するという。第一、いかなる国民も、各自の意に反して海外に派兵されない。第二、議会の同意がなければ、戦費は調達できない。[48]このような原則に反して国王が国民を海外に派兵し、その結果、被害が生じるならば、国王はみずからの違法行為について責任を免除されるが、その身代わりに国務大臣が責任を負わねばならない。

しかし、明治国家に王の行為の違法性を判断する基準はなかった。憲法は天皇が国民に下賜したものであって、天皇はそれに〈自己拘束〉されるにすぎず、また、憲法と同格の皇室典範は、国民（臣民）とは無縁の法であって公布もされなかった。このように、①の条件がないために、②も不十分なものにならざるをえなかった。[49]じっさい、公務員の個人としての賠償責任は、昭和初期までは不問とされていた。[50]上からの近代化を推進した明治国家において、「王は悪をなしえず」は、所期の機能を果たさなかったばかりか、逆に、天皇の超政治的側面――軍事的権威、道徳的・宗教的権威――を絶対化したように思われる。[51]

それにもかかわらず、美濃部達吉は、この政治的イデオロギーである超政論を可能なかぎり立憲主義に即して実践しようとした。[52]美濃部は、統帥権干犯問題にさいして、つぎのように述べて浜口内閣を支持した。

軍部の当局は、自ら戦争の任に当るべき当事者であるから、いやが上にも戦闘力を強からしむることに努むるのが当然の傾向であって、外交、財政、経済、世界的思想の趨勢等政治上の関係を考慮することの乏しいのは免れ難いところである。これに絶対の価値を置くことは、国家をして軍国主義の弊に陥らしむる恐れがある。……わが憲法は他の総ての立憲国におけると同様に、責任政治の主義をとるもので、国の一切の政治について、責任者あることを要求し、しかしてその責任は国務大臣が専らこれを負担すべきものとしている。一国の兵力の分量を定むることは、国の政治のもっとも重要なる作用の一であって、それについての全責任が国務大臣に帰属することは、わが憲法の主義とするところであることは、いうまでもない。(53)

この美濃部の発言から五年後、政府は天皇機関説を禁圧し、みずから「法人」たることを否認した（昭和一〇年八月と一〇月の国体明徴声明）。それは、いわば経営責任者であるはずの政府がその地位を放棄したということである。これにより、国家は会社のような組織であることをやめ、統一的な意思も、責任者も消えた（もっとも、これは、明治憲法下における意思決定機関の多頭性が露見したということであるかもしれない）。代わって、ある種の道徳や幻想が支配するようになり、これに武力の支配が結びついた。一種のユートピア思想を背景に起こった五・一五事件（昭和七年）から軍事クーデタ二・二六事件（昭和一一年）の発生、王道楽土を掲げた満州国建国（昭和七年三月）から日中戦争の勃発（昭和一二年七月）は、法人国家の崩壊過程とみてよいであろう。(54)

ところで、このように空想と軍事力が結合する理由について、福澤諭吉は明治二五年に書いている。それは、第二議会の解散後、藩閥政府と民党が、死者二十五名を出すという激しい選挙戦を展開しているなかで執筆された。政党政治の誕生以前にあってこれを遠望する福澤の目は、半世紀を経て死滅する政党政治に注がれているかのようである。

武人にして国権を執ればとて必ずしも剣をもって人を殺すにあらず。その心事は誠に優しくして民を憐むの情に乏しからずといえども、いかにせん思想の簡単なるがために、その見る所常に近くして永遠を謀ること能わず。時としては不相応なる大事業を起こし、また時として些細の銭を愛《お》しみ、結局会計の要を誤りてまた法律を軽んずるのみならず、あるいは一朝の怒りに乗じて外交の変を生ずることなきを期すべからず。しかのみならず武断政治の勢いに走りてこれに近づく者は、壮年血気の武骨男子にあらざれば文弱佞諛《ねいゆ》の小人にして、いずれも大事を誤るの媒介たらざるはなし。[55]

四　日本国憲法と信託理論

天皇機関説は、明治憲法に内在する構造的な矛盾――立憲主義と君権主義の対立――を君主の自己拘束と責任免除の論理で解決しようとしたが果たせず、軍国主義の犠牲になった。戦後の新憲法は、こうした矛盾を除去する憲法原理に立脚するものであった。

新憲法は、責任免除の論理を否定するために、「法の支配」を例外なく貫徹させ、また、自己拘束の論理を否定するために、「信託」によって政治権力の重層化を図っている。本節では、新憲法におけるこれらの原理を確認し、さらに、ジョン・ロックの所論を参照して、「法の支配」と「信託」の相補関係を論じる。

1　「法の支配」の理念

新旧憲法の違いは、部分的変更ではなく、構造的転換によって生じた。その転換を定式化するとつぎのようになろう。①政治権力の正統性について、天皇主権→国民主権。②権利の性格について、臣民の権利→基本的人権。③

国家存立の基礎について、忠君愛国による自己犠牲→戦争放棄による平和主義・国際協調。

さらに、これ以外に、形式的法治主義から「法の支配」への転換を付け加えることができる。それは、上記②の基本的人権の保障に関連しており、法律による保障から憲法による保障への転換として理解することができる。[56]

臣民の権利を規定する明治憲法の各条には、信教の自由を除き、「法律の留保」が付されていた。このことは、議会が権利の防波堤になっていると評価することもできるが、議会が権利の守護者でなくなったとき、別の立法によって当該権利が廃止・制限されるということでもある。

これに対し、日本国憲法は、個人の尊厳にかかわる権利については基本的人権として、法律ではなく、最高法規の憲法が直接保障するというかたちをとる。この結果、法律が憲法上の権利を侵害すると、その法律は違憲であると宣告され、以後適用されない。

もっとも、憲法が守られているかどうかを審査する機関が存在し、適正に機能していなければ、その権利は画餅であろう。「法の支配」にとって裁判所の権威は不可欠である。砂川事件で小谷裁判官は、日米安保条約について憲法判断を回避した多数意見を批判し、つぎのように述べた。


要するに多数意見の到達するところは、違憲審査権は立法行政二権によってなされる国の重大事項には及ばない、とするものであって、わが新憲法が指向する力よりも法の支配による民主的平和的国家の存立理念と、右法の支配の実現を憲法より信託された裁判所の使命とに甚だしく背馳するものであることは明らかである。[57]（傍点は引用者）

ところで、「法の支配」の概念は多様であって、「力の支配」に対置される「法の支配」の内容を確認しておく必要がある。

一般的にいえば、「法の支配」の概念を大別するひとつの指標は、人権の保障を要素にふくめるか否かである。まず、公権力の作用する道筋を予測可能にする法が適用されていれば充分であり、それは〈良き法〉の支配である必要はないという立場がある。立法部は、抽象的な法を具体的事件に先行して一般的に制定し、行政部と司法部がこれを運用するが、立法の内容に制約はない。これに対して、形式的・手続的な要件に加え、実体的な人権、たとえば、思想・良心の自由などの保障を「法の支配」の要素であるとする立場がある。これは、実体的意味の「法の支配」と呼ばれる[58]。

この分類に照らせば、さきの小谷意見が指摘した「法の支配」は、実体的意味のそれであるといえよう。そして、そういう定義づけは、戦前・戦中における武断政治・「力の支配」の横行という日本の歴史的文脈のなかで意味をもってくる。たとえば、「思想犯保護観察法」(昭和一一年)、あるいは「国家総動員法」(昭和一三年)の制定などを考えれば充分であろう。明治憲法のもとでは、正式の立法手続さえ踏んでいればどのような内容の国家意思も法律になったのである。

2　「信託」による政治権力の重層化

「法の支配」の原理は、日本国憲法本文では、〈憲法の最高法規性〉を示すものとしてつぎのように表現されている。「この憲法は、国の最高法規であって、その条規に反する法律、命令、詔勅および国務に関するその他の行為の全部または一部は、その効力を有しない。」(第九八条一項)

しかし、前文では、すべての憲法が最高であるとは書かれていない。そこには、個別具体的な実定憲法が最高なのではなく、ある種の〈憲法原理〉が最高だと記され、この原理に反する「一切の憲法……は排除する」とある。この原理は、人間がつくる実定的な法規から区別された根本規範である。

そもそも国政は、国民の厳粛な信託によるものであつて、その権威は国民に由来し、その権力は国民の代表者がこれを行使し、その福利は国民がこれを享受する。（前文）

これが「人類普遍の原理」と規定され、これに反する憲法は排除されるといわれる。従来、日本国憲法前文にみえるこの「人類普遍の原理」は、リンカンの演説を想起させ、民主主義の一般的な政治哲学であるかのように理解されてきた。[59] しかし、それは、イギリス私法上の「信託」が、公法分野に援用されたものである。

以下で述べるように、「信託」は、主権のありかたを決定する原理であり、法人概念と対比されるべき位置をもつ。信託概念は、対外的には、政府を統治主体として国家の運営に当たらせつつ、対内的には、政府と国民の関係を受託者と受益者の対抗関係として構成する。[60]

信託概念のもとでは、信託の設定者、受託者、受益者、信託財産という基本要素によって、主権のありかたが重層化される。[61] この信託は、国民が権原を手元に置いたまま、そこから派生する権限を政府の運用にゆだね、ここから生じる利益を受け取ることを可能にする法理である。

「信託」による権力の重層化は、以下のように説明することができる。納税は、国民から政府への所有権の完全な移転を意味しない。もし、それが所有権の完全な移転であれば、政府はみずからの利益のために税金を使用・処分することができるはずである。しかし、そうではなく、政府は、税金を納税者の利益を目的として使用しなければならない。税金は信託財産に、政府は受託者に、納税者は受益者に相当する。政府は、受益者――信託を創設した国民、その子ども・孫たち――の利益を目的として税金を使用しなければならない。これが、もっぱら受益者の利益のためにのみ信託財産を管理する受託者の義務（忠実義務）である。[62] この義務違反をチェックする決算審査や住民監査請求は、信託から帰結する制度であると理解することができる。

このように、信託概念は、所有権を使用権と受益権に重層化する。この法理を、公金使用の権限の源泉である主権にあてはめるとつぎのようになる。

国民は主権を〈所有〉するが、これを〈使用〉する権限は政府に託される一方、主権の使用によって生じる利益・福利を受けとる〈受益権〉は、国民の手に残される。

この論理は、日本国憲法第十章の各条に現れている。[63] まず、「信託」によって守られるべき福利として「基本的人権」が位置づけられ、その受益者が「現在及び将来の国民」であるといわれる（第九七条）。つぎに、「法律、命令、詔勅及び国務に関するその他の行為」をする者は、①対内的には、前条の福利を目的として政治権力を使用しなければならない受託者の地位にあること（第九八条一項）、②対外的には、日本国を代表して条約を締結・遵守する主体であること（第九八条二項）が規定される。さいごに、この福利を保障する憲法を「尊重し擁護する義務」が「公務員」にあると述べられる（第九九条）。

以上のように、信託概念のもとで、主権は、これを使用する権限とそこから利益を受け取る権利とに重層化されるが、後者の権利に付随して、主権の代行者を「罷免する権限」（第一五条一項）が国民の手に残される。政府は、受益者の利益を目的として、主権を使用しなければならないから、政府がこの信託に違反し、政府自身の利益を追求するならば、国民には、主権を代行する政権担当者を交代させる権利がある。

この「罷免する権限」は、「国民固有」であるといわれ、そもそも移譲できないことが憲法に明示されている。この罷免権は、決算審査の権限とは異なり、定期化されない。しかし、罷免権は、立憲政治を回復する手段として強力であるからこそ、定期化されていないともいえるのであって、「立憲主義のエートス」といわれる「抵抗権」と同質の目的をもち、〈制度化された抵抗権〉と位置づけることができよう。[64] もっとも、主権の代行者を選挙する権限のほうは定期化される。これは再選させないという選択をなしうるから、〈定期化された罷免権〉といえるかもしれない。このように、決算審査、選挙権、罷免権などによって、信託受益者は手厚く保護されている。

ところで、制度化された抵抗権（罷免権）は、「抵抗」ということばの騒然とした響きとは裏腹に、「法の支配」と不可分に結びついている。

「公務員を罷免する権利」が一種の抵抗権として作用するとき、その対象は、信託の目的である「国民の福利」を実現する公務員である。「抵抗」は、国民の福利の実現にあたって行使される〈裁量〉をチェックするのであって、「法の支配」の要請である。裁量をもつ受託者は、現代の行政国家においては議員に限定されないが、いずれにしても受託者に対して国民が行使しうる「抵抗権」は、「より高次の法」に受託者の裁量を従わせる方法である。(65)

3　「法の支配」と憲法制定権力

制度化された抵抗権（罷免権）を行使することは、国民による主権の直接的な使用であり、権力の〈所有〉と〈使用〉が結合している例である。

しかし、この結合は、人民の・人民による直接的な自己支配を必ずしも帰結しない。受益者のための財産管理者を想定する信託制度において、「抵抗権」は、この枠組みじたいを否定する「革命権」ではない。以下では、この点につき、ロックの信託理論に即して確認したい。

ロックは、民衆が政府の責任を追及する方法について、「天に訴えるほかはなんの救済策も持たない」と述べ、むしろ、〈制度化されない抵抗権〉を論じている。(66)

ロックによれば、この「天に訴える」という救済請求権が発動されるには、「共同社会」の「過半数」の同意が必要である。(67)このことが意味するのは、抵抗権の発動は、「自然状態」への復帰ではなく、「共同社会」への復帰だということである。したがって、抵抗権は、個人の自然権に正統性の根拠をもちながらも、「共同社会」の過半数の人びとが一体となって行使する根源的かつ実効的な政治権力として現れる。

では、このとき、共同社会は、みずからが恒常的に政府の権力を直接行使するという、信託とは別の制度を選択することができるであろうか。もしそうであるとすれば、「天に訴える」という「共同社会」の過半数の力は、〈無制限の憲法制定権力〉であるといえよう[68]。

「天に訴えて」抵抗する主体は、「明言による約定と、明言による約束と協約」を交わした信託設定者ないし信託更新者であると考えられるが[69]、これらの人びとは同時に、「信託受益者」でもある。そして、抵抗権は、「信託受益者」の資格に付随するものである[70]。

ただ、ここで注意しなければならないのは、ロックが信託受益者をふたつのグループに分けているという点である。ひとつは、上記の明言による約定・約束・協約を交わした受益者であり、もうひとつは、「暗黙の同意」をしたと推定される受益者である。

抵抗権の主体は前者だけである。暗黙の同意しか与えていない後者の受益者が「政府に隷属する責務は、利用と共に始まりこれと共に終わりを告げる」[71]。他方、明言された約定・約束・協約は、暗黙の同意とは異なって、これを交わした本人を当該「共同社会」に融合し、そこから離脱することを禁じる。それゆえに、この「二度と自然の状態の自由に帰ることとは断じてできない」受益者は[72]、政府の違法行為に対し、背水の陣をしいて抵抗せざるを得ないし、また、そのために抵抗権を用意されているわけである。

この受益者が抵抗権に訴えて政府（受託者）に履行を迫る約定・約束・協約には、以下のような「法の支配」の要請がふくまれると考えられる。①受益者に適用される法は、公知の一般的な規定でなければならず、身分の違いや資産の多寡による差別をしてはならない。②法の目的は民衆の利益でなければならない。③租税立法は所有権者の同意によらなければならない。④立法権の授権は許されない[73]。

しかし、共同社会が政府の違法行為を理由に、みずからも「明言された約定・約束・協約」を破棄し、これを白紙にもどして信託の枠組みを廃棄するならばどうであろう。それは、受益者の立場を逸脱する行為であるとしても、信託の設定者ないし更新者の立場からは可能であるかもしれない。

じっさい、ロックは、人民の過半数が受益者の立場を離れて新たな制度の設計者になるという事態に言及している。このような事態は、人民の保守性からして容易には起こらず、「わが国古来の立法部は私たちに保存された」といわれるが[74]、他方で、人民は「自分たちの中に立法権を存続させる」という選択（ロックはこれを「完全な民主制」という[75]）をなしうるとも示唆されている[76]。そのさい、人民の資格は、「最初に君主の手中にあの信頼を託した[77]」信託設定者である。

では、ここからただちに、共同社会は、〈無制限の憲法制定権力〉をもっていると結論してよいだろうか。

「完全な民主制」、つまり、直接民主制では、政治権力の所有者と使用者は一致する。この所有と使用の合致は、ホッブズの立論であった。ホッブズは、権力を所有する権利と使用する権利を概念としては区別しながらも、この二つを結合した。「戦争の剣、あるいは、正義の剣を所有する権利は、所有者がみずからの判断に従ってその剣を使用する権利にほかならない[78]。」

この権利の主体は、「法人」としての国家である。それは、独立固有の単一意思をもった法人格である。「この団体は一つの人格として理解され……それ自身の権利・財産の主体であり、固有の名称によって、どの構成員とも異なる存在として区別される[79]。」そして、この「一つの人格に合一していない群衆のあいだには、自然状態が継続し、すべてのものはすべての人に所属している[80]。」つまり、人間は、国家という法人格なしには、協同しえない。

ホッブズのように国家を理解するとき、政治権力の使用者の消滅は、政治権力の所有者の消滅であり、それはとりもなおさず、自然状態への復帰である。

これに対して、ロックの信託理論は、政治権力を重層化し、国家が解体した後にもなお残る根源的な政治権力によって共同社会が国家を立て直すことを可能にする[81]。けれども、その立て直しが修復ではなく革新であり、信託制度を破棄するところまで進めば、それは、憲法上の大きな転換である。

事実、信託と直接民主制との違いは顕著である。直接民主制では、人民全体が公務員の地位を占め、その意思が最高の法となる。それゆえ、人民が自分自身に抵抗してみずからを罷免することなどありえず、人民の裁量をチェックする「より高次の法」は成り立つ余地がない[82]。

憲法上の基本的な枠組みを変更するとき、共同社会は、論理的には、自然状態に立ち返って、個人の意思を確認しなければならない。ところが、このような変更をしなければならないとすれば、それほどまでに共同社会のきずなは切断されてしまっているということであり、共同社会はすでに存在していない。逆からいえば、「わが国古来の立法部は私たちに保存された」として、自然状態への遡行を想定しないのであれば、既存の共同社会で共有される一定の了解事項は、依然として妥当性をもち、共同社会の憲法制定権力を制限しているということである。

この了解事項が「古来の立法部」を規制する方法は、もとより「古来の国制」論ではない。それは、権原付与によって共同社会の構成員をゆるやかに結合する哲学的原理である。

> 正義が、すべての人間に、彼自身の誠実な勤労が産み出した物と、彼が受け継いだ祖先の公正な取得物とに対する権原を与えるように、慈愛は、人が生存のための他の手段をもたない場合に、極度の欠乏から免れさせるだけの物を他人の剰余物に対して要求する権原をすべての人間に与える[83]。

「正義と慈愛」は、ロールズの「正義の二原理」のように、権原のありかたを根源的に規定しており、実定憲法の上位に位置すると思われる[84]。それは、私的所有と、欠乏からの自由を両立させ、持てる者と持たざる者の共存を可能にする。それぞれの「権原」からは、受益者の地位が派生し、政府は各人の権利を実現するための手段にすぎないという示唆がそこにある。

もっとも、「正義と慈愛」は、権原を付与するのみで、政府の形態を明示しない。そこで、ロックは、第一の「基本的な実定法」、つまり、実定憲法が規定すべき内容として、「立法権力の確立」を挙げる[85]。それゆえ、共同社会には、この憲法条規を制定しないという選択肢はないと思われる。しかも、ロックは、共同社会と立法部の関係をもっぱら「信託」によって説明した。「立法者が、民衆の所有権を侵犯することによって信頼に反する行動をとる時には、民衆の手には、新しい立法部を通じて新たに自らの安全をはかる権力がある[86]」。

このとき、民衆自身は、新しい立法部を構成せず、むしろ、これとは別の権力者として分立し、立法部を「より高次の法」に従わせる役割を担う。その中心にいるのは、前述のとおり「共同社会」に堅く結びつけられ「二度と自然の状態の自由に帰ることは断じてできない」人びとであろう。

五　おわりに

日本国憲法は、「法人」ではなく「信託」によって政治権力を構成することにより、立憲主義を徹底させているように思われるが、このような法理の転換は、政治社会のありかた、国家像の変化を反映している。

この国家像の変化は、オークショットにならえば、「団体」から「協会」へと定式化することができる。オークショットは、人間集団の目的がどのようなものかという観点から、それにふさわしい集団の形態を、「協会」（Societas）と

「団体」（Universitas）に類型化した。彼によると、国家はこのふたつの極を揺れ動く「政治的想像」である。[87]

第一の「協会」モデルは、構成員がそれぞれ個人の目的を有し、それを追求する社会である。そこには社会の実体的な共通目的は存在しない。ただ、各個人の多様な目的を実現するために不可欠なルールの承認のみが必要とされる。このルールは特定の目的にコミットすることはなく、その意味で中立的である。[88]この協会モデルにおいて「支配者」は必要ではない。支配者がいるとしても、それは構成員から承認された中立的なルールの擁護者ないし執行者にすぎない。[89]その意味で、このモデルは、「法の支配」モデルといってもいいであろう。

第二の「団体」モデルは、それじたいが実体的な目的をもち、構成員はそのような共通目的のために結合した共同事業者である。[90]それゆえ、厳密にいえば、個人は自分自身の欲求をもつことも、それを実現することもできない。彼らが期待できるのは共同事業によって得られる利益の配分のみである。このモデルにおいて「支配者」は重要な位置を占めている。それは、構成員の財産や才能に対して完全な支配権をもち、特定の目的を実現するためのルールを制定する。

国家における個人の権利と団体的統制の比重は、この二類型を両極とするスペクトルに国家が占める位置によって決まる。この類型を用いれば、日本の国家像は、敗戦を機に、「団体」型から「協会」型に移行すべく予定されていた。

このような国家像の転換は、憲法の内容に影響をおよぼす。明治憲法は、国家（その目的は富国強兵）の効率的運営を妨げるルールではなかった。それは、臣民が公務員を選ぶ権利を「選挙法」に言及することで間接的に認めたが、公務員を罷免する権利を認めなかった。また、大審院に違憲審査権はなく、女性と植民地の人たちの権利については、美濃部達吉でさえも冷淡であった。[91]子ども・女性・植民地から提供される低コストの労働で「富国強兵」が実現されるという構造に、明治憲法は適合的であった。[92]

これに対し、日本国憲法における人権保障、また、これを目的とする権力分立は、明治国家の目的からすれば、コストの高い非効率な原理であろう。[93] けれども、構成員の多様な希望の実現をめざす「協会」型国家において、それは必要不可欠のコストである。

明治憲法は、立憲主義と君権主義の矛盾をかかえ、軍国主義の増長を許し、思想・良心の自由を守れなかった。そこで、日本国憲法は、思想・良心の自由（第一九条）とともに、信教の自由とそれを保障する政教分離原則（第二〇条）を導入した。各人がそれぞれ自分の目的をもち、実現できるという「協会」型国家にとって、実体的な共通目的となる「国教」は不要である。

さらに、「団体」型の人間集団の典型が軍隊であることを思えば、日本国憲法第九条の戦争放棄は、上記のような国家像の変化を象徴しているといえよう。

日本国憲法は、「協会」型の国家を「信託」によってとらえる。[94] 憲法前文は、「恐怖と欠乏から免れ、平和のうちに生存する権利」が「全世界の国民」にあると記す。この〈権利〉は、恐怖と欠乏を除去して平和を実現する義務を課す〈法〉と表裏一体である。この〈法〉が「普遍的」であるゆえに、〈権利〉もまた「全世界の国民」にまで拡大しうる。受託者である政府は、この〈法〉に違反してはならない。「信託」は、無謬たりえぬ国家意思に与しない足場を提供する。これに対し、「法人」は、超越的な国家意思を頭上高く掲げる。ふたつの法概念が指し示す方向はずいぶん違っている。

（1）　芦部信喜監修『注釈憲法（1）』（二〇〇〇年）有斐閣、八八-一〇一頁。杉原泰雄は、日本国憲法のもとにおける国家法人論の限界を指摘しつつ、「国家主権者説」の意義を説く。国家主権者説によると、統治権の所有者である主権者にとって「憲法は例外的な自己拘束規範」であり、そこに統治権の濫用の余地が残るとされる。杉原泰雄『憲法と国家論』（二〇〇六年）有斐閣、八一-八二頁。

（2）樋口陽一ほか『注釈日本国憲法　上巻』（一九八四年）青林書院新社、三四頁。

（3）松井茂記『日本国憲法　第二版』（二〇〇二年）有斐閣、一三三-一三七頁。樋口上掲書三四-三六頁。

（4）日本国憲法制定の審議で松村真一郎は、第九七条の「信託」について、委託者（信託設定者）を「人類」、受託者を「後世の日本国民一般」、受益者を「自分」もふくめた「広い将来の人類」、信託財産を「色々な努力をして出来た権利」（基本的人権）として理解している。清水伸編著『逐条日本国憲法審議録　第三巻』（一九六二年）有斐閣、七六〇-七六二頁。この理解では、条文中の「現在及び将来の国民」が、受託者と受益者の両方に解されているように思われる。しかし、そのばあい、統治形態は直接民主制になり、前文の「信託」と食い違うのではないだろうか。第九七条には、構文上、受託者は明示されていないが、後続の二条で説明されている。後掲注（61）と（63）を参照。

（5）J. W. Gough (1947) *John Locke's Political Philosophy* 2nd ed. Clarendon Press, Chap. Ⅶ. 山本祐策「信託法理の発展とジョン・ロックの政治理論」『八代学院大学紀要』一八巻（一九八〇年）八七-九七頁。

（6）森泉章編著『イギリス信託法原理の研究』（一九九二年）学陽書房、一七一頁。

（7）清宮四郎「日本国憲法とロックの政治思想」『国家学会雑誌』第六二巻九号（一九四八年）四五一-二頁。清宮は「国家における究極の意志を体現するものは国民である」のに、この国民主権の原理を明示しない「ロックの主権論は不徹底である」と評している。上掲論文四五七頁。これに対し、本稿は、ロックは主権の絶対性を「信託」によって重層化していると理解する。

（8）高橋和之『立憲主義と日本国憲法』（二〇〇五年）有斐閣、第二章参照。また、「理性的な話し合いで処理可能な問題」をそれ以外の問題から切り離す技巧として立憲主義を読み解くものとして、長谷部恭男「民主主義国家は生きる意味を教えない」『日本国憲法を読み直す』（二〇〇〇年、日本経済新聞社）四八-六四頁。

（9）二〇〇七年一月一七日、自民党の第七四回定期党大会での安倍首相（当時）の発言。『山陽新聞』朝刊二〇〇七年一月一八日一面。

（10）筒井若水ほか編『日本憲法史』（一九七六年）東京大学出版会、一〇七頁。同書から引用するばあい、かなづかい等はすべて現代化している。

（11）Carl Schmitt, 'When Parliament Cannot be Sovereign' (1931), in *Consevatism*, J. Z. Muller ed. (1997), Princeton U. P., pp. 267–274.

（12）シュミットは党派的抗争を超えて国家的統一を保持する役割を官僚制に期待したが、もとよりそれは、政治的決断の主体ではなかった。石川健治『自由と特権の距離——カール・シュミット「制度体保障」論・再考』（一九九九年）日本評論社、二四頁。

（13）ロックナー事件におけるホウムズの反対意見。R. A. Posner ed（1996）*The Essential Holmes*, The University of Chicago, p. 306.

（14）エイブラムズ事件におけるホウムズの反対意見。*Ibid*., p. 320.

（15）日本イギリス哲学会編『イギリス哲学・思想事典』（二〇〇七年）研究社、四一九-四二一頁参照。

（16）J. P. Kenyon（1993）*The Stuart Constitution 1603-1688 Documents and commentary*, Second Edition, Cambridge U. P., p. 15.

（17）もっとも、国王の「自己抑制」も、道徳的義務と法的義務が区別されないばあいには、実際的効果をもつという指摘がある。井上茂『司法権の理論』（一九六〇年）有斐閣、八二頁。

（18）J. P. Kenyon（1993）*The Stuart Constitution 1603-1688 Documents and commentary*, Second Edition, Cambridge U. P., pp. 18-20.

（19）S. Sheppard（ed.）（2003）*The Selected Writings of Sir Edward Coke*, vol. I, Liberty Fund, Inc., p. 481.

（20）日本イギリス哲学会編・前掲注（15）四八八、四九二-三頁。

（21）C. G. Robertson ed.（1923）*Select Statutes, Cases and Documents, to Illustrate English Constitutional History, 1660-1832*, Fourth Edition Revised, Methuen & Co. Ltd., pp. 132-133. 高木八尺ほか編『人権宣言集』（一九九六年、岩波文庫）八一-八三頁。

（22）O. W. Holmes Jr.（1881）*The Common Law*, Macmillan & Co., p. 5.

（23）藩間関係と近代の国際関係の相似について、『丸山眞男集　第一四巻』（一九九七年）岩波書店、二七二頁参照。

（24）安丸良夫「近代転換期における宗教と国家」『宗教と国家』（一九九六年）岩波書店、五五八頁。

（25）安丸上掲書五一九頁。

（26）「浦上キリシタン弾圧に関する対話書」『宗教と国家』（一九九六年）岩波書店、三一〇-三一一頁。

（27）「世間師」という語は、宮本常一『忘れられた日本人』（岩波文庫）によると江戸時代末期以降の概念であるようだが、ここでは、「世間」ということばに重点をおいて、様々な世間に通じている人という意味に解している。なお、「世間」と「社会」のちがいについて、阿部謹也『ヨーロッパを見る視角』（二〇〇六年）岩波書店。

(28) 筒井・前掲注(10)一三六頁。
(29) この結果、天皇は、ヨーロッパにおける「神」に代わるものとして、政府の存在を相対化した。しかし、ヨーロッパにおいて、神による統治の原理と立憲主義は直接結びつくわけではない。この点については、本書第二章第六節参照。
(30) 筒井・前掲注(10)一一四頁。
(31) このような天皇機関説の位置づけは通説的なものであり、近年の研究動向については、須賀博志「明治憲法史研究の現在」『法学教室』No. 328(二〇〇八年)一四-一七頁。
(32) 宮澤俊義『天皇機関説事件(下)』(一九七〇年)有斐閣、五五一-五五九頁。
(33) 長尾龍一『日本憲法思想史』(一九九六年)講談社、一六二頁。
(34) 美濃部は、「国家は人類の天性に基づく自然の産物であって人為的の製作物ではない」として自然法論における国家契約論を批判する。長尾上掲書一八四頁。また、美濃部は、国家有機体説を批判し、国家団体説を支持するが、前者の論旨は後者に含まれる。とりわけ、国家の単一性を強調する点で、両説には共通性がある。國分典子「美濃部達吉の『国家法人説』――その日本的特殊性――」『慶応大学法学研究』六六巻一〇号(一九九三年)四〇-四一頁。
(35) 磯村哲「市民法学(中)」『日本近代法発達史 九』(一九六〇年)一九〇-一九一頁。鵜飼信成『司法審査と人権の法理』(一九八四年)有斐閣、三八三頁。
(36) 石川健治「承認と自己拘束」『現代の法 1 現代国家と法』(一九九七年)岩波書店、四九頁。
(37) 国家自己拘束説は、「国家絶対主義と法治国原理の(恐らくは表見的な)妥協のイデオロギー」といわれる。長尾・前掲注(33)一六一頁。これと違う評価として、家永三郎『美濃部達吉の思想史的研究』(一九六四年)岩波書店、一七〇頁。
(38) 家永上掲書一〇五頁。
(39) 『福澤諭吉著作集 第九巻』(二〇〇二年)慶應義塾大学出版会、一七〇-一七四頁。
(40) 上掲書 二二四-二三四頁。
(41) 「神道は祖宗の遺訓に基づきこれを祖述すといえども、宗教として人心を帰向せしむるの力に乏し。」筒井・前掲注(10)一一四頁。なお、福澤の神道に対する見解も同様である。「近日に至て少しく神道の名を聞くが如くなれども、政府の変革にさいし僅かに王室の余光に藉て微々たる運動を為さんとするのみにて、唯一時偶然の事なれば、余輩の所見にては之を定りたる宗旨と認むべからず。」『福澤諭吉著作集 第四巻』(二〇〇二年)慶應義塾大学出版会、二五〇頁。

(42) 安丸・前掲注（24）五五三頁。
(43) この原則はラテン語で"rex non potest peccare"と表現される。長尾龍一『思想としての日本憲法史』（一九九七年）信山社、一〇頁。『憲法義解』（二〇〇七年）岩波書店、二五頁。
(44) 被害者への賠償は国家による恩恵であって法的義務ではないと考えられていた。Sir A. Denning (1953) *The Changing Law*, Stevens & Sons Ltd., pp. 20-24.
(45) G. Lawson (1992) *Politica Sacra et Civilis*, C. Condren (ed.), Cambridge U. P., pp. 101-2.
(46) 末弘厳太郎「誤判賠償の根本原理」『嘘の効用　下』川島武宜編（一九九四年）冨山房百科文庫、一二一頁。
(47) J. L. Malcolm (1999) "Doing No Wrong : Law, Liberty, and the Constraint of Kings", 38 *Journal of British Studies*, pp. 161-186.
(48) "Sir Matthew Hale on Hobbes : An Published MS.", *The Law Quarterly Review*, No. CXLVII, 1921, pp. 296-7.
(49) 丸山眞男は日本における「無責任の体系」を支える人間像を「神輿」「役人」「無法者」の三類型にまとめているが、要するに、日本に「政治家」が不在だということである。丸山眞男「軍国支配者の精神形態」『丸山眞男集　第四巻』（一九九七年）岩波書店、九七-一四二頁。
(50) 家永・前掲注（37）一九四-一九六頁。
(51) 久野収によると、国王免責を意味する条文じたいが「倫理的、信仰的には実に強力な拘束力を持っていた」ので、「国法にふれたという嫌疑をかけられることは、倫理的には悪人、人でなし、信仰上からは罪人、非国民、はなはだしい場合、公敵、売国奴になってしまう」。『読本　憲法一〇〇年　2』（一九八九年）作品社、二七五頁。
(52) 美濃部達吉における「立憲主義」は「内閣原動機能」と「内閣監視・批判機能」をそなえた議会制度と同義である。西村裕一「美濃部達吉の憲法学に関する一考察（一）――一九三二-三五年を中心に――」『国家学会雑誌』第一二一巻一一・一二号（二〇〇八年）二六頁以下。
(53) 筒井・前掲注（10）二一八頁。
(54) 坂野潤治『近代日本政治史』（二〇〇六年）岩波書店、一五五頁以下参照。
(55) 『福澤諭吉著作集　第七巻』（二〇〇三年）慶應義塾大学出版会、三二七-八頁。
(56) 大石眞『立憲民主制』（一九九六年）信山社、四九-五一頁。高田敏「『形式的法治国・実質的法治国』概念の系譜と現状――その検討と『普遍化的法治主義』の提唱――」近畿大学法科大学院論集第二巻（二〇〇六年）一-六四頁。

(57) 最大判昭和三四・一二・一六刑集一三―一三―三二二五、三二七五頁。
(58) 日本イギリス哲学会編・前掲注（15）四七八―四八一頁。
(59) 芦部・前掲注（1）八五頁。
(60) 森泉・前掲注（6）一七二頁参照。国家の対内的な役割について、法人理論においても、「抽象的な国家人格と国民人格との対抗関係が原理上可能となり、国家権力は国家目的と法による制約を必然的に伴う本来有限的なものとして捉えられうる」という評価がある。磯村・前掲注（35）一八四頁。しかし、「国家目的と法」の内容を問わないとしても、「法人」の代表者（政府）がもつ包括的な権限に対し、「目的と法」が制約としてどこまで有効かという問題もあると思われる。
(61) 田中英夫編『英米法辞典』（一九九三年）東京大学出版会、"trust" の項目参照。佐藤功は、第九七条の「信託」について、受託者（信託設定者）を「天または神」、受託者を「現在及び将来の国民」、受益者を「世界の人類一般」としている。佐藤功『憲法　ポケット註釈全書（4）』（一九六五年）有斐閣、五七九―五八〇頁。このように理解される信託は、ロウスンにみられた神と教会のあいだに成り立つ信託に似ている（本書一二〇頁）。信託設定者が絶対権力者の神であるばあいには、「神の主権」の重層化は起こらないであろう。すくなくとも、それは、人民（共同体）と政府のあいだの信託によって生じる権力の重層化とは違うように思われる。なお、ロウスンにおける権力の「混合」の意味について、本書一〇〇―一〇五頁参照。
(62) 地方公共団体では住民監査請求および住民訴訟という方法で受益者（納税者）の権利保護がはかられている。納税者訴訟制度の根底には、地方団体を受託者、納税者を受益者とする信託制度があるとされる。佐藤英善『住民訴訟』（一九八六年）学陽書房、一七頁。国会および国民に対して内閣が負う財政状況報告の義務（日本国憲法九一条）、また、国会のみならず、国民にも会計検査院へのアクセスを認めよという要求も、基本的には同様の信認関係を政府と国民のあいだに認めるところに成立するように思われる。石森久広「決算審査の法意」『ジュリスト増刊　憲法の争点　第三版』（高橋和之・大石眞編）所収二七〇―二七一参照。
(63) 第十章について宮澤俊義は、「まとまった内容をもつものとはいいにくい」と述べた。宮澤俊義『日本國憲法』（一九六九年）日本評論社、七九九頁。これに対し、第十章にまとまりをつける原理として「法の支配」を挙げるのが、樋口ほか『註釈日本国憲法　下巻』（一九八四年）青林書院、一四七一―一四七四頁。しかし、樋口上掲書は、「法の支配」と強い関連性をもつ「信託」については、第九七条だけの問題とし、しかも、信託の用法は厳密でなく、信託の「法学的詮索」は不要であるとする意見に同調しているようにみえる。樋口上掲書、一四七八頁。

（64）宮澤俊義は、抵抗権を制度化されないものに限定する一方、「民主制の制度それ自体が、一種の制度化された抵抗権である」とも指摘し、抵抗権一般に共通する一定の方向性があることを示唆する。宮澤俊義「抵抗権の問題」『抵抗権　法哲学年報　一九五九』（有斐閣）一五頁。本稿では、抵抗権を広く理解するが、広狭いずれの理解にしても、抵抗権は「憲法秩序の外にまで出ているわけではない」。平野仁彦「抵抗権と憲法遵守義務」『岩波講座　憲法　6　憲法と時間』（二〇〇七年）二二八頁、二三一頁注（6）。大石・前掲注（56）七四‐七六頁。高橋・前掲注（8）三六七頁。樋口陽一「憲法における抵抗権」『憲法の基本原理』（有倉遼吉・吉田善明編）一八四頁。

（65）公務員の裁量権の範囲が守られているかどうかをチェックする方法として、罷免権＝〈制度化された抵抗権〉による政治的責任の追及（日本国憲法一五条一項）、「公務員の罷免」等を求める請願（同一六条）、国民の裁判請求権に基づく法的責任の追及（同一七条）がある。

（66）ジョン・ロック「統治論　第二篇」（鈴木秀勇訳）『世界代思想全集　哲学・文芸思想篇　8』（一九五五年）河出書房、一五六頁。

（67）上掲書一五七頁。スキナーは、「カルヴィニストの革命理論の主たる基礎を実際に築いたのは、もっぱらその敵対者のカトリックであるといって過言ではない」と述べ、このような素性の「革命理論」が「個人」を抵抗権の担い手とすることはなかったと指摘している。Q. Skinner（1988）*The Foundations of Modern Political Thought*, vol. 2, Cambridge U. P., pp. 321, 333-335. これは、フランスのユグノー戦争におけるカルヴィニストの抵抗理論についての評言であるが、ロックを理解するうえで参考になる。

（68）憲法制定権力の語義については、高野敏樹「主権——憲法制定権力の視点からみたその意義と課題——」『佐藤功先生喜寿記念　現代憲法の理論と現実』（一九九三年）青林書院、七‐二〇頁。本稿では、「政治のあり方を最終的に決定する力」という主権の意味のひとつとして理解する。

（69）ロック・前掲注（66）一二五頁。

（70）メイトランドによれば、「訴権を有するのは信託受益者であり、彼は、信託が設定されたときには、まだ生まれていないかもしれない。」メイトランド『信託と法人』森泉章監訳（一九八八年）日本評論社、三八頁。これにしたがえば、国民による問責は、信託の設定者ではなく、受益者の資格によるといえよう。しかし、信託の設定者は受託者を監視する特別な地位にいるとする見解もある。G. Parry（1978）*John Locke*, George Allen & Unwin, p. 124.

（71）ロック・前掲注（66）一二四頁。

（72）上掲書一二四頁。

（73）上掲書一四二頁。とくに、②には、受益者の立場が反映されているように思われる。上掲書一五五頁も参照。

（74）「旧来の制度を放棄するについての・この遅延と嫌悪があればこそ、現在ならびに過去にこの王国に見られた・数々の革命の場合にもなお依然として、国王、上院、および、下院からなる・わが国古来の立法部が私たちに保存された」。上掲書一八八頁。

（75）上掲書一三三－一三四頁。

（76）上掲書二〇〇頁。人民主権論の隆盛とともに、信託における支配者の責任は、神や法に対するものから、臣民に対するものになったといわれる。Gough, *supra* note 5, pp. 165–6.

（77）ロック上掲書一九九頁。

（78）Thomas Hobbes（1998）*On the Citizen*, R. Tuck and M. Silverthorne（ed. and trans.）, Cambridge U. P., p. 79.

（79）*Ibid.*, p. 73.

（80）*Ibid.*, p. 76.

（81）藤原保信「ロックの契約論と革命権」飯坂良明ほか編『社会契約論』（一九七七年）新評論、一九七頁。

（82）「一般意志は、つねに正しく、つねに公の利益を目ざす」。ルソー『社会契約論』（岩波文庫）四六頁。

（83）ジョン・ロック『統治二論』（二〇〇七年、加藤節訳）岩波書店、五四頁。このような哲学的原理とは別に、「共同社会」をひとつにまとめているのが、多数決原理である。ロック・前掲注（66）一一〇頁。しかし、多数者の力は、政府に対する抵抗に実効性を与えるが、共同社会内部の少数者を抑圧しうる。民主制に内在するこの危険性を最小限にするのが、「正義と慈愛」であるともいえよう。

（84）「まず第一に、人々は原初状態において正義の諸原理に合意することになる。次に、人々は憲法会議へと移行し、そこですでに選択されている正義の諸原理を満たす憲法を採択することになる。」ジョン・ロールズ『公正としての正義』（二〇〇一年、田中成明編訳）木鐸社、二〇二頁。

（85）ロック・前掲注（66）一三五頁。

（86）ロック上掲書一八九頁。また、同一八六頁参照。

（87）M. Oakeshott（1975）*On Human conduct*, Clarendon Press, p. 320.

（88）*Ibid.*, p. 201.
（89）*Ibid.*, p. 202.
（90）*Ibid.*, p. 205.
（91）筒井・前掲注（10）一四六–一四七頁。また、美濃部は、国家的統制による資本主義の修正を必要であると考えたが、「無産階級の下からの解放運動への期待」はしていない。家永前掲注（37）八七頁。
（92）一般論として「富国強兵」と「憲政」は対抗関係にある。坂野潤治『日本憲政史』（二〇〇八年）東京大学出版会、三七頁。
（93）末弘厳太郎「法人妄語」『嘘の効用　上』（二〇〇一年）冨山房百科文庫、二五四–二六六頁参照。
（94）しかし、「協会」と「信託」のミスマッチを指摘する議論がある。それによれば、信託は、「共通の目的」を設定し、これを効果的に実現する手段として法を要請するから、個人が多様な目的を自律的に追求する「協会」型国家になじまないとされる。S. R. Letwin（2005）*On the History of the Idea of Law*, N. B. Reynolds（ed.）, Cambridge U. P., pp. 124-125. しかし、ロックの共同社会は「協会」でありながら、欠乏からの自由をも社会の目的とし、これを信託によって実現するものであった。

あとがき

本書は、わたくしが香川大学法学部に奉職してのち、紀要『香川法学』に掲載した論文を中心に構成されています。各稿執筆の当初から、教室の内外よりご厚情を拝して、このたび、法学会の助成によって本書を上梓することができました。会員のみなさまに感謝を申しあげます。

各論文の配列は、執筆時期とは無関係に、内容によって決め、また、各稿を見直し、論文相互のつながりを意識して修正を加えました。とくに、第二章は、もともと三つの論文であったところを再編・合一し、また、第四章の後半部は、節の入れ替えをしています。しかし、各稿は執筆当時の関心によって書かれ、全体としてのまとまりは望むべくもありません。

本書が、これまでに賜りました学恩をけがさぬようにと念じますが、そのおそれが去らないので、個人名をあげて謝辞をささげることがためらわれます。けれども、入学してまもない学部生をじきじきに学問のただなかへ同行してくださった鈴木秀勇先生、大学院で厳しい研究指導を授けてくださり、その後も折にふれ激励を惜しまれない松浦好治先生に、心底お礼を申しあげます。

さいごに、父母の慈恵の不二をここに銘じます。

二〇〇九年一二月

山本陽一

初出一覧

第一章　『香川法学』第二十七巻第二号（二〇〇七年）所収「ホッブズの所有権概念と〈法の支配〉――『市民論』を中心に――」

第二章　『法の理論二二』（二〇〇一年）所収「ジョージ・ローソンの「憲法」概念――憲法思想の基層」成文堂
『香川大学法学部創設二十周年記念論文集』（二〇〇三年）所収「一七世紀イングランドにおける『古来の国制』論――ジョージ・ローソンの憲法論を理解するために――」成文堂
『香川法学』第二十八巻一号（二〇〇八年）所収「G・ロウスンによる〈古来の国制〉論批判――神学者の立憲主義――」

第三章　『香川法学』第十六巻第二号（一九九六年）所収「一九世紀イングランドにおけるホッブズ再生の一背景――J・F・スティーヴンの周辺――」

第四章　『香川法学』第十八巻一号、二号、第三・四号（一九九八〜九年）所収「J・F・スティーヴンによる刑事法の法典化について（一）（二）（三・完）」

第五章　書き下ろし

〈す〉

〈せ〉

〈そ〉

〈た〉

〈ち〉

〈て〉

〈し〉

〈く〉

〈け〉

〈こ〉

〈さ〉

索　引

著者紹介

山 本 陽 一（やまもと　よういち）

1963 年　岡山市生まれ

1987 年　一橋大学法学部卒業

1998 年　大阪大学大学院法学研究科博士後期課程修了

現　在　香川大学法学部教授（法思想史、法哲学）

〔**主要著書**〕

『はじめて学ぶ法哲学・法思想』〔共著〕（ミネルヴァ書房、2010 年）

「自然法論における伝統と近代」『リバタリアニズムと法理論　法哲学年報 2004』（有斐閣、2005 年）

「ジョージ・ローソンの憲法思想と『古来の国制』論」『情報社会の秩序問題　法哲学年報 2001』（有斐閣、2002 年）

リチャード・エプステイン著『公用収用の理論』〔共訳〕（木鐸社、2000 年）

立憲主義の法思想

―ホッブズへの応答―

香川大学
法学会叢書 7

2010年 2 月20日　初版第 1 刷発行

著　者　山　本　陽　一

発行者　阿　部　耕　一

〒162-0041　東京都新宿区早稲田鶴巻町 514 番地

発行所　株式会社　成　文　堂

電話 03(3203)9201(代)　FAX 03(3203)9206

http://www.seibundoh.co.jp

製版・印刷　三報社印刷　　製本　弘伸製本

ISBN978-4-7923-0478-2　C3032　**検印省略**

定価（本体 5000 円＋税）

香川大学法学会叢書

1	会社支配と社会的利益	本体 5500 円 市川兼三著
2	性的自由と法	本体 5500 円 上村貞美著
3	政治老年学序説	本体 4500 円 神江伸介著
4	現代フランス人権論	本体 5500 円 上村貞美著
5	環境共同利用権	本体 5000 円 中山　充著
6	広域行政の法理	本体 5500 円 村上　博著
7	立憲主義の法思想	本体 5000 円 山本陽一著